新时代马克思主义教育理论创新与发展研究丛书

总 主 编 靳 诺
执行主编 翟 博 张 剑

坚持把教师队伍建设作为基础工作

孟繁华 主编

中国人民大学出版社
·北京·

编委会

总 主 编 靳 诺
执行主编 翟 博 张 剑
编委会成员（按姓氏音序排列）

蔡 春　樊 伟　冯玉军　顾昭明
胡百精　靳 诺　刘复兴　孟繁华
秦 宣　任 青　檀慧玲　唐景莉
王树荫　王庭大　吴潜涛　杨伟国
袁占亭　袁自煌　翟 博　张 剑
张晓京　郑水泉　周光礼　朱庆葆

总　序

（一）

党的十八大以来，以习近平同志为主要代表的中国共产党人高举马克思主义伟大旗帜，深入总结中国共产党成立 100 年来的历史经验，全面概括新中国成立 70 多年来我国建设社会主义的历史成就，系统汲取改革开放 40 多年来中国特色社会主义的理论营养，深刻揭示共产党执政规律、社会主义建设规律和人类社会发展规律，逐步发展、形成了习近平新时代中国特色社会主义思想。党的十九大把习近平新时代中国特色社会主义思想确立为我们党必须长期坚持的指导思想并庄严地写入党章。第十三届全国人民代表大会第一次会议通过宪法修正案，郑重地把习近平新时代中国特色社会主义思想载入宪法。习近平新时代中国特色社会主义思想，是新时代中国共产党的思想旗帜，是国家政治生活和社会生活的根本指针，是当代中国马克思主义、21 世纪马克思主义。

教育是国之大计、党之大计。习近平总书记高度重视教育在国家发展、民族复兴、人民幸福总体战略中的基础性、全局性、先导性作用，对教育的功能、地位、方向、属性、任务、改革、科研、评价、法治、保障、队伍建设、对外开放、信息化，以及研究生教育、在教育领域加强党的全面领导等许多重大的、带有根本性的问题都作出了科学、系统的论述，对推进教育改革发展作出了一系列重大决策，对教育改革创新作出了一系列重大部署，为中国特色社会主义教育事业的发展指明了方向。

2018年9月10日，全国教育大会在北京隆重召开。习近平总书记出席会议并发表了重要讲话。面对世界百年未有之大变局，面对新时代坚持和发展什么样的中国特色社会主义、怎样坚持和发展中国特色社会主义的重大时代课题，面对中国教育改革发展新的历史起点上的新的战略抉择，他旗帜鲜明地提出了教育"九个坚持"新理念新思想新观点，即坚持党对教育事业的全面领导，坚持把立德树人作为根本任务，坚持优先发展教育事业，坚持社会主义办学方向，坚持扎根中国大地办教育，坚持以人民为中心发展教育，坚持深化教育改革创新，坚持把服务中华民族伟大复兴作为教育的重要使命，坚持把教师队伍建设作为基础工作。

教育"九个坚持"对改革开放40多年来我们党领导中国特色社会主义教育事业改革发展的成功实践作出了科学总结，系统阐述了新时代关系我国教育事业改革发展的一系列方向性、全局性、战略性问题，是新时代习近平总书记关于教育工作的最集中、最全面、最系统的重要论述，集中反映了习近平总书记关于教育的重要论述的核心思想，是新时代我国教育事业改革发展的行动指南，是新时代马克思主义教育理论的创新与发展，把我们党对中国特色社会主义教育事业本质和规律的认识提升到了新的高度，为新时代我国深入推进教育领域综合改革、加快推进教育现代化、努力建设教育强国提供了科学思想指引和强大精神动力。

教育"九个坚持"全面体现了马克思主义理论和社会主义教育的历史逻辑，紧紧围绕培养什么人、怎样培养人、为谁培养人、谁来培养人这一根本问题，深刻回答了新时代坚持和发展什么样的中国特色社会主义教育、怎样坚持和发展中国特色社会主义教育等重大课题，全面反映了社会主义教育的本质和规律。教育"九个坚持"从教育的地位和作用、人的全面发展、教育与生产劳动相结合等理论维度出发，创新发展了马克思主义教育思想，开辟了中国特色社会主义教育理论新境界。

（二）

中国人民大学是新中国成立后建立的第一所新型正规大学，在中国人文社会科学研究领域独树一帜，是中国共产党扎根中国大地创办的新型高等教育的杰出代表。我们党100年来办教育的经验表明，新中国成立70多年来教育改革发展的伟大成就表明，改革开放40多年来中国特色社会主义教育的伟大实践表明，新时代我国教育改革创新的伟大探索表明：坚持扎根中国大地办教育，必须坚持马克思主义的指导地位，努力把高校建设成为学习、研究、宣传马克思主义的坚强阵地；坚持扎根中国大地办教育，必须加强党对教育事业的全面领导，把党的教育方针全面贯彻到学校工作的各个方面；坚持扎根中国大地办教育，必须以人民为中心办教育，努力办好人民满意的教育；坚持扎根中国大地办教育，必须坚持中国特色社会主义教育发展道路，办具有中国特色、世界水平的现代教育；坚持扎根中国大地办教育，必须把立德树人作为根本任务，培养德智体美劳全面发展的社会主义建设者和接班人。

中国人民大学的教育学科有着悠久的历史传统，传承了延安时期中国共产党建设马克思主义教育学的红色基因。以吴玉章先生、成仿吾先生等为代表的中国共产党的红色教育家和教育学家是开创我们党在现代正规大学中建设教育学科事业的先驱者。1950年10月3日，以华北大学为基础合并组建的中国人民大学正式开办，设教育学教研室以及专修科教育班，在全国最早引进以马克思主义为指导的苏联教育家凯洛夫主编的《教育学》，招收了新中国第一届教育学硕士研究生。可以说，当时的中国人民大学是培养新中国马克思主义教育学家的摇篮，为新中国教育学科的建设与发展、马克思主义教育理论在中国的传播与研究作出了历史性贡献。长期以来，无论是在延安时期还是中华人民共和国成立以后，无论是在改革开放的新时期还是党的十八大以来的新时代，中国人民大学始终不忘历史，不忘初心，把继承我们党马克思主义教育学研究的历史传统、赓续红色血脉作为自己的重要使命。

在新时代，我们深入研究、学习和领会习近平总书记教育"九个坚持"新理念新思想新观点，能够更加深刻地解释并更加全面地解答新时代坚持和发展什么样的中国特色社会主义教育、怎样坚持和发展中国特色社会主义教育等重大课题，同时也能够在世界百年未有之大变局中寻找指导教育改革创新和对外开放的战略思路，推动中国特色社会主义教育"走出去"，为世界教育发展提供中国经验、中国智慧和中国方案。深入研究、学习和领会习近平总书记教育"九个坚持"新理念新思想新观点，必须把握好以下几个维度：一是历史的维度。"九个坚持"是在继承马克思主义教育思想，科学总结我国社会主义教育特别是中国特色社会主义教育改革发展历史经验的基础上提出来的，是习近平新时代中国特色社会主义思想的有机组成部分。我们要用历史的眼光来研究、学习和领会"九个坚持"。二是问题的维度。"九个坚持"从新时代我国教育的战略定位、根本任务、根本宗旨、发展道路、依靠力量、领导核心等方面，系统阐述了我国教育事业改革发展的一系列方向性、全局性、战略性问题。我们要从新时代中国特色社会主义教育改革发展的实际出发研究、学习和领会"九个坚持"。三是国际的维度。"九个坚持"从推动构建人类命运共同体和人类文明对话与互鉴的高度,充分借鉴了世界各国和国际组织先进的教育改革发展理论和经验,也为世界提供了教育改革发展的中国经验与中国方案。我们要从国际视野出发研究、学习和领会"九个坚持"。四是未来的维度。"九个坚持"面向"两个一百年"奋斗目标,立足于实现教育现代化,建设教育强国,把服务中华民族伟大复兴作为教育的重要使命。我们要从建设社会主义现代化强国的未来目标出发研究、学习和领会"九个坚持"。

(三)

"新时代马克思主义教育理论创新与发展研究丛书"正是我们深入研究、学习和领会习近平总书记教育"九个坚持"新理念新思想新观点的一套代表作品,是一套力图深刻揭示教育"九个坚持"中蕴含的习近平新时代中国特色社会主义思想基础和社会主义教育事业发展规律、反映新时代马克思主义教育理论研究新成果的丛书,是一套关于新时代中国特色社会主义教育理论的创新之作,对研究和阐释习近平总书记关于教育的重要论述和习近平新时代中国特色社会主义思想具有重要意义。该丛书可以为新时代中国特色社会主义教育改革创新提供理论参照,可以为以人民为中心发展教育、办好人民满意的教育提供理论支撑。

丛书共有九本,分别对坚持党对教育事业的全面领导、坚持把立德树人作为根本任务、坚持优先发展教育事业、坚持社会主义办学方向、坚持扎根中国大地办教育、坚持以人民为中心发展教育、坚持深化教育改革创新、坚持把服务中华民族伟大复兴作为教育的重要使命、坚持把教师队伍建设作为基础工作等"九个坚持"的核心要义的理论价值和实践意义进行了系统阐释。一是重点阐述了教育"九个坚持"的历史背景，二是系统研究、深刻理解和把握了教育"九个坚持"的科学内涵，三是概括和分析了教育"九个坚持"的历史逻辑、理论创新和时代价值，四是阐释了教育"九个坚持"对马克思主义的继承、发展与创新，五是研究和提出了贯彻落实教育"九个坚持"的手段和途径。

2021年是"十四五"规划的开局之年，是全面建设社会主义现代化国家新征程的开启之年，也恰逢中国共产党成立100周年。在这样一个特殊的历史时刻，希望"新时代马克思主义教育理论创新与发展研究丛书"的出版，能够全面总结我们党百年来的教育理论与实践经验，系统学习、研究习近平总书记关于教育的重要论述，重点展现新时代马克思主义教育理论研究的新成果，切实为支持与引领新时代我国的教育改革创新、发展新时代中国化马克思主义教育学作出新的理论贡献！

靳　诺

2021年5月12日

前 言

教育是国之大计、党之大计；教育大计，教师为本。在全面建设社会主义现代化国家新征程中，知识和人才的重要性变得更加突出，迫切要求从战略和全局高度充分认识教师工作的极端重要性。2018年，习近平总书记在全国教育大会上指出，要"坚持把教师队伍建设作为基础工作"。这是习近平总书记关于教师队伍建设的重要论述，反映了在新时代新形势下习近平总书记对教师的作用与地位的新认识与新思考，对新时代加强我国教师队伍建设有着重大的指导意义。全面学习、深刻领会习近平总书记关于教师队伍建设的重要论述，对创新中国特色社会主义教师教育理论与推动新时代教师管理综合改革实践，有着极为重要的现实意义。本书分六个部分来进行系统学习和研究。

（1）教师是立教之本、兴教之源。

2013年9月9日，习近平总书记向全国广大教师致慰问信，指出："教师是立教之本、兴教之源，承担着让每个孩子健康成长、办好人民满意教育的重任。"希望全国广大教师牢固树立中国特色社会主义理想信念，牢固树立终身学习理念，牢固树立改革创新意识。"教师是立教之本、兴教之源"是关于教师和教育的关系问题的总论述，明确肯定了广大教师在推动教育发展中的根本性作用。该论述在习近平总书记关于教育的重要论述中处于基础性与根本性位置，是习近平总书记从价值维度讨论教师队伍建设相关问题的逻辑起点。本书第一部分以该论述为解读对象，分别从传承者、推动者和示范者三个方面，论证了教师在人类文明、社会进步与社会风尚中所发挥的积极作用和伟大贡献。第一部分为后续各部分提供了思想前提与立论基础。

（2）广大教师要做学生锤炼品格的引路人，做学生学习知识的引路人，做学生创新思维的引路人，做学生奉献祖国的引路人。

2016年9月9日，习近平总书记到北京市八一学校慰问师生并发表重要讲话，指出，教师做的是"传播知识、传播思想、传播真理的工作，是塑造灵魂、塑造生命、塑造人的工作"，提出教师要做学生的"四个引路人"的重要论述。"四个引路人"体现了新时代党和国家对人才培养的新要求，明确了广大教师努力工作的正确方向。本书第二部分从新时代教师角色转变的视角出发，对"四个引路人"相关论述进行了深入、系统的分析与梳理。

（3）做好老师，要有理想信念，要有道德情操，要有扎实学识，要有仁爱之心。

2014年教师节前夕，习近平总书记在和北京师范大学师生代表座谈时，提出"四有"好老师的重要论述。"四有"好老师与"四个引路人"是从不同的维度提出的好老师的标准。"四个引路人"侧重于从人才培养规格的维度，明确好老师的目标、使命、责任，是好老师的外部评价标准，要求以教育教学的成效来评价教师工作。"四有"好老师则不同，它侧重于从教师的道德和修养的维度，要求成为一个好老师必须具备四种基本素养，更强调教师的态度、信念、情怀等内在品质，是好老师的内部评价标准，指导教师加强自身修养，增强立德树人的本领，能够正确、客观地进行自我评价，不断实现自我、超越自我。本书第三部分以"问题-概念-策略"为分析框架，详细释读有理想信念、有道德情操、有扎实学识和有仁爱之心等四个命题的理论所指与实践意义。从逻辑上看，本书第三部分与第二部分从内外两方面共同构成了教师队伍建设的目标维度，它们以第一部分有关教师队伍建设的价值维度的论述为统领。本书后三部分从教师队伍建设的方法维度进行论述，与前三部分共同形成"价值-目标-方法"的系统。前三部分的"理论"色彩更浓，后三部分的"实践"特点更突出。

(4) 新时代全面加强师德师风建设。

习近平总书记在北京大学师生座谈会上指出："师德师风建设应该是每一所学校常抓不懈的工作，既要有严格制度规定，也要有日常教育督导。"习近平总书记强调，"要看到教师队伍中存在的一些问题。对出现的问题，我们要高度重视，认真解决。要引导教师把教书育人和自我修养结合起来，做到以德立身、以德立学、以德施教"。新时代全面加强师德师风建设，是培养和造就"四个引路人"与"四有"好老师的内在要求，是保障和提升教师队伍良好素质的重要手段，关系着新时代人才培养目标的实现和教育改革成败的大局。本书第四部分从理论基础、现实需要、内涵与路径等四个方面，全面、深入地阐释习近平总书记关于全面加强师德师风建设的相关论述。

(5) 建设一支宏大的高素质专业化教师队伍。

习近平总书记指出，建设教育强国、办好人民满意的教育，关键是建设一支宏大的高素质专业化教师队伍，加强创新型教师队伍建设、大力振兴教师教育和深化教师管理综合改革是建设一支宏大的高素质专业化教师队伍的重要举措。本书第五部分从时代背景、创新型教师队伍建设、教师教育和教师管理综合改革等四个方面，以习近平总书记相关论述为依据，参考了大量政策文本，借鉴吸收了国内30余位学者的最新研究成果，较为全面而深刻地分析了习近平总书记关于高素质专业化教师队伍建设的重要论述。本书第四部分侧重于阐释教师队伍思想与道德层面的建设，属于教师队伍建设的"软"方法，第五部分则强调教师队伍制度与管理层面的建设，属于教师队伍建设的"硬"手段。

（6）全党全社会要弘扬尊师重教的社会风尚，努力提高教师政治地位、社会地位、职业地位。

2018年9月10日，习近平总书记在全国教育大会上指出："教师是人类灵魂的工程师，是人类文明的传承者，承载着传播知识、传播思想、传播真理、塑造灵魂、塑造生命、塑造新人的时代重任。全党全社会要弘扬尊师重教的社会风尚，努力提高教师政治地位、社会地位、职业地位，让广大教师享有应有的社会声望，在教书育人岗位上为党和人民事业作出新的更大的贡献。"本书第六部分从教师的专业地位、经济地位和法律地位三个方面，对习近平总书记关于提高教师的政治地位、社会地位和职业地位的论述进行教育学层面的解读。提高教师的"三个地位"，在教师队伍建设的方法层面上具有更为根本性的意义，因为只有不断提高教师的政治地位、社会地位和职业地位，师德师风建设和高素质专业化教师队伍建设才能有充分的政治支持、经济支撑和法律保障，也只有提高了教师的"三个地位"，广大教师才能安心从教，不断修炼自身，成为"四有"好老师，履行"引路人"和"大先生"的时代使命，为全面建设社会主义现代强国而努力工作。

习近平总书记关于教育的重要论述博大精深，用语常有典故，且中外融通，信手拈来，加之讲话平易近人，常用通俗之语表达极深的理论观点，这对研究者全面、深入和准确诠释相关论述提出了不小的挑战。由首都师范大学教育学院 20 余人组成的研究团队克服种种困难，完成了书稿，在党的 100 岁生日之际，为党献上一份贺礼。由于我们的水平所限，书中或有错谬之处，还请方家不吝教正。

2021 年 3 月 6 日

目 录

教师是立教之本、兴教之源 …………………………… 001
  一、教师是人类文明的传承者 ………………………… 002
  二、教师是社会进步的推动者 ………………………… 009
  三、教师是社会风尚的示范者 ………………………… 019

做学生锤炼品格、学习知识、创新思维、奉献
  祖国的引路人 …………………………………………… 031
  一、新时代教师观念与角色的转变 …………………… 032
  二、做学生锤炼品格的引路人 ………………………… 039
  三、做学生学习知识的引路人 ………………………… 053
  四、做学生创新思维的引路人 ………………………… 077
  五、做学生奉献祖国的引路人 ………………………… 089

做"四有"好老师 ………………………………………… 103
  一、做有理想信念的好老师 …………………………… 104
  二、做有道德情操的好老师 …………………………… 119
  三、做有扎实学识的好老师 …………………………… 135
  四、做有仁爱之心的好老师 …………………………… 152

新时代全面加强师德师风建设 …………………………… 171
  一、全面加强师德师风建设的理论基础 ……………… 172

二、全面加强师德师风建设的现实需要 …………… 179
三、全面加强师德师风建设的要求 ………………… 182
四、全面加强师德师风建设的途径 ………………… 191

建设一支高素质专业化教师队伍 …………………… 197
一、建设高素质专业化教师队伍的时代要求 ……… 198
二、创新型教师队伍建设 …………………………… 209
三、大力振兴教师教育 ……………………………… 219
四、深化教师管理综合改革 ………………………… 237

努力提高教师政治地位、社会地位、职业地位 …… 257
一、提升教师专业地位 ……………………………… 258
二、提高教师经济地位 ……………………………… 268
三、明确教师法律地位 ……………………………… 281

参考文献 …………………………………………………… 297
后记 ………………………………………………………… 301

教师是立教之本、兴教之源

一、教师是人类文明的传承者

教师是人类灵魂的工程师,是人类文明的传承者,承载着传播知识、传播思想、传播真理,塑造灵魂、塑造生命、塑造新人的时代重任[①];教师是立教之本、兴教之源,承担着让每个孩子健康成长、办好人民满意教育的重任。如果将教育作为一个系统考察,教师就是整个系统的"枢纽",是系统建立之"本"、系统发展的动力之"源"[②]。

(一)传播知识,促进个人发展

教师是履行教育职责的专业人员,承担教书育人、培养新时代社会主义事业合格建设者和接班人、提高全民综合素质的使命。"教书育人"是教师的首要任务。教师是知识的传播者,是学生获取知识的主要来源,也是促进学生发展的重要途径。

联合国教科文组织在《反思教育:向"全球共同利益"的理念转变?》中提出,知识可以理解为个人和社会解读经验的方法,即通过学习获得的信息、认识、技能、价值观和态度[③]。知识并不是天生就存在于人类的大脑之中的,需要由特定的人将其传播

---

① 习近平. 思政课是落实立德树人根本任务的关键课程. 北京:人民出版社,2020:12.
② 李永智. 教师是立教之本、兴教之源. 中国高等教育,2019(15/16):73-75.
③ 联合国教科文组织. 反思教育:向"全球共同利益"的理念转变?. 联合国教科文组织总部中文科,译. 北京:教育科学出版社,2017:8.

与保存。

已有的史料表明，在人们学会使用文字记录之前，人类已经知道如何将知识、技术技能和宗教信仰、戒律等传授给儿童，教给儿童他们认为必需的知识①。在教师这一职业出现之前的"非职业化阶段"，父母或兄长承担着传播知识的重任，在一定程度上是最早的"教师"，他们将劳动知识与技能、生产和生活经验传递给青年人，促进年轻人更好地成长与发展。文字作为人类掌握的第一套体外化符号系统，使人类的教育从生产生活中分离出来，进入一个独立的阶段②。夏商周时期出现的"庠""序""校"说明我国古代已有专门的教育场所，随着历史进步，教师开始作为专门人员从事教育工作。

孔子是我国最早的教师职业形象的典范。《论语》中的"默而识之，学而不厌，诲人不倦，何有于我哉？"很好地表达了教师传授知识的作用和乐于教人的敬业精神。

在公元前5世纪中后期，西方出现了最早的职业教师——智者，他们的主要任务是教人如何进行辩难，如何从事物的各个方面论述观点，并能把所需要的观点突出出来，把不利观点掩盖下去③。无论是我国还是西方，进入教师"职业化阶段"之后，教师都将传授知识作为主要的任务，对于知识的形成、传播和普及起着重要的作用。孔子"有教无类"的教育思想将知识从贵族阶级带向了平民阶级，促进了知识的传播；西方的智者云游各地、授徒讲学，将知识传播至各个角落。

---

① 佛罗斯特. 西方教育的历史和哲学基础. 吴元训，张俊洪，宋富钢，等译. 北京：华夏出版社，1987：8.
② 鲁洁，冯建军. 教育转型理论、机制与建构. 北京：教育科学出版社，2013：15.
③ 滕大春. 外国教育通史：第1卷. 济南：山东教育出版社，1988：226.

现代社会，随着专门培养教师的教育机构的产生，我国教师职业经历了由"专门化阶段"到"专业化阶段"的发展过程，强调教师不仅要传授给学生正确的知识，还要用适合学生个性的方式、方法传授知识。教师对于学生的关注不再局限于学习成绩，而是更加注重学生的全面发展，即培养德智体美劳全面发展的新时代社会主义建设者和接班人。

随着时代的发展，学生应具备的知识和能力的内涵不断变化，教师也在为培养适应新时代的人才作出努力，不断提升自身素质。习近平总书记强调，要把建设政治素质过硬、业务能力精湛、育人水平高超的高素质教师队伍作为大学建设的基础性工作，始终抓紧抓好。其中业务能力精湛，"精"在素质能力。广大教师要牢固树立终身学习的理念，常怀"能力不足"的忧患感与"本领恐慌"的危机感，保持教学功底必须与时俱进、升级扩容的紧迫感。只有这样，教师才能不断增加自身的知识积累，为源源不断地传播知识打下坚实的基础。

教师作为知识的传播者，一方面要有知识、懂文化，另一方面要传授文化知识，在实现自身价值的同时，促进学生更好地掌握知识，获得进步与发展。随着社会的发展，时代赋予了教师更多的职责和任务，但最重要的还是"教书"，即传播知识。

（二）传播思想，推动社会进步

"高校教师要坚持教育者先受教育，努力成为先进思想文化的传播者、党执政的坚定支持者，更好担起学生健康成长指导者和引路人的责任。"[①] "一个学校能不能为社会主义建设培养合格的

---

① 习近平在全国高校思想政治工作会议上强调 把思想政治工作贯穿教育教学全过程 开创我国高等教育事业发展新局面. 人民日报，2016-12-09.

人才，培养德智体全面发展、有社会主义觉悟的有文化的劳动者，关键在教师。"[1]

2018年发布的《中共中央 国务院关于全面深化新时代教师队伍建设改革的意见》（简称《改革的意见》）提出，"到2035年，教师综合素质、专业化水平和创新能力大幅提升"。新时代高素质、专业化、创新型教师共同的、基本的特质体现为"四有"：有理想信念，有道德情操，有扎实学识，有仁爱之心。《改革的意见》还强调要坚持教书和育人相统一。教育应该把知识教育同价值观教育、能力教育结合起来，把思想引导和价值观塑造融入每一门课的教学之中。教育和育人相统一，意味着教师不能只做传授书本知识的教书匠，而要成为塑造学生品格、品行和品味的"大先生"。

当今社会，随着信息技术的飞速发展，学生获取知识的途径不断增多，教师作为知识传播者的角色的作用与以前相比会相对减弱，但是对学生思想的影响作用却依旧重要。一个人只有具备思考能力，才能够发现问题并能够解决问题，才是我们当今社会需要的具备创新精神和实践能力的人。哲学家金岳霖指出，学生要想做一个"真正的人"就必须接受通才教育，接受价值观和信仰的教育。古代韩愈在《师说》中说，"道之所存，师之所存也""师者，所以传道受业解惑也"，其中的"道"即道理。教师不仅要教学生知识，也要告诉学生为人处世、待人接物的道理。这种"传道"与今天学术界所谈的"德育"在本质上十分接近。广义的德育内容有政治教育、思想教育、道德教育、法律教育、心理健康教育，其中思想教育的最终目的是让学生形成一定的人生观和

---

[1] 邓小平. 邓小平文选：第2卷. 2版. 北京：人民出版社，1994：108.

世界观，即形成辩证唯物主义的科学的世界观和人生观。

在中国古代，知识分子对教师职业价值认同的基调是一致的，即强调"师"对于"道"的工具价值，体现了教育者对于统治者的社会工具价值①。在近代社会，思想家郑观应提出"教育为立国之本，国运之盛衰系之，国步之消长视之"，严复将教育作为"教民主""开民智""新民德"的手段，梁启超主张兴办师范教育以培养"新民"，蔡元培提出要"养成共和国民健全之人格"，均注重对学生的思想进行改造，并将其与民族的独立和国家的富强相联系，推动了社会的民主进程与发展。在现代社会，尽管信息技术能够在一定程度上代替老师传播知识，但是对于学生的思想教育，对于学生的世界观、人生观和价值观的养成来说，信息技术无法取代教师，而人们需要树立什么样的价值观，是现代教育重点关注的内容②。因此，在信息技术极速发展的今天，不必理会所谓的教师的"存在性"危机，而应该更加重视教师的"育人"价值。

《改革的意见》还指出，要把提高教师思想政治素质和职业道德水平摆在首要位置，把社会主义核心价值观贯穿教书育人全过程，突出全员全方位全过程师德养成，推动教师成为先进思想文化的传播者、党执政的坚定支持者、学生健康成长的指导者。习近平总书记强调，要把建设政治素质过硬、业务能力精湛、育人水平高超的高素质教师队伍作为大学建设的基础性工作，始终抓紧抓好。其中政治素质过硬，"硬"在理想信念。广大教师要牢固树立教书育人的奋斗志向，始终自觉做中国特色社会主义的坚定信仰者和忠实实践者，始终自觉忠诚于党和人民的教育事业，始

---

① 叶澜，杨小微. 教育学原理. 北京：人民教育出版社，2017：284.
② 陆石彦. 论人工智能时代的教师角色再造. 江苏高教，2020（6）：97-102.

终自觉把党的教育方针贯彻到教学管理工作全过程。

教师要善于引导学生树立崇高的理想信念，学会运用马克思主义的立场、观点和方法分析问题、解决问题，善于给学生指点迷津、引领人生航向，善于以宽广的知识视野、历史视野、国际视野把一些道理讲明白、讲清楚[①]。

教育既具有个体发展功能也具有社会发展功能，教育培养出来的人不仅能促进个人的发展，也能促进社会的进步。教师通过传播思想，形成一定的舆论，作用于一定的政治、经济制度，从而推动着社会的发展。

（三）传播真理，激发改革创新

真理是认识主体对存在于意识之外、并且不以意志为转移的客观实在的规律性的正确反映[②]。知识的积累和思想的培养是探寻真理的基础，对现有知识的反思、质疑、批判，即对真理的追求是激发改革创新的重要方式。教师不仅要传播知识、传播思想，还要传播真理。

在我国古代，教师被视为真理的化身，被天然地赋予了传播真理的职责。荀子将教师的地位与天、地、君并列，认为"天地者，生之本也；先祖者，类之本也；君师者，治之本也。""国将兴、必贵师而重傅；贵师而重傅，则法度存。国将衰，必贱师而轻傅；贱师而轻傅，则人有快，人有快则法度坏。"《礼记·学记》中也有类似的论述："师严然后道尊，道尊然后民知敬学。""能为师然后能为长，能为长然后能为君。"这些都体现了教师不容置疑

---

① 任成孝，张剑. 教师是立教之本、兴教之源. 中国高等教育，2019（17）：19-21.
② 中国出版工作者协会. 中国大百科全书：哲学卷：下. 北京：中国大百科全书出版社，1988：1151.

的崇高地位。"师者权威""长者权威"是中国传统文化的一个特色，尤其是在古代封建思想的束缚下，教师的话就是至理名言，教师则是真理的化身。不可否认的是，古代教师在传播真理方面的确发挥了很大的作用。然而，这种"单向度"的传播和学生的"唯师是从"有时会抑制真理的产生。在传播真理方面，古希腊哲学家的做法堪称"典范"。如苏格拉底认为教师的任务不在于传授既成的知识，而在于通过交谈和讨论，消除一切错误与模糊的认识，唤醒学生的意识，从而发现真理，并以此为教学逻辑起点形成了以问答、诘难、诱导为特征的"产婆术"教学法[1]。亚里士多德的至理名言"吾爱吾师，吾更爱真理"体现了其对教师权威的质疑以及与对真理的追求。

我国战国时期的教育家墨子，也提出"类""故"的概念，认为教育的目的之一是训练学生的逻辑思维能力，教师所要做的是教学生懂得运用类推与求故的方法[2]。虽然墨子主张主动、创造、实践、量力的教育方法，但因所处社会背景的局限性，其并未像西方的"产婆术"那样影响深远。但墨子启示我们：教师不是真理的化身，而是传播真理的使者，教师不是向学生灌输知识，而是启发学生追求终极价值和真理。

进入现代社会，自提倡素质教育以来，我国教育改革关注的重点内容一直是如何培养学生的创新精神和实践能力。教育在本质上是唤醒人的生命意识，启迪人的精神世界、建构人的生活方式、实现人的生命价值的活动[3]。当今的教育要克服"经院式"教育照本宣科毫无创新精神的教育模式，注重学生的"精神成

---

[1] 张斌贤. 外国教育史. 北京：科学教育出版社，2008：81.
[2] 孙培青. 中国教育史. 上海：华东师范大学出版社，2009：63.
[3] 张华. 教师角色的迷失与澄明. 西南大学学报（社会科学版），2010（2）：129-134.

长"，也就是说激发出学生的潜在力量，而不是从外部施压。教师在引导学生源于内部驱动而非外部压力去探寻真理的过程中，才能去伪存真，寻求真理本原，也才有可能推陈出新、改革创新。

教师作为真理的传播者要避免盲目地灌输知识，要尊重学生作为人的主体性，教学生发现真理而不仅是接受真理。雅斯贝尔斯指出，教育的过程首先是一个精神成长过程，然后才成为科学获知的一部分[1]。将"精神成长"置于"科学获知"之前，凸显了以"以人为本"的价值取向去解释教育过程，更加关注人的价值的实现，从而真正将《改革的意见》中针对教师综合素质提出的"做学生锤炼品格、学习知识、创新思维、奉献祖国的引路人"落实到位，借教育之力推动国家的改革创新发展。

二、教师是社会进步的推动者

教育是提高人民素质、促进人的全面发展的重要途径，是民族振兴和社会进步的基石，是对中华民族伟大复兴具有决定性意义的事业。党的十九大报告提出要"为决胜全面建成小康社会、夺取新时代中国特色社会主义伟大胜利、实现中华民族伟大复兴的中国梦、实现人民对美好生活的向往继续奋斗"。作为从事教育事业的专业技术人员，每一个人民教师都要认真且坚决地执行党的教育方针，为党育人，为国育才。全体教师和教育战线工作者，要在党的领导下，肩负起历史重任，推动中国教育现代化建设和全面发展。

（一）教师是教育脱贫的重要推动者

"治贫先治愚，扶贫先扶智。"教育是阻断贫困代际传递的治

---

[1] 雅斯贝尔斯. 什么是教育. 邹进，译. 北京：生活·读书·新知三联书店，1991：44.

本之策。消除贫困，改善民生，逐步实现共同富裕，是社会主义的本质要求，是中国共产党人的重要使命。习近平总书记强调："发展教师事业，广大教师责任重大、使命光荣。希望你们牢记使命、不忘初衷，扎根西部、服务学生，努力做教育改革的奋进者、教育扶贫的先行者、学生成长的引导者，为贫困地区教育事业发展、为祖国下一代健康成长继续作出自己的奉献。"《教育部 国务院扶贫办关于印发〈深度贫困地区教育脱贫攻坚实施方案（2018—2020年）〉的通知》中对保障义务教育、发展学前教育、普及高中阶段教育、加快发展职业教育、加强乡村教师队伍建设、实施好"三区三州"现有免费教育政策、确保建档立卡贫困学生资助全覆盖、加大少数民族优秀人才培养力度等多个领域均有论述，对于教育扶贫工作的开展具有全面的指导性。

可以说，教育扶贫在脱贫工作中具有基础性、先导性和持续性作用。"扶贫先扶智"是新时代习近平总书记对坚决打赢脱贫攻坚战的新论断之一。让贫困地区的孩子享受优质的教育资源，是扶贫开发的一项重要工作决策，作为新时代中国特色社会主义建设者的全体人民教师，应担当起这一光荣的时代使命。

1. 教师是教育扶贫中"斩断穷根"的利器

一位美国经济学家在20世纪60年代提出了"贫困代际传递"的概念，认为后代贫困是对前代贫困的重复，是一种恶性循环。它表现为两种情况：家庭内部父母的贫困和不利发展的因素传递给子女与家庭外部一定社区或阶层范围内的贫困和不利发展的条件和因素传递给下一代[1]。这种贫困代际传递体现了贫困作为一种基因，在经历了一代又一代的延续后所形成的持续、长久的

---

[1] 李晓明. 贫困代际传递理论评述. 广西青年干部学院学报，2006（2）：75-78.

"家族贫困史"，在这种往复的恶性循环中，无数家庭及其子女被世袭"穷病"所染，难以摆脱贫困潦倒与愚昧无知的命运。我国至今仍有部分地区发展缓慢，经济发展的落后与财政收入的不足更进一步导致了教育的相对落后，如存在硬件设施建设投入不足、场馆设施建设资金有限、师资不足、教学整体水平不高等问题。教育的严重滞后又导致贫困家庭的孩子无法接受良好的教育，使得他们长大后成为文化程度低、接受能力差、收入不高的劳动者。因此，要明确扶贫工作中开发的重点，突出教育在扶贫攻坚战中的重要地位，使贫困地区孩子的教育得到基本改善。努力发展贫困地区的教育事业，以教育扶贫为脱贫的核心要素，提高贫困地区人员的综合素质，提高贫困人员的科学文化水平，才能从根本上解决一个地区的贫困问题。

习近平总书记强调："阻断贫困现象代际传递，是功在当代，利在千秋的大事。"教师作为落实党和政府惠民政策的践行者和教育实践活动开展的执行者，是教育扶贫中"斩断穷根"的利器。教师教育必须充分发挥教师在教育扶贫过程中的关键作用，通过建立和完善贫困地区教师激励保障机制，帮助教师树立"下得去、留得住、教得好"的坚定信念，发扬奉献精神。只有抓好教师队伍建设、搞好教师专业发展、用好教师主力军，才能以教育之伟力促进贫困地区的经济发展和改善人民生计，提高贫困地区人口的受教育程度与质量，真正从根源上解决贫困代际传递的恶性循环问题。

2. 教师知识传授是提高扶贫工作实效的关键

北宋汪洙的《神童诗》云："万般皆下品，惟有读书高。"李嘉诚先生也曾讲过"知识改变命运，教育成就未来"佳句。精准识贫的实践证明，贫困地区人员从根本上是"素质型的贫困户"，其主要特征为：人口素质普遍不高、缺乏文化知识和缺乏专业技能等。这些都是其难以脱贫的主要原因。因此，如何借助教师提高贫困地区人口的文化素质，以智治贫，成为教师教育工作的重中之重。

师者，所以传道授业解惑也。作为教育活动的主体之一，教师在教育教学中要明确自身的主导作用，认清自己在学生成长过程中的引导者角色，努力完成引人求真、导人向善、教人尚美、帮人祛魅、助人成才的本职任务。教师可以通过不同形式的知识授受进行教育扶持，对不同阶段、不同文化程度的学生进行有针对性的教育，使贫困地区的人口无论在思想文化素质还是技能水平方面，都得到全方位的提升，这也是脱贫攻坚能够进一步推进的重要基础。除了知识的传授外，教师还要给予学生精神上的鼓励、学习上的辅导以及生活中的关爱，在丰富学生知识的同时充盈学生的精神世界。简言之，贫困地区学生的全面发展离不开教师的辛勤付出，落实好教育资助政策、确保困难学生百分之百接受教育离不开教师的责任和执着坚守。

（二）教师是实现中国梦的重要推动者

习近平总书记指出，实现中华民族伟大复兴，是近代以来中华民族最伟大的梦想。这一中国梦表现为国家复兴、民族振兴、人民幸福。对此，社会各界纷纷在"认同中国梦、践行中国梦、实现中国梦"的道路上努力前行。教育界在实现中华民族伟大复兴的过程中，不仅要为坚持中国道路提供有力支持，还要为弘扬中国精神提供思想基础，更要为凝聚中国力量提供人才保障。教师要时刻牢记自己的教育使命，不断自觉地提升专业素质，传承师德，实现全方位育人，用"教育梦"助圆中国梦。

1. 教师自身素质的提升，是实现中国梦的基础

习近平总书记同北京师范大学师生代表座谈时讲道："'三寸粉笔，三尺讲台系国运；一颗丹心，一生秉烛铸民魂。'今天的学生就是未来实现中华民族伟大复兴中国梦的主力军，广大教师就是打造这支中华民族'梦之队'的筑梦人。广大教师应把全部精力和满腔真情献给教育事业，在教书育人的工作中不断创造新业绩。"为此，全体人民教师必须树立自觉意识，努力提升专业素质，将自己打造成政治素质过硬、业务能力精湛、育人水平高超的好教师。

政治素质过硬意味着教师作为社会主义教育方针和教育政策的执行者，要在教育工作和日常生活中高举社会主义伟大旗帜，热爱祖国，热爱人民，拥护中国共产党的领导，提高政治站位，和党中央保持高度一致，共同致力于实现中华民族伟大复兴的中国梦，依法履行教师职责，将学生培养成为有理想、有道德、有文化、有纪律的社会主义事业的建设者和接班人。业务能力精湛意味着教师作为教育教学的主导者、学生成长的促进者，应具备扎实的教育基础知识、精深的教学实践能力以及较强的自我学习能力。一名优秀的教师，不仅要精通所教学科的本体性知识，同时还需熟悉教育学、心理学和教法等条件性知识，通过教育理论武装头脑。此外，教师还要提高相应的教学设计、课堂施教、心理沟通、班级管理、自我学习与反思等能力，从而改善课堂的教学效果，激发学生的求真向善的动机。育人水平高超意味着教师作为社会风尚的示范者、人类灵魂的工程师，应时刻将立德树人的根本任务放在首位，切实加强自身职业道德修养，以言传教人、以身教育人。对于学生来说，一位举止文明、道德高尚的教师就是社会道德的化身，是一本"活教材"、一把"道德标尺"。教育

作为一种"成人"之学，自古以来就是导人向善的。"才者，德之资也；德者，才之帅也。"教师唯有德才兼备方能不忘初心、牢记"教育梦"的使命。"百年大计，教育为本；教育大计，教师为本。"只有当教师群体的专业素质提高了，学生才能健康成长，教育才能蓬勃发展，中华民族伟大复兴的中国梦才能得以实现。

2. 加强教师队伍建设，是实现中国梦的关键

党的十九大报告指出，要"加强师德师风建设，培养高素质教师队伍，倡导全社会尊师重教"。教师是决胜全面建成小康社会、建设社会主义现代化强国的重要力量，是落实立德树人根本任务、培养德智体美劳全面发展的社会主义建设者和接班人的关键。根据教育部发布的《2019年全国教育事业发展统计公报》数据，目前全国共有各级各类学校53.01万所，各级各类学历教育在校生2.82亿人，专任教师1 732.03万人。在这1 700多万专任教师中，绝大多数教师都敬重学问、关爱学生、严于律己、为人师表，受到学生尊敬和爱戴，但是也有极个别教师理想信念模糊，育人意识淡薄，放松自我要求，甚至出现严重违反师德行为，损害教师队伍形象，影响学生健康成长。我们必须造就一支党和人民满意的高素质、专业化、创新型教师队伍，为决胜全面建成小康社会、夺取新时代中国特色社会主义伟大胜利、实现中华民族伟大复兴的中国梦奠定坚实基础。

建设高素质、专业化、创新型教师队伍，首先必须确保党对教师队伍建设的领导权，突出党对社会主义教育事业、教师队伍的领导作用，以保证教师队伍发展的正确方向；其次，要加强对教师队伍地位建设的重视，把教师工作置于教育事业发展的重点支持领域，大力支持教师教育，深化教师管理综合改革，不断提高教师待遇；再次，要加强教师队伍质量建设，对教师队伍进行去伪

提纯，加强师德师风建设，把提高教师思想政治素质和职业道德水平摆在首要位置；又次，还要注意教师队伍管理建设的改良，把管理体制与机制创新作为突破口，深化改革；最后，根据各级各类教师的不同特点和发展实际，考虑区域、城乡、学校差异，采取针对性的措施，对不同教师群体进行分类管理，从而更有效地促进教师发展，提高教育质量。只有教师队伍的发展得到方向引导、制度保障和政策落实，才能确保"教育梦"、中国梦的逐步实现。

3. 师德代际传承，是实现中国梦的源泉

国无德不兴，人无德不立。师德是师者之魂，是教师人格的担保，是教育成功的基石和教育发展的内在动力。2018年5月2日，习近平总书记在北京大学师生座谈会上强调："评价教师队伍素质的第一标准应该是师德师风。师德师风建设应该是每一所学校常抓不懈的工作，既要有严格制度规定，也要有日常教育督导。"因此，在通过"教育梦"助圆中国梦的进程中，必须加强对师德师风的建设，对教师职业道德进行严格把关，充分发挥教师职业道德评价对教师队伍的净化，从而实现新时代教师队伍对教育事业、对社会发展、对人才培养的引领作用。

师德师风的代际传承不仅需要社会各界的督促与监察，还需要教师个体的自省与慎独。从外部原因看，社会的督导是促使师德代际传承的催化剂。通过社会或学校的评价，教师被贴上不同的标签，如"最美教师""师德标兵""全国十杰教师"等。师德高尚者获得表扬与奖励，行为失范者受到批评与惩罚。获得荣誉称号的杰出教师成为群体中的先进典范、时代楷模，引领、激励着教师队伍不断前进。对行为失范教师进行警告、处分与解聘，情节严重者还需追究刑事责任。从内部原因看，教师的自省才是推动师德代际传承的内因。学校在进行教师教育时，要鼓励教师养成自觉反思的习惯，通过教学日志、个人档案等多种形式记录自己在课堂教学、日常工作中的点滴，深入分析自己在道德认识、情感、意志和行为等方面的进步与不足，对比自身与其他优秀教师之间的差距，不断改进。同时，学校在进行师德师风建设的过程中，也可以把自评纳入教研活动当中，定期组织教师进行沟通与讨论，分享个人心得、借鉴优秀经验、弘扬高尚师德。对教师职业道德的弘扬与传承，有助于从根本上消除教师队伍中存在的不良风气，提高教师队伍的整体素质。

4. 全方位育人，是实现中国梦的中坚力量

全方位育人是助圆中国梦、培养担当中华民族复兴大任的时代新人的重要途径，是坚持用习近平新时代中国特色社会主义思想铸魂育人、形成"三全育人"（全员育人、全程育人、全方位育人）新格局的重要组成部分。在实现中国梦的征程中，"全方位育人"要求教师将立德树人作为教育的根本任务，渗透到思想道德教育、文化知识教育、社会实践教育各环节，把思想价值引领贯穿教育教学全过程和各个环节，形成教书育人、科研育人、实践育人、管理育人、服务育人、文化育人、组织育人的长效机制。可以说，开展全过程、全方位育人不仅是培养德智体美劳全面发展的社会主义建设者和接班人的客观需要，也是实现中国梦的重要途径。

教师在教育教学过程中应时刻牢记立德树人的根本任务，自觉树立全方位育人的意识，将育人工作融入教育管理和教学工作的各个环节。育人的全方位，首先意味着育人目标的全方位，即促进学生德智体美劳全面均衡发展；其次意味着育人氛围的全方位，即倡导全员参与，共同为学生营造一个积极健康的成长环境；最后意味着育人方式的全方位，即把课内课外、线下线上、校内

校外等教育方式结合起来。因此，教师要做到时间上的连续性（课内与课外）、空间上的广延性（校内与校外）、内容上的全面性（全面发展教育），只有这样，才能最大限度地发挥教师的作用，实现人的全面培养。

（三）教师是实现世界和平的重要推动者

2015年9月3日，习近平总书记在纪念中国人民抗日战争暨世界反法西斯战争胜利70周年大会上指出："为了和平，我们要牢固树立人类命运共同体意识。"同年9月28日，习近平总书记指出，中国将始终做世界和平的建设者，坚定走和平发展道路。全体教师要准确地把握习近平总书记这些话语的内涵。

1. 和平与发展的主题需要教师的引领

党的十九大报告指出，"中国将高举和平、发展、合作、共赢的旗帜，恪守维护世界和平、促进共同发展的外交政策宗旨，坚定不移在和平共处五项原则基础上发展同各国的友好合作，推动建设相互尊重、公平正义、合作共赢的新型国际关系"。中国的发展历史表明：中国坚定奉行独立自主的和平外交政策，尊重各国人民自主选择发展道路的权利，维护国际公平正义，反对把自己的意志强加于人，反对干涉别国内政，反对恃强凌弱。中国决不会以牺牲别国利益为代价来发展自己，也决不放弃自己的正当权益，任何人不要幻想让中国吞下损害自身利益的苦果。

教师要认识到和平的外在条件来之不易，作为社会发展的引领者，教师更应该抓住机遇，努力促进自身各项能力与专业核心素养的可持续发展，即以自身的"终身学习"和"专业能力"去服务和引领包含全体国民在内的受教育者，促进人类世界以"和平与发展"为主题的内涵式发展与和谐发展，有条件地集中精力搞建设、千方百计谋发展，成为世界"和平与发展"的中坚力量。

和平可贵，然而"树欲静而风不止"。世界的总体和平态势，并不能说明没有局部动荡。因此，教师要在日常的教育教学活动中潜移默化地向学生渗透和平的观念，让学生从小心中树立"热爱和平，反对战争""立志做社会主义事业的建设者和接班人"的崇高理想，鼓励学生在学好文化知识的同时，讲好中国故事，维护好中国在世界上的形象，积极成为中华文化的讲述者和传承者。

2. 家国情怀需要教师的传承

习近平总书记在学校思想政治理论课教师座谈会上讲道："要善于利用国内外的事实、案例、素材，在比较中回答学生的疑惑，既不封闭保守，也不崇洋媚外，引导学生全面客观认识当代中国、看待外部世界，善于在批判鉴别中明辨是非。"中国原子弹之父钱三强说，科学无国界，但科学家却有祖国。古今中外，许多名人都有着极深的家国情怀。一个人只有不忘根、不忘本，他取得的成就才是"有温度"的，才能真正推动社会的发展，造福人类社会。

教师作为中华文化的传承者和受益者，在立德树人过程中，要旗帜鲜明地"为党育人，为国育才"，善于利用地方文化特色和生活细节，来激发学生热爱自己的家乡、民族、国家，培养学生的家国情怀。只有这样，教师所培养出来的学生才能成为中国特色社会主义事业的建设者和接班人，中国人民才能独立自主地建设自己的国家，实现对美好生活的向往。

3. 人类命运共同体的构建需要教师的参与

构建人类命运共同体，建设持久和平、普遍安全、共同繁荣、开放包容、清洁美丽的世界，教师应成为积极的践行者。家校社共育，着眼于学生成长和发展，是教师积极参与构建人类命运共同体的重要抓手。

在 2018 年全国教育大会上，习近平总书记指出："办好教育事业，家庭、学校、政府、社会都有责任。"长期以来，家庭教育与学校教育、社会教育之间存在着"断档""脱节"现象，不利于教育事业的长远发展。新时代，全体教师对于学生树立"人类命运共同体"意识的示范、培育与引领需要特别注意以下问题：

（1）发挥家庭教育在国民教育体系中的基础性作用。构建起以学校教育为主导的家庭教育指导服务体系，从根基处丰富育人多样化和提升更加个性化的教育质量，形成家庭育人、学校育才双向驱动教育创新模式。

（2）将社会主义核心价值观和立德树人的根本育人任务深度融入学校教育之中。以更加富有特色的学校创新体系和实践能力，去坚定国民教育体系"为国育才"的职业信念。

（3）深入开展以保障"弱势家庭子女的教育资源和教育机会，阻断贫困的代际传递"为重点的弱势家庭专项教育支持计划，以深入推进教育公平行动。

（4）要引导家长培育孩子健康身体、良好道德品质和生活习惯，为建设教育强国奠定物质基础和扎牢群众根基。

（5）引导学生逐步树立中国特色社会主义的人类命运共同体意识，即有国际人道主义的合作精神和人文关怀的交流意识，同时也要有防范一定的国际交流风险与挑战的意识。

三、教师是社会风尚的示范者

（一）教师是学生社会化的榜样

1. 榜样

在古代典籍中，"榜"指矫正弓弩的工具，"样"则是样式。

"榜"和"样"的组合，指的是矫枉正曲的样式。在《现代汉语词典》中，"榜"指"张贴出来的名单"，如光荣榜一般张贴着成绩优秀人的名单。在《辞海》中，对"榜样"一词的解释是："各历史时期内产生的同类事物中最突出或最具有代表性的人或事，称为先进典型。"在这个解释中，榜样与"楷模""典范""模范"意思相近。

榜样有广义和狭义之分。广义的榜样是指对受教育者有示范或警醒作用，其行为、思想能够激发受教育者产生崇拜、效仿心理或帮助警示受教育者避免类似失败的人或物。狭义的榜样仅指对受教育者有示范作用，其行为、思想能够激发受教育者产生崇拜、效仿心理的人[1]。榜样教育在我国已有渊源，在西周时期就有"有冯有翼，有孝有德，以引以翼。岂弟君子，四方为则"（《诗经·大雅》）之言。这意味着，当一个人有孝有德时，便可成为四方之榜样。在后来的发展过程中，榜样教育逐渐成为政治教化的手段[2]。为引导人们树立正确的价值观，社会上也有形式多样的榜样教育，如将每年的3月确定为学雷锋月、每年进行的感动中国十大人物评选活动和道德楷模评选活动等，都是榜样教育的具体表现方式。

著名教育家陶行知先生有过这样一句名言："学高为师，身正为范。"著名教育家、书法家启功教授劝勉教师要"学为人师，行为世范"，这句话后来成了北京师范大学的校训。两位教育家所言的意思是：教师应努力做好学问，用充足的知识和高尚的品德来教导学生；应努力树立自己良好的师德形象，规范自己的行为，为世人做个好的榜样，成为社会的楷模。

2013年9月9日，习近平总书记在向全国广大教师致慰问信

---

[1] 叶澜. 教育概论. 北京：人民教育出版社，1991：3.
[2] 沈善洪，王凤贤. 中国伦理思想史. 北京：人民出版社，2005：52.

时强调:"百年大计,教育为本。"作为一名教师,他的责任是培养出一批优秀的合格接班人,教师的一言一行直接影响着无数的学生。换言之,教师是立教之本、兴教之源,承担着让每个孩子健康成长、办好人民满意教育的重任。这要求教师必须能够充分发挥榜样作用,用自己高尚的人格、丰富的学识、谦卑的态度以及对学生的关心爱护之心,来培育并熏陶一代代的学子。

2. 社会化

瑞士心理学家皮亚杰认为:"社会化就是一个结构化的过程,青少年对社会化所做出的贡献正如他从社会化所得到的同样多,从那时便产生了运算和协同运算的相互依赖和共同性。"[1] 法国社会学家涂尔干认为,教育中的个体社会化就是指儿童的身体、智力和道德状况都得到激励与发展,以适应整个政治社会在总体上对儿童的要求,适应儿童将来所处的特定环境的要求[2]。在我国,人们通常会把社会化看作是个体在特定的社会文化环境中,学习和掌握知识、语言、规范、技能以及形成价值观等社会行为方式和人格特征,适应社会并积极作用于社会、创造新文化的过程。

教师在日常的教育教学活动中针对学生的类型、年龄发展特点和认知方式等有意地施加影响,从而为他们成功融入社会提供有力的素养支撑。这要求教师在与学生接触的过程中应有意识、有目的地培养学生的协同精神、社交能力和表达水平。换言之,教育过程乃是教师自身职业社会化的一个基本影响因素,学生乃是教师自身职业社会化过程中必不可少的一种"对象性存在"[3]。

---

[1] 皮亚杰. 儿童心理学. 吴福元, 译. 北京: 商务印书馆, 1980: 117.
[2] 鲁洁. 德育社会学. 福州: 福建教育出版社, 1998: 127.
[3] 吴康宁. 学生仅仅是"受教育者"吗?: 兼谈师生关系观的转换. 教育研究, 2003 (4): 43-47.

仔细观察教师群体，不难发现：有的教师把教学工作视为一种职业，一种谋生的手段；有的教师则把教学工作视为一种道德培育，旨在通过教学引导学生在不断应对社会化道德任务的过程中形成健全的人格。师生关系是学校中基本的人际关系之一，也是学生社会化过程中的重要社会关系之一，它贯穿学生受教育过程的始终，关系到学生的健康成长。一位优秀的教师，应该不单单具备教育学生、管理好学生的能力，还应该在给学生传授知识的同时，学会肯定学生成长中的点滴进步。只有做到为人师表才是榜样，做到严于律己才是楷模。

3. 教师在学生社会化过程中应发挥积极的示范作用

2014年9月9日，习近平总书记在同北京师范大学师生代表座谈时强调："好老师要有'捧着一颗心来，不带半根草去'的奉献精神，自觉坚守精神家园、坚守人格底线，带头弘扬社会主义道德和中华传统美德，以自己的模范行为影响和带动学生。"

教师应该成为学生社会化的积极推动者。《道德经》中说到"万物莫不尊道而贵德"。传道就是传播理想、培育道德。传道重在无形，身教重于言教。榜样的力量是巨大的，教师要化知为行，化行为习，化习为德，成为学生发展过程中的引路人。

学生社会化是教师开展教育教学工作的关键所在，其进展是否顺利，对学生、学校乃至社会都有影响。教师在日常的教育教学活动中要以提高学生的综合素质为重点，引导学生逐步实现社会化。这要求教师有敬业爱生的情感、诲人不倦的精神和为人师表的风范。教师的这种人格魅力对学生社会化有积极、正向的作用。当学生充分信任教师时，教师的表扬和批评便能打动学生，并产生一定的情绪体验。同时，学生还会把老师看作自己心目中的模范与理想人物，乐于把老师的要求转化成自己的实际行动，并自觉或不自觉地在自己的行动中效仿老师。

学生社会化离不开教师的辛勤付出，教师推动学生社会化需要通过学校教育这一平台和载体，教师将知识传递给学生，引导学生树立正确的人生观、价值观和世界观，并在学生明确了自身社会需求后，激发其内在动机，积极发挥主动性和主体精神，有意识、有目的地参与到社会化进程中去，根据自身素养和社会期望进行自我反思、自我改变和自我修炼。

（二）教师是家庭教育的顾问

1. 家庭教育的内涵

家庭是个体成长的第一个教育场域，家庭教育在个体成长中具有基础性、奠基性的作用。长期以来，家庭教育一直被认为是囿于常识与经验层面、对日常生活细枝末节的描述的教育。在许多人看来，家庭教育是一个不学自知、不问自晓的存在。

据查阅，王鸿俊是最早对家庭教育进行概念界定的。他认为，家庭教育有广义和狭义之分。其中，狭义之家庭教育，系指：子女入学以前之教育，又名曰学前教育，其意谓子女入学以前时期之教育，应由家庭负责，子女既入学之后，似可无教育责任，完全委之于学校矣。广义之家庭教育，系指：家庭对于子女之一切直接或间接、有意或无意之种种精神上、身体上之教育也[1]。赵忠心认为，家庭教育是指在家庭生活中，由家长即家里的长者对其子女和年幼者实施的教育和影响。这种教育实施的环境是家庭，教育者是家里的长者，受教育者是子女或家庭成员中的年幼者[2]。

我国台湾地区的家庭教育可分为正式的准备和非正式的学习

---

[1] 王鸿俊. 家庭教育. 南京：正中书局，1942：1.
[2] 赵忠心. 家庭教育学. 哈尔滨：黑龙江少年儿童出版社，1988：5.

两种。正式的准备是指包括在学校、宗教团体或其他福利团体的课程，目的是要达到父母与子女之间以及父母之间更好的关系，涵盖亲子关系及婚姻关系；非正式的学习，是指在家庭中进行，学习家庭生活的适当知识与技能，属于家事的学习，偏重日常生活的经验。

美国的家庭教育更多地被称作"家庭生活教育"（family life eduction）。家庭生活教育包括教师协助学生发展人格以丰富其作为当前与未来家庭成员的能力等所有安排的学校经验，而在此所指的能力乃指个人具备建设性解决个人所属家庭角色独特问题的能力。

由上述可知：中国大陆的家庭教育，强调长者权威，即长辈对晚辈的教育，中国台湾的家庭教育强调的是家庭建设，而美国的家庭教育强调的是"家庭生活教育"。

2. 党和政府对家庭教育的重视

中华人民共和国成立后，我国家庭教育的相关政策法规相继发布，为家庭教育在法规层面上提供了保障和依据，有关家庭教育的法律规范正在逐步完善。自《全国家庭教育工作"九五"规划》（1996）首次提出"加强家庭教育的法规建设"至今，我国已有六省市以条例的形式对本地家庭教育进行法律规范，分别为重庆（2016）、贵州（2017）、山西（2018）、江西（2018）、江苏（2019）、浙江（2020）。国家层面的家庭教育立法呼声也愈来愈高，目前正在积极统筹规划、有条不紊地推进。

国家对家庭教育的高度关注为研究者提供了契机和希望。近年来，与家庭教育相关的政策较以往明显增多。自 2015 年以来，我国陆续发布了《关于加强家庭教育工作的指导意见》《关于指导推进家庭教育的五年规划（2016—2020 年）》《全国家庭教育指导大纲（修订）》等文件。党的十九届四中全会提出"构建覆盖城乡的家庭教育指导服务体系"。2019年，教育部将"家校协同育人"列入"奋进之笔"行动计划中，同年5月底，联手妇联在京举办了"家校协同，让孩子健康成长"全国家庭教育主题宣传活动启动仪式。在这些政策及相关活动的推动下，家庭教育的发展受到了广大研究者和家长的关注。其中，谁来为家长提供家庭教育服务，哪个群体有能力胜任这份工作，成了人们讨论的热点话题。无论理论研究还是实践均表明：教师应该成为家庭教育的"指导者"和"顾问"。

3. 良好的家庭教育助力家校共育

家庭是孩子们成长的摇篮，提高家庭教育水平，对我国青少年的成长意义非凡。家庭教育会延伸至学校教育，且影响家校共育工作的开展。教师作为家校共育的"顾问"，其对家庭教育指导的质量关乎家庭的和谐与团结，关乎学校教学工作的顺利开展，关乎学生未来的健康成长。

2016年9月9日，习近平总书记在北京市八一学校考察时强调："基础教育是全社会的事业，需要学校、家庭、社会密切配合。学校要担负主体责任，对学生负责，对学生家庭负责。家长要尊重学校教育安排，尊敬老师创造发挥，配合学校搞好孩子的学习教育，同时要培育良好家风，给孩子以示范引导。各相关单位特别是宣传、文化、科技、体育机构要积极为学生了解社会、参与实践、锻炼提高提供条件。"

家庭和学校作为学生成长的两个最重要的阵地，具有举足轻重的作用。在学校教育蓬勃发展的今天，家庭教育的地位也越来越突出，家庭教育是学校德育教育的重要组成部分，幸福德育体系与"家校社"三位一体的构建，离不开家长的支持和家庭的配合，家长是学校教育的天然合作者，教育的重任仅仅依靠学校是行不通的，只有家校共同努力才能事半功倍。

4. 教师应该且必须成为家庭教育的"顾问"

教师具有专业的教育学、心理学知识，且具备丰富的教学工作经验，能够较为妥善地处理"个体"与"群体"、"共性"与"个性"、"特殊"与"一般"等学生成长发展中的各种关系。因此，教师应成为引导、帮助家庭进行家庭教育的最佳群体。教师通过利用教学、家长会、家访等丰富多样的沟通方式来提高家长素质，更新家庭教育观念，优化家庭教育环境，改革家庭教育方法，改善家庭教育效果。

教师在指导家庭教育的过程中，应警惕出现一种误区，即家长和学校的认识存在着"错位"的现象：父母将家庭教育内容仅仅理解为智育，在道德教育和社会化培养方面逐渐弱化，导致孩子人格的缺失；学校将部分智育的责任推给家庭，使家庭成为学校的附庸，家长成为教师的"配角"[①]。教师在指导家庭教育时要跳出提高学习成绩等固有的思维定式，从"教育的目的是培养人""教育着眼于儿童的发展"等更高定位入手，引导家长树立正确的教育观和成才观。这意味着，教师进行家庭教育指导服务的工作重心应放在学生的道德培养、习惯养成、人格熏陶以及人际交往等方面，而非是简单地用"成绩"来衡量或引导家庭教育。

给予家长必要的家庭教育的支持和帮助，让家长在家庭教育中的潜力和能力得以发挥，可以为营造和谐的家校共育氛围奠定坚实的基础。因此，教师应在家校共育中积极发挥主导作用，成

---

① 黄河清. 家庭教育与学校教育的比较研究. 华东师范大学学报（教育科学版），2002（6）：28-34.

为家庭教育的策划者、推动者和领导者，利用自己所学的专业知识为家庭教育出谋划策，提出新理念、创造新方法，打通家校合作的壁垒，为学生的健康成长和社会化发展发挥作用，为培养社会主义事业的建设者和接班人贡献力量。

（三）教师是社会行动的风向标

习近平总书记指出："百年大计，教育为本。教师是立教之本、兴教之源，承担着让每个孩子健康成长、办好人民满意教育的重任。"广大教师是社会行动的风向标，应认清肩负的使命和责任，教育和引导学生热爱祖国、热爱人民、热爱中国共产党，教育和引导学生心中要有国家和民族、意识到肩负的责任，牢固树立为祖国服务、为人民服务的意识，立志成为党和人民需要的人才。

1. 我国历来有"尊师重教"的社会氛围

中华民族有着5 000多年光辉灿烂的文明，中华儿女智慧的结晶滋养了一代又一代的中华子孙。在灿若星河的文明里，"尊师重教"一直是我们谨遵不悖并引以为豪的社会风气。从孔子遗世子贡墓前守孝六年的感人事迹，到荀子将教师推举到"天地君亲师"的崇高地位，无不彰显出我国古代"尊师重教"的文化传统。此外，不少历代名人也表达过对教师的敬重，如司马光语"经师易遇，人师难求"，姜太公言"一日为师，终身为父"，柳宗元曰"举世不师，故道益离"，都表达了教师对社会和个人的重要影响。

教师是太阳底下最崇高的职业，大家常把教师这种职业比喻成"人梯""铺路石"，意在表达教师这一职业的无私和伟大。干好一份职业，仅凭热情和使不完的力气，是远远不行的，要以德立身，以身立教，能够尊重学生是师德的基本要求。教育是爱的共鸣，是心与心之间的呼应，教师热爱学生，才能教育好学生。合格的老师首先应该是道德上的合格者，好老师首先应该是以德施教、以德立身的楷模。教师不能只做传授书本知识的教书匠，而要成为塑造学生品格、品行和品味的"大先生"。对于教师这份职业的热爱，是做好教师工作的原动力，拥有一颗责任心和一颗爱心是做好教师工作的必备条件。正是教师职业相对于其他职业来讲，需要投入更多的责任与爱，才赢得社会的尊重。

2. 教师应成为社会发展的"道德能动者"

"道德能动者"（moral agent，有时又被翻译为"道德行为者"或"道德主体"[1]），是随着教育改革的专业化浪潮而兴起的新型教师道德形象。"道德能动者"更能体现出道德主体的主观能动性和反思能力。

传统的道德榜样的教师形象，只能使学生知其然，而不足以使他们知其所以然[2]。道德榜样教育通过模仿和熏陶等方式对受教育者发挥作用，它着重强调教师的外在行为表现，会在不经意间忽视榜样的内在价值和意义。道德榜样从根本上来说是一种道德普遍主义诉求，它强调通过榜样教育推行普遍的道德价值观念。这就带来了道德榜样的负面影响，因为"一味地强调教师的道德示范，可能导致教师将自己认同的道德观念强加于学生，削弱学生的道德主体性，使学生处于道德奴隶的地位"[3]。从这个角度来看，即使最终达到了预想的道德教育目的，也会弱化道德教育过程中学生的理性自觉与自主反思。道德榜样是以社会模型或外在要求来塑造的教师个人形象，脱离生活基础的教师道德形象作为

---

[1][2][3] 李琰，易连云. 从"道德榜样"到"道德能动者"：教师道德形象的当代变迁. 教育发展研究，2014（10）：75-80.

榜样的影响力在逐渐减弱。

3. 教师应成为社会进步的"榜样示范者"

教师是学习型社会的促进者和践行者，教师作为传授知识者的角色是不能被淘汰的，但与先前不同的是，它不再是教师唯一的角色。"教育者先受教育"，教师只有最大限度地提高教书育人的水平，才能肩负起人民教师的历史使命，无愧于人民教师的光荣称号。这就要求教师时刻以身作则，为人师表，凡是要求学生做到的必须自己先做到，为社会进步作出榜样与示范。

教师是学习型社会的引导者。智为进德之基，学为立身之本。教师是学习型社会的参与者和实践者，在学习型社会中，教科书不是唯一学习资源，教师要主动、积极地利用一切可用资源进行创造性学习，到实践中去学习。教师队伍作为一个群体，要在学习实践中团结协作，互相支持，真正成为当今社会学习的楷模。要发挥教师集体智慧，培养学生终身学习的能力，为创设一个真正意义上的学习型社会打下牢固的基础。

4. 当今社会更需要重视"师德"的浸润

在后现代主义视域中，传统教师知识权威和道德榜样面临着巨大的冲击。所谓后现代主义，是 20 世纪 60 年代产生于西方发达国家的一种认识论，其主要观点是反传统、反理性以及反中心主义。后现代主义思潮通过各种途径改变了传统的道德认知判断和师者权威的文化氛围，极大地改变了人们思维方式。由于后现代主义对一切持怀疑的态度，认为一切都是不确定的，使得很多人认为社会发展"无标准""无道德"，陷入了"相对主义""怀疑主义"的旋涡。

后现代主义作为一种哲学、文化思潮，是对现代主义的反思，是对一些主流社会观念的质疑，是一种崇尚多元性和差异性的思维方式①。后现代主义对现代主义的批判与反思，在教育领域主要体现为其对传统教育目的和师生观的质疑。教育领域反权威化的出现，在社会上造成了"道德滑坡""道德瓦解""道德迷失"等一系列问题。

尽管人类道德认知能力的发展需要多元性和差异性，但不能简单地用多元性和差异性来否定以往深深根植于传统文化中的道德、观念、习俗。教师作为中华文化的继承者和传递者，应学会用科学知识武装自己，利用理性思维提升自我的道德判断能力，坚守道德底线，充分发挥自身的道德能动性，并用实际行动扩大自身的道德影响力，在社会上营造包容、理解、和谐的良好氛围，鼓励身边的人"向善""从善""行善"。

---

① 姚文峰. 后现代主义知识观及其对教育的启示. 教育探索，2004（7）：70-72.

做学生锤炼品格、学习知识、创新思维、奉献祖国的引路人

2016年12月7日，习近平总书记在全国高校思想政治工作会议上指出："教师做的是传播知识、传播思想、传播真理的工作，是塑造灵魂、塑造生命、塑造人的工作。教师不能只做传授书本知识的教书匠，而要成为塑造学生品格、品行、品味的'大先生'。"习近平总书记的指示，为新时代教师观念与角色的转变指明了方向。

一、新时代教师观念与角色的转变

（一）从单纯的知识传授者转变为学生发展的促进者

1. 教师要"学而不厌，诲人不倦"

教师既要与时俱进，又能长久坚守。《论语》云"学而不厌，诲人不倦""知之者不如好之者，好之者不如乐之者"。老师只有满腹经纶，且对学问乐此不疲，才能教好学生、感染学生。老师真正热爱学问，才能身教重于言教。

教师除了"学而不厌"，还应"诲人不倦"。春蚕到死丝方尽，蜡炬成灰泪始干。教师职业，要求教师具有利他主义的人生态度，以学生的健康成长进步作为自己的价值追求。捧着一颗心来，不带半根草去。这种无私的境界，使教育事业因此成为道德事业、良心事业。

2. 从以书本为中心转变到以学生发展为中心

传统的教学模式，以书本为中心。尤其是应试教育，以知识传授和刷题为主要训练方式。这种教学模式，易陷入填鸭式、灌输式教学和被动式学习。

美国教育家杜威指出，"教师不应注意教材本身，而应注意教材和学生当前的需要和能力之间的相互作用。所以，教师仅有学问还是不够的"①。教师在"备课"的时候，不仅要"备教材内容"，还要"备学生"，"备学生与教材内容之间的相互作用"。了解学生的前期知识、接受能力和需要与所要学习的教材内容之间的关系。

3. 止于知识传授，只是实现低阶教育目标

知识掌握是基础，能力提高才是目标。教育心理学家布卢姆认为，认知领域的教育目标包括六个类别：知识（knowledge）、领会（comprehension）、运用（application）、分析（analysis）、综合（synthesis）、评价（evaluation）②。

布卢姆指出："知识是指对具体事物和普遍原理的回忆……知识的目标十分强调记忆的心理过程。""正因为知识的传授和评价很简单，所以往往过于强调把知识作为教育目标，以致它在教育目标中所占据的比例超过了它的有用性，或超过了个人发展中它所应有的地位。"③ 领会"是最低层次的理解。它指这样一种理解或领悟：个人不必把某种材料与其他材料联系起来，也不必弄清它的最充分的含义，便知道正在交流的是什么，并能够运用正在交流的这种材料或观念"④。

4. 教书是为了"育人"

教书是为了育人。只教书，不育人，那就是纯粹的教书匠了。

---

① 杜威. 民主主义与教育. 王承绪, 译. 2版. 北京：人民教育出版社, 2001：200.
② 布卢姆. 教育目标分类学：第一分册. 罗黎辉, 等译. 上海：华东师范大学出版社, 1986.
③ 同②33.
④ 同②.

教书以育人为目的，教学是为了学生有效学习。无论什么样的教学，总会产生育人的影响，有好的影响，也可能有坏的影响。

育人有方向问题。习近平总书记要求教师有理想信念，有道德情操，都是为了保证育人工作的正确方向。苏联教育家苏霍姆林斯基指出："人掌握知识的目的，就在于把知识通过某种形式在生活中加以运用，并在它与人们的道德的、劳动的、社会的、审美的相互关系中，以在教学过程中所形成的信念作为自己行动的指南。"①

为了实现育人的目标，必须坚持实现全面发展与个性发展相互结合。建立在历史唯物主义理论基础上的马克思主义关于人的全面发展的学说，把人的全面发展看成是现代化大生产的客观要求，也是对共产主义新人的理想描绘。人的全面发展是与人的片面发展相对而言的，全面发展的人是精神和身体、个体性和社会性得到普遍、充分而自由发展的人。

（二）从以教学为中心转变为以学生学习为中心

传统教育以教师教学为中心，教师满堂灌，学生被动学习。现在要求转变为以学生学习为中心，课堂要从教师为主体转变为以学生为主体，教师只需发挥督促与指导的作用。

为此，教师和学生要注重学习以下两方面的知识，形成正确的教学观、学习观，改善学生的学习效果。

1. 高度重视学习科学

学习科学（Learning Science）是基于认知科学等学科、反思学习方法的研究而兴起的一门科学。"学习科学"20 世纪 80 年代

---

① 苏霍姆林斯基. 给教师的建议. 杜殿坤，编译. 2 版. 北京：教育科学出版社，1984：285.

由西方学者提出，在 90 年代后开始走向成熟，作为一个独立的学科领域脱颖而出。

学习科学旨在建立心智、大脑与教育之间的桥梁，将生物科学的最新成果，包括认知神经科学、情感神经科学、基因科学和生物分子科学等应用于教育和学习研究。它整合了心理学关于认知和学习的心理过程的研究，课程和教学论关于教材组织及教学过程的研究，以及教育技术学关于如何建立动态系统以支持学习的研究，全面研究学习活动的认知过程、社会情境和设计方式，从而给学习、教育以及政策制定提供科学的指导。

2. 从教学的学术到教与学的学术

1990 年，美国卡内基教学促进基金会以厄内斯特·博耶主席的名义发布报告《学术反思——教授工作的重点领域》，认为教授的工作应该包括四个不同又相互重叠的部分，即发现的学术、综合的学术、应用的学术和教学的学术。在这里，"学术"不再是一个只为"发现"服务的术语，不只属于大学的科研，也属于大学教学。

1999 年，教育家舒尔曼指出，真正重要的以及促使卡内基进行不断探究的因素是学生的"学习"，要用更加系统和学术性的方法来研究在使学习发生方面"什么有用"，他将这视为教学工作领域的目标。他试图增加教师对有效教学和"深化"学习障碍的理解。他提出了"教与学的学术"（SOTL），并获得了广泛认可。

（三）由教育教学的实践者转变为教育教学的研究者

要使教师教育教学真正成为一个专业，一个重要条件就是开展"教学的学术"研究。在观念层面，教师应成为教学活动的研究者；在政策层面，应通过多样化的教师发展模式来积淀教师的教学的学术；在制度层面，应通过完善教师发展制度来营造教师潜心教学的学术的外部环境。

1. 教学反思

教师要形成反思教学的职业行为习惯。对日常教学行为，课堂管理行为，学生学习态度、学习行为，都要日日反思，形成反思笔记。自我反思是教师专业发展的重要途径。

苏霍姆林斯基提出了"关于写教师日记的建议"。他认为，这些记录是思考与创造的源泉。他说："我从学校工作的第一天起，就开始记录儿童身高、体重和他们的智力发展情况。"他认为，在日记里，关于后进儿童的记载占有重要地位，要觉察儿童行为极其细微的变化。例如，考虑到有些孩子在智力发展过程中能动性有所降低，智力眼界受到局限，就建议这些孩子读某些科普读物。

记日记有助于集中思想，对某一个问题进行深入思考。"例如，我在自己的日记里空出几页，专门记载自己关于知识的巩固性的想法。把这些记载加以研究、对比和分析，就能看出知识的巩固性取决于许多先决的前提和条件。"[①]

2. 行动研究

"行动研究"最初是由库尔特·勒温作为一种研究社会热点和问题的方法而提出来的。他提出了一个包含四阶段、不断持续的循环圈模式：计划、行动、观察和反思，一轮循环结束再开始下一轮循环。随后戴维·科尔布在他的"体验式学习"循环模式中改进了勒温的这一模型。

1975年，劳伦斯·斯登豪斯提出了"教师成为研究者"的观念，将行动研究的理念应用到了教育领域。对于一名教师而言，

---

① 苏霍姆林斯基. 给教师的建议. 杜殿坤, 编译. 2版. 北京：教育科学出版社，1984：134.

反思性实践始于批判性地反思与检查自己有关教育的内隐理念：反思性实践者质疑他们曾深以为然的设想。在一个真实的场景中，例如学校，反思性实践者不断地评价自己的选择和行动对他人尤其是学生的影响，并且积极地利用机遇促进自己的专业成长。

卡尔和凯米斯这样定义行动研究：行动研究是一种由社会情境（包括教育情境）的参与者（教师、学生或校长），为提高他们实践的合理性与正当性，加深他们对实践的理解，改善他们所处的社会情境（和组织）而进行的自我反思的探究形式。

以上定义是一个操作性定义。行动研究的关键要素在于：（1）改进实践（与仅仅是研究或描述实践相反）；（2）加深实践者对自身实践活动的自觉意识；（3）以改变作为其最根本的目标，而不只是搜集有关的研究数据或报告；（4）监测和评价任何改变然后重新估价和修正干预或改革；（5）成为在同一个环境下工作的人们之间的合作成就：如果"外来者"也介入，那么他们应该和"内行"一起合作；（6）理论与实践相结合的桥梁。

行动研究被用于关注教育的多个不同领域，包括课程、教育学（教与学）、政策制定、教育机构管理和教职员培训。与局外人采用的传统研究方法相比，行动研究被认为有如下优势：

研究者常常可能成为一个"局内人"并且将会认识、理解被研究的场景及场景所处的背景环境。通过与场景中的他人协力合作而得到三角验证并反思进展，行动研究也许可以解决与研究效度相关的一些传统问题。

然而，行动研究也面临一些问题，如研究者越来越密切地参与到研究情境中，从而可能带有偏见或无法质疑或"看见"一些"局外人"可能看到的东西。同样，在研究自己的同事或组织时也存在伦理困境与权力问题。

（四）从"师道尊严"转变为"师生平等"

"师道尊严"出自《礼记·学记》："凡学之道，严师为难。师严然后道尊，道尊然后民知敬学。""师道尊严"，本指老师受到尊敬，他所传授的道理、知识、技能才能得到尊重，所谓"师严而后道尊"。后多指为师之道尊贵、庄严。

随着时代进步，"师道尊严"具有了不一样的意义。有学者认为，师道尊严有三个层次：第一，"道尊"，即老师集信仰与知识于一体。第二，"自尊"，即老师通过其自身人格魅力和知识素养来赢得学生的敬重。第三，"他尊"，即有种种礼仪规范来确保其他社会成员尊敬老师。

当今时代，教师和学生应该是一种平等但不对等的关系。所谓平等，是指无论在学习还是生活中，教师都应与学生进行平等交流、深入沟通，尊重学生的独立人格，而不能居高临下，片面强调自己的权威性。所谓不对等，是指无论什么时候，教师都应摆正自己的位置、切实履行自己的职责，当好学生的引导者，而不能一味迎合学生，甚至放纵学生的错误思想和行为。教师应该更多地以人为本，从单向到双向，与学生建立相互尊重、相互理解的师生关系。

以杜威为代表的进步主义教育运动，更加重视学生在教学过程中的主体地位。杜威认为，传统教育以书本为中心、以教师为中心，现代教育要以学生为中心。教育要促进儿童的生长，要从儿童的经验出发，教育是经验的不断改造。杜威重视"活动教学"，倡导让学生"从做中学"，认为学习是具体社会活动的自然副产品。要使教室成为学习实验室，学校成为雏形社会，把学校建成改造社会的工具。杜威的教育理论对许多国家的教育观念产生了巨大影响。

二、做学生锤炼品格的引路人

教师是人类灵魂的工程师,是学生人格的良师、知识的导师、心理的医师,是学生成长的引路人。2016年教师节前夕,习近平总书记在北京市八一学校与教师座谈时提出:"广大教师要做学生锤炼品格的引路人,做学生学习知识的引路人,做学生创新思维的领路人,做学生奉献祖国的引路人。"① 这四项要求,细化了教师教书育人的根本职责,给新时代广大教育工作者的定位和专业成长指明了方向。这其中,锤炼学生品格被置于首要位置,说明了它对于学生成长的重要性。

品格,《辞海》一释义为"品性风格",即个人的行为习惯、美德、意志及修养,是一个人区别于其他人的意识与行为的综合,具有显示个人的心理、情绪、情感、意志等特征。它体现为人的性格、态度和观念以及由此而表现出来的行为,即什么是高尚的,什么是道德的,什么是自己应该承担的责任和义务。品格具有相对的稳定性,可以表现为人的气质与处世的态度和方式。它可以分为个体品格和社会品格。个体品格包括自尊、自爱、自信、自强、自律、自我发展、自我实现等品质;社会品格包括热爱祖国、热爱人民、热爱集体、乐于助人、遵纪守法、具有社会责任感等品质。可以说,品格的内涵十分丰富。良好的品格至少应具有"敬业尽责、诚实守信、善良公正、明智创新、坚忍不拔、胸怀爱心、勤奋自律"等品质,这是个人、家庭成功的关键,也是千百

---

① 以"四有"教师为目标做好学生"引路人". (2016-09-12). http://www.xinhuanet.com/politics/2016-09/12/c_129277439.htm.

年来我们中华民族生生不息的民族品格的重要内容。塞缪尔·斯迈尔斯在《品格的力量》一书中指出:"品格是个人和民族的力量源泉,是世界上最强大的动力之一。"① 高尚的品格,是人性的最高形式的体现。它能最大限度地展现出人的价值。

良好的品德不是一个人与生俱来的,它需要经过认知、迁移、内化的过程,并在这个过程中不断反复,是一个曲折复杂而渐进的过程。它需要经过无数次艰苦环境的行为塑造和锤炼,所以,它离不开教育。品格教育是指通过教育者与受教育者的具有教育性活动的良性互动,引导和促进受教育者获得社会约定俗成的品格,形成社会需要的德性品质,养成良好的行为习惯的过程。它的目标在于帮助学生成为道德成熟、负责任、合群、自律的社会一员。它是个人品格与社会品格的统一,自我实现与社会责任的统一。自我实现的程度越高,承担的社会责任也就越大。锤炼学生的品格,做好学生的引路人,是学校教书育人的重要内容。

(一)积极弘扬社会主义核心价值观

培养德智体美劳全面发展的社会主义建设者和合格接班人是我国教育事业的最终目标。德育被置于首位,充分说明了提高学生道德修养在人才培养中的重要位置。习近平总书记指出,青少年学生要"修身立德、志存高远、勤学上进、追求卓越、强健体魄、健康身心、锤炼意志、砥砺坚韧"②。那么,青少年学生如何锤炼品格呢?家庭教育的奠基和自我的人生经历对锤炼品格有非常重要的作用,但要准确认识自己的优缺点并扬长避短,还是离

---

① 斯迈尔斯. 品格的力量. 北京:北京图书馆出版社,2007.
② 开学啦!听总书记这样"劝学"(2019-09-01). http://www.xinhuanet.com/politics/xxjxs/2019-09/01/c_1124946039.htm.

不开学校教育和教师的引导。教师是学生道德修养的一面镜子，是学生锤炼品格的引路人。教师首先要做的，是积极弘扬社会主义核心价值观，在教育过程中帮助学生认同社会主义道路，引导他们树立坚定的理想信念，教育他们热爱党、国家和人民，并充分发挥榜样的示范作用，塑造学生的优良品格。

1. 树立坚定的理想信念

习近平总书记说，教师要"教育和引导学生热爱祖国、热爱人民、热爱中国共产党，教育和引导学生心中有国家和民族、意识到肩负的责任，牢固树立为祖国服务，为人民服务的意识，立志成为党和人民所需要的人才"[①]。为此，教师首先要有理想信念，要忠诚与热爱党的教育事业，做到干一行爱一行，不能把教师仅仅作为一个养家糊口的职业。有了为事业奋斗的志向，才能在这个岗位上干得有滋有味，干出好成绩。坚定自己的理想信念，才能更好地引导学生树立远大的理想与信念，才能在教育教学中更好地贯彻党的教育方针，把社会主义核心价值观贯穿于教育的全过程。

2. 引领学生热爱祖国

一是运用中华传统文化中的优秀道德思想和历史上的励志故事来教育学生修身立德、志存高远；二是在课堂内外，结合现代各种技术手段、通过各种育人平台，采取不同的教育形式、方法，来培养学生的爱国情感，积极弘扬社会主义核心价值观，让爱国主义情感和民族精神渗透到学校教学和育人的方方面面，让学生认知、了解、领会、体悟、认同社会主义核心价值观的深刻内涵，最后内化为自己的主张和信念，形成正确的人生价值观。习近平

---

① 好老师什么样？习近平总书记这样说．（2020-09-09）．http://cpc.people.com.cn/n1/2020/0909/c164113-31854731.html.

总书记强调："对一个民族、一个国家来说，最持久、最深层的力量是全社会共同认可的核心价值观。"学生的成才和培养离不开教师对其核心价值观的引领和培育。弘扬与践行核心价值观贵在"认知"与"认同"的统一。其中"认知"是前提，是人们对外部事物的客观认识；而"认同"是关键，是内化于心，成为全社会的群体意识。只有在"认知"与"认同"的基础上，才能自觉践行社会主义核心价值观，只有引导学生形成积极的社会主义核心价值观，才能引导学生走向自尊、自信、自立、自强。

培养学生的爱国热情和民族精神是实施品格教育的核心和灵魂，只有把民族精神的培养作为学生品格教育的基石，德育工作才能有成效，国家才能培育出有希望的下一代。民族精神是民族生生不息的灵魂，没有民族精神就没有民族和国家。在任何一个国家，爱国主义精神都被视为合格公民最基本的素质。爱国是所有国家对公民的最基本要求，而民族精神，则体现了人类群体的凝聚力和向心力，是一个民族赖以生存和发展的根本需要。

3. 发挥榜样示范作用

教师要坚持理想、不忘初心，以为祖国培育合格、优秀人才为使命，在实际行动中奉献，以积极心态面对学习、工作和生活，为学生作表率。同时，也可以选取当今时代献身祖国改革和社会建设事业的先锋人物，各行各业数十年如一日工作在平凡岗位上、但却干出了不平凡事迹的优秀楷模为教育素材，将他们的鲜活故事、感人事迹作为榜样示范，进行宣传，让它们成为社会成员的自觉追求，用榜样的力量和效应来弘扬社会主义核心价值观，使社会主义核心价值观更加形象生动，更易于被学生认同。榜样示范是社会主义核心价值观日常化、生活化的生动体现，为青年学生直观感受、深入理解社会主义核心价值观提供了学习榜样，更容易起到效仿作用。

(二) 坚持立德树人的根本使命

立德树人是教育的根本任务。2016年12月，习近平总书记在全国高校思想政治工作会议上指出："要坚持把立德树人作为中心环节，把思想政治工作贯穿教育教学全过程，实现全程育人、全方位育人，努力开创我国高等教育事业发展新局面。""必须围绕学生、关照学生、服务学生，不断提高学生思想水平、政治觉悟、道德品质、文化素养，让学生成为德才兼备、全面发展的人才。"

1. 具备高尚的道德情操

师德是教师这一职业的门槛和立身之本，教师要成为学生人格塑造的示范者，首先自己要成为道德上的合格者和优秀者。教师只有以德立身、以身作则，学生才能以师为镜。传道，是教师的首要职责。德若不在身，传道自然无从谈起。教育部印发的《中小学德育工作指南》提出，实行师德"一票否决制"[①]。这项制度的出台，对于促进教师成为学生的道德楷模，非常有必要。

师德是深厚的知识修养和高尚的文化品位的体现。师德需要教育培养，更需要教师自我修养。《礼记·文王世子》云："师也者，教之以事而喻诸德者也。"做一个高尚的人、一个纯粹的人、一个脱离了低级趣味的人，应该是每一位教师的不懈追求。好教师要有"捧着一颗心来，不带半根草去"的奉献精神，自觉坚守精神家园、坚守人格底线，带头弘扬社会主义道德和中华传统美德，以自己的模范行为影响和带动学生。

---

① 教育部关于印发《中小学德育工作指南》的通知. (2017-09-04). http://www.moe.gov.cn/srcsite/A06/s3325/201709/t20170904_313128.html.

2. 成为以德施教的楷模

好教师首先应该是以德施教、以德立身的楷模。师者为师亦为范，学高为师，德高为范。教师是学生道德修养的镜子。好教师应该取法乎上、见贤思齐，不断提高道德修养，提升人格品质，通过自己的举止言行使学生感到人格的魅力，把正确的道德观和价值取向传递给学生。所谓"师者，人之模范也"。《论语》有言："其身正，不令而行。"学生对教师不仅是听其言，更是观其行。教师在学生眼中应是为人的模范。教师的人格力量和魅力是实现成功教育的重要条件。教师对学生的影响，离不开他的学识和能力，更离不开他为人处世、于国于民、于公于私所持的价值观。广大教师必须率先垂范、以身作则，热爱学生，引导和帮助学生把握好人生方向，特别是引导和帮助青少年学生扣好人生的第一粒扣子。

3. 做到全程和全方位育人

立德树人是一项系统工程，要实现全程育人、全方位育人，就得把立德树人贯彻于教育过程的始终。为落实立德树人这一根本任务，教师要热爱学生、关照学生、服务学生，以自身的切实表现和德行修养，为学生做好表率。各部门各尽其责，齐抓共管，在人才培养目标、途径、方法等方面有机融合、协调配合，做到人人是育人园丁，处处是育人环境，让立德树人的教育像空气一样伴随着学生的学习与生活，助其成长。这样，我们方能为造就德才兼备、全面发展的人才奠定基础。

4. 加强学习全面提高职业技能

教师要不断地加强职业道德修养，提高自身职业技能。这包括职业理想、职业意识、职业信念、职业态度、职业情感和职业道德等多方面内容。职业理想是人们对所从事的职业和想达到的成就的向往和追求，是成就事业的前提，能引导从业者高瞻远瞩，志向远大。职业意识即对自身职业的看法、认同与实现目标的愿望，其意义在于利用职业理想目标的激励导向作用，激发从业者的奋斗热情并指引其成才方向。职业信念即对职业的敬重和热爱之心，表示对事业的迷恋和执着的追求。职业态度即对待自己工作的态度，要脚踏实地、勤奋笃行、持之以恒、坚持不懈，要有无私的奉献精神。职业情感即对所从事职业的愉悦的情绪体验，包括职业荣誉感和职业幸福感。职业道德是在职业实践中形成的行为规范。所以，教师要以身示范，做好德行榜样，牢固树立职业理想；要有职业责任意识和担当，干一行爱一行，遵守职业道德规范，养成好的工作作风；要全面提高职业技能，与时俱进，根据新时代的需求，加强学习，不断充电，全面提高自身的专业技能，促进自身的成长和发展。

（三）追求真善美，培养优秀品格

中国古代传统教育是成圣成贤的教育，旨在培养君子品格，即所谓治学修身齐家治国平天下的人格教育。现代社会，科技进步和信息技术革命的到来使得获取知识技能成为各级各类教育的重要内容，并为"人"的全面发展增添了许多丰富的内涵。但不论如何，追求真善美，追求个体品格与社会品格的和谐统一，应该是教师进行品格教育的重要内容。

1. 求真、向善、尚美是永恒的追求

道德教化是教人求真、劝人向善、促人尚美。教师在做好自身德行修养的同时，要引导学生求真、向善、尚美，做到敬业乐群，促进人的全面、和谐发展。

求真是获取知识的目的，是在科学的理论与方法的指导下不断地认识事物的本质，寻找事物发展的客观规律，追求真理。坚持求真务实，是坚持马克思主义科学世界观和方法论的本质要求。

向善是道德教育的目的。要培养贤善、良善、友善之人，培养君子，善意对待他人，对社会和他人抱有同情和尊重，看待事物有同理心。

美蕴含了心灵美、语言美、行为美、环境美等丰富的内容，尚美既是对外在的、物质的认知，也是内在的、精神上的追求。

美是真善的升华，追求真善美的统一是认知、意志和情感的有机统一，是知识价值、道德价值和审美价值的有机统一，是主客体的有机统一。教师在育人的过程中要注意三者的和谐统一。

2. 培养学生敬业乐群的优秀品格

中华民族历来有"敬业乐群""忠于职守"的传统，敬业乐群已成为我们传承和发扬的优秀品格。《礼记·学记》云"一年视离经辨志；三年视敬业乐群"，宋朝朱熹释义："敬业者，专心致志，以事其业也；乐群者，乐于取益，以辅其仁也。"即用一种恭敬严肃的态度对待自己的学业和工作，专心致志，认真负责，一心一意，精益求精；要热爱集体，关心他人，与周围的人团结友善，和睦相处，互相学习、相互帮助，给大家带来快乐，就会给集体和社会带来更大的益处。简单地说，敬业乐群指专心自己的学业，与周围的人融洽相处。教师在引导学生追求真善美，发展个体品格的同时，更要注意培养学生的社会性品格，关注他与周围群体的沟通交流、协调合作的能力和品格的塑造，培养他的敬业精神，教会他热爱社会和集体，积极融入集体，干好本职工作。

敬业乐群是我们修身立业的基础。教师自己要做到这点，同时也要将它传递给学生。要做到敬业乐群，首先，要具备谦虚谨慎的品质。为人处世、待人接物谦虚谨慎，才能让人易于接近和接受，得到人们的认同和赞许，才能做到关系融洽，和谐相处。其次，要有团结协作的精神。一个人的力量总是有限的，只有学会团结协作，自觉地把自己融入集体当中，才能把自身价值最大限度地发挥出来。最后，要有宽容开阔的境界和心态。心地坦荡荡，遇事不计较，多站在对方立场上考虑问题，少围着个人的小圈子想问题、做事情，有容人之心，才可能被人容纳。敬业者方能成事，乐群者得人多助。教师要以身示范，积极与学生互动、与同事交流，在带领学生参加各类活动实践中，在与周围同事、朋友的合作中，培养敬业、勤业、乐业的工作作风，创设良好和谐的工作环境，以此感染和熏陶学生。

（四）鼓励学生勇敢面对困难挫折

习近平总书记指出，教师"要引导学生敢于面对各种困难和挫折，自觉培养不畏艰难、顽强奋进的意志品质"。只有具备顽强奋进的意志品质，青少年学生才能坚持不懈地学习、追求上进，走上工作岗位之后，才能迎面困难、追求卓越。具有高尚品格的人是值得信赖的人，当具有高尚品格的人越来越多时，中国特色社会主义事业就有了坚强的依靠力量。

1. 培养学生积极乐观的人生态度

教师锤炼学生品格，要引导学生养成积极乐观的人生态度，保持奋发向上的学习动力与热情。乐观开朗来自生活的际遇，一些烦恼的事情（如生活、疾病、痛苦等）缠身，就很难有积极乐观的生活态度。教师要以身示范，在与学生相处中，学会自我控制与调节情绪，平衡心态，保持积极乐观、奋发向上的精神状态，通过在教学中展示自己对事物的看法，处理问题的角度和方法，给学生传递正能量，帮助他们树立正确的世界观、人生观、价值观。要培养学生对学习、生活和探索新知、寻找真理的热情，乐观对待生活。要通过案例学习、榜样示范，引导学生多接触、认识乐观、热爱生活的人物，远离那些经常抱怨这不好那不好，从来不懂得自我反省的人。多向优秀的人学习，可以提升自己，拥有正确的生活态度。要鼓励学生积极参加学校组织的集体活动与社会实践活动、公益活动，促使学生在集体中学会团结、友爱、互助，发挥个人力量，从小我走向大我，在学习、交友、认知的过程中让自己的成长变得更加丰富多彩。

2. 培养学生顽强奋进的意志品质

锤炼学生品格，要培养学生不畏艰难、顽强奋进的意志品质。古往今来，事业上有所成就者，大凡离不开两条：一是有强烈的事业心和责任感，二是锲而不舍的勤奋和努力。孟子说："天将降大任于斯人也，必先苦其心智，劳其筋骨，饿其体肤，空乏其身，行拂乱其所为，所以动心忍性，增益其所不能。"意思是，干出一番事业，必定要呕心沥血，意志坚强，甘于吃苦，勇于奉献。在遇到艰难险阻时，要敢于正面相对，不退缩、不畏惧，学会分析、选择、坚持和突破。身处逆境不要沮丧，学会从辩证的角度去看待问题。币有两面，事有正反。万事万物都可能在一定的条件下相互转化，困境不可能永远是困境。所以，凡事从正面、积极的一面去考虑，要从挫折中汲取经验、总结教训，改变自己的处境。要有迎难而上、越战越勇的顽强意志和坚韧不拔的精神。

（五）教育学生养成良好的生活和学习习惯

良好的习惯非常重要，它可以决定一个人的命运。中国古语云："少成若天性，习惯如自然。"意思是说，儿童时期养成的习惯就像人的天性一样牢固，很难改变，以至于以后所取得的成功、创造的奇迹，很多方面都是由少时习惯所决定的。教育家叶圣陶先生也强调，教育就是习惯的培养。英国哲学家培根说："习惯真是一种顽强而巨大的力量，它可以主宰人生。因此，人自幼就应该通过完善的教育去建立一种良好的习惯。"[①] 行为习惯是内在品格的外在表现。内在品格的塑造需要从幼年起在家庭、校园以及社会中构建起一个安全自由的成长空间和爱的空间。品格养成的关键在于习惯的形成和能力的提升。

一个人要具备良好的品德，首先得有良好的行为习惯。行为习惯的好坏是我们评价一个人道德品质好坏的最基本的标准。例如，坐立行、吃喝的习惯等是否符合千百年来沉淀下来的文明和道德规范，就是评价一个人是否具有良好品德的内容。青少年时期是人一生中最宝贵、生命力最旺盛、成长最关键的时期，也是求知欲最旺盛、形成良好品行、进行养成教育的奠基期。人一生的成就，最后都和我们年轻时能否把握好时间，是否养成了良好的道德品格和行为习惯息息相关。教师在教育教学过程中，要让学生明白时间的宝贵，引导学生珍惜光阴，抓紧时间，鼓励学生专注于学业，不要虚度光阴，以免最后一事无成。

1. 培养学生良好的生活习惯

良好的生活习惯包括正常有规律的生活作息，生活自理习惯，勤俭节约的习惯，坐立行、与人交谈、遵守时间和社会秩序、团结协作、尊老爱幼等等与人交往中形成的文明行为习惯。这些习惯对一个人的成长具有十分重要的意义，是品德修养的基本要素。因为年龄的因素，模仿是学生学习的一大方式。儿童最早的学习是模仿学习，也就是模仿成人的行为，尤其是他所亲近的、他所

---

① 培根. 培根随笔. 北京：首都师范大学出版社，2012：113-114.

尊重的人的行为。因此，榜样教育对培养良好行为习惯具有重要作用。从这个角度讲，在家庭中，父母的行为习惯就是孩子学习的"教材"。父母的行为对孩子来说是无声的语言、有形的榜样。父母爱学习，喜欢读书看报，孩子也会形成喜欢读书看报的行为习惯。如果父母常常粗话连篇，他的孩子也一定"出口成脏"。在学校，教师是学生的行为模仿和习得的榜样。所以，教师不仅要注意引导学生培养良好的行为习惯，同时也要联合家长，做好家校共育，共同促进学生良好生活习惯的养成。

2. 培养学生良好的学习习惯

良好的学习习惯包括：上课习惯、课前准备的习惯、写作业的习惯、预习和复习的习惯、整理和使用文具的习惯以及课后复习巩固的习惯等。学生刚入学时，还是一张白纸，对他们进行常规教育和训练是重点。训练时要做到严格要求，一抓到底。例如，在训练学生上课发言时，告诉学生为什么要举手发言，让学生进行示范练习，要求人人掌握规范的举手姿势。再如，对发言时的体态及声音做示范，让学生明白体态端庄、声音响亮是对老师和同学的一种礼貌。在严格要求的同时，还可以增强趣味性练习以达到训练效果。

不管是培养生活习惯还是学习习惯，都应该力求做到"晓之以理，动之以情，持之以恒，导之以行"。这四个方面相互联系，缺一不可。把习惯的培养作为良好品德形成的突破口，避免品德教育上的纯知识化、教条化，让学生良好的品行在平常的生活中，在行为习惯的养成中"习惯成自然"。

要做好学生锤炼品格的引路人，首先，在教育过程中要始终以学生为本、以学生为主体。在当今科技迅猛发展的互联网时代，教师的任务更加艰巨、复杂，教师不仅要成为学习的设计者、指导者、帮助者和共同学习的伙伴，还要为学生指引方向。因此，在锤炼品格的过程中，要发挥学生的主体能动性，启发学生内在的自觉要求。在教学活动中，应当从各方面培养学生的道德品格，有意识地使学生身临其境，自主、自觉地作出道德判断和道德选择。学生的成长，外因是条件，内因是关键。教师要善于通过有效的教育手段和多样的有效活动，让学生将教师的外部激励内化为自身行为的动力。

其次，在教育过程中要遵循一些原则和方法。一是充分利用好课堂教学主渠道的功能，在学科教学中渗透品格教育，将其融入课程教学中，开展以道德品质为主题的学习活动，让学生深刻领会道德品格的本质。二是因材施教，分层引导。学生的品格成长，参差不齐，性格也各有差异。对于不同性格、不同年龄层次、心理个性特征不同的孩子，采取不同的标准和方法，给予及时鼓励，逐步引导。要根据学生的身心发展规律和个性特点，因材施教，创设适宜的教育环境，以环境来熏陶和感染学生，以教师的以身作则来打动学生，使学生无形中得到激励和改变，养成良好的品格和道德情操。三是正面启发，言传身教。现在的孩子接触的新鲜事物多，思想活跃、模仿能力强、可塑性强。教师应坚持正面启发引导的原则，用自身的魅力去影响鼓舞学生。要将诚实守信、勤奋进取、爱国敬业、自强不息等各种精神内涵，通过榜样示范投射到学生的心灵深处。卫生大扫除中的积极参与、午休时间的专注阅读、实验中的专注与坚持、就餐时的爱护环境、遇到困境时的不放弃——当教师的这些人格魅力感染到学生时，他们就已向文明跨出了可喜的一步。四是积极引导学生参与各类社会实践活动，采用灵活多变的方法塑造学生的优秀品格。通过活动育人，培养学生的公民责任感与担当意识，培养他们的爱国爱家精神，尊重他人与他人合作的精神。通过实践活动，将道德原则内化为自身的道德信念。

最后，要优化品格教育的环境，要注重外部和内部环境的双重建设。优化校园内部的文化环境，培育民主、开放、自由的教学环境；创设良好的公共环境，通过各种宣传手段，进行环境熏陶，培养学生的爱国主义和民族精神，宣扬正确的价值观念。学生良好品格的养成，不仅要靠学校教育，还需要家庭和社区的共同参与，形成学校教育、家庭教育与社会教育的合力，这样才能对学生的品格养成发挥积极作用。另外，还可以借鉴国外有益的教育智慧与经验，来塑造学生良好的品格。

2016年4月，习近平总书记视察中国科技大学后，对大学生成长成才提出明确要求："做有理想、有追求的大学生，做有担当、有作为的大学生，做有品质、有修养的大学生"[①]。这"六有"要求，其实正是我们教师引领青年学生锤炼品格的新的内涵。其中，"有理想、有追求"，是人生航向的指引。为实现中国梦的共同理想与崇高追求，青年学生要始终坚持理想信念和报国追求，努力创造无愧于青春的业绩。"有担当、有作为"，是人生行为的准则。它体现了青年学生要心系国家、心系民族、知行合一、学以致用，以青春梦想和实际行动为国家建设作出贡献。"有品质、有修养"，是人生品德的表现。它要求学生在教育教学实践中砥砺意志，修身养性，完善自我。这个要求，是教师引领学生锤炼品格的基本依据、是时代赋予的责任。教师要以此激励学生提高思想觉悟和道德品质，在人生道路上健康成长。

教育是呵护生命、让生命健康成长的事业。要关心爱护和尊

---

① 用青春书写华彩篇章：习近平对当代大学生的期待．（2019-10-31）．http：//www.xinhuanet.com/politics/xxjxs/2019-10/31/c_1125176123.htm．

重学生的个体成长，这是品格锤炼的前提。每一粒种子都有适合自己的土地，每一个人都有其存在的独特价值。教育的真正意义在于开发每个人的独特潜能，发展个性，实现个人的价值，把学生培养成既能充分实现个性发展，又能符合社会需要的人。正是经过了教育的点化和教师的引导启发，人的生命才逐渐地从蒙昧中觉醒，走向文明。教育并不是在学生的头脑中堆积知识，而是要让人的灵魂变得高尚。教师要通过自己的创造性劳动，把学生的潜力最大限度地激发出来，唤醒学生内在的灵性，养成高尚的品格。这样的教育，才是真正的教育；这样的教师，才是真正锤炼学生品格的引路人。

三、做学生学习知识的引路人

知识是人类对物质世界和精神世界探索结果的总和，也是人类在实践中认识客观世界的成果。学生学习知识是实现成功的必由之路。教师应从以下四方面着手做学生学习知识的引路人：第一，引导学生发现学习的乐趣，提高学习兴趣；第二，引导学生树立通识精神，文理兼修；第三，引导学生厚植中华优秀传统文化；第四，引导学生拓宽国际视野，培养全球胜任力。

（一）促使学生提高学习兴趣

兴趣是一种非智力因素，它是促动学习的内在力量，是学生自主学习、探究新知识和发展新能力的基础。2016年9月，教育部发布的《中国学生发展核心素养》提道，中国学生要"具有积极的学习态度和浓厚的学习兴趣""善于发现和提出问题，有解决问题的兴趣和热情"。我国现阶段的教育目的是以提高民族素质为根本宗旨，以培养学生的创新精神和实践能力为重点。兴趣是提升学生创新精神和实践能力的动力，它能调动人的主观能动性，使人热情饱满地投入生活和学习中，提升个人生活质量，获得幸福感[①]。因此，做学生学习知识的引路人可以从引导学生提高学习兴趣做起。

1. 何谓学习兴趣

兴趣是"个体积极探究某种事物或进行某种活动的倾向"[②]。它是个体需要和社会实践相结合的产物。兴趣是最好的老师，每个人从事各种活动，都是由一定动机、兴趣所引起的，有了动机、兴趣才能去从事各种活动，从而达到一定的目的。它是教育理论和教育实践所要解决的核心问题。教育家赫尔巴特把发展广泛的兴趣视为教育的主要目标之一，并认为主要是兴趣引起对物体正确的、全面的认识，它导向有意义的学习，促进知识的长期保持，并为进一步的学习提供动机。

而学习兴趣则是个人对学习活动的一种积极认识倾向和情绪状态，是推动人们求知的一种内在力量。学生的学习兴趣是学生获得经验和发展智力的重要动力，同学生的注意力、记忆力、思维、意志力及情感有着密切的联系。学习兴趣可分为直接学习兴趣和间接学习兴趣。直接学习兴趣是个人对学习内容或学习过程本身产生的兴趣。如学习内容的新颖性、学习活动的趣味性、个人在学习过程中取得的进步和成就等都可能成为激发兴趣的因素。间接学习兴趣是个人对学习活动结果产生的兴趣，如意识到学习的目的性或任务的重要性，或希望通过学习活动来达到其他的目的等。间接兴趣在个人身上是继直接兴趣之后发展

---

① 王侠. 中小学生兴趣的现状、特点与培养研究. 合肥：合肥师范学院，2018.
② 顾明远. 教育大辞典：增订合编本：下. 上海：上海教育出版社，1998：1776.

起来的。

2. 引导学生提高学习兴趣的意义

学生的兴趣是推动学习活动的内部动机[1]。教育学家杰罗姆·布鲁纳认为内部动机在学习中具有较为持久而强烈的作用，它比外部动机更能导致高创造性的形成。

（1）提高学习兴趣有助于学习动力的产生和学习质量的提升。

兴趣是学习最好的动力，它的内在动力性使学生在学习活动中表现得积极主动，并能够促使学生相对稳定持久地投入学习中。它在一定程度上决定了我们选择学习什么，以及对这些知识学得怎样。兴趣作为一种自觉的动机，可以提高学生的专注力，激励学生去探索和发现新知识，它是学生从事认识活动的启动器[2]。它对学生的注意力分配、采用哪种学习策略和学习的努力程度等都会产生积极的作用，从而促进学习质量的提升。

（2）提高学习兴趣有助于学生的身心健康发展。

个体在从事满足自身需要和感兴趣的活动时会带着愉悦的心情积极主动投身其中，感受活动所带来的快乐，这对人的生理、心理、情感和精神的健康发展都有促进作用。学习兴趣是和情感相联系的，它是学生学习活动中最现实、最积极的心理成分，是学习动机的最重要组成部分，是推动学生努力学习的强大动力。良好兴趣是学生实现丰富精神生活和发展健康人格的需要。阿尔弗雷德·阿德勒认为拥有社会兴趣的个体表现出乐于合作、积极奉献、渴望亲密感和归属感的特征[3]。

---

[1] 顾明远. 教育大辞典：增订合编本：下. 上海：上海教育出版社，1998：1776.
[2] 宇峰. 兴趣在驱动认知过程中的作用. 江西社会科学，1998（6）：13-15.
[3] 吴杰，郭本禹. 社会兴趣：概念、测量以及相关研究. 心理科学进展，2015，23（5）：871-878.

(3) 兴趣有助于创新能力的提升。

兴趣是创新的催化剂,有助于科学创新、知识创新和艺术创新的产生和发展。科学研究表明,浓厚的学习兴趣可以促进大脑中相关神经细胞的兴奋度,而使无关部分得到高度抑制,神经纤维相关部分的信道会保持高度畅通,信息传递将处于最佳状态。在这个状态下,人的思维最活跃,想象力最丰富,创造潜力最强[①]。

爱因斯坦曾说"兴趣是最好的老师"。在兴趣的驱动下,学生学习的积极性和主动性会大幅提高,从而发展为对所做事情强烈的热爱。在这种情况下,学生的创新性思维就会得到激发。孔子曰:"知之者不如好之者,好之者不如乐之者。"兴趣对学习有着神奇的内驱作用,学习兴趣可以推动创新能力的提升。

3. 如何引导学生提高学习兴趣

(1) 学校应加强教师队伍建设,营造学校文化氛围。

教师自身素质和水平直接影响到学生的学习态度,如果教师具有扎实的学科知识和深厚的专业素养,那么必定会有利于激发学生的学习兴趣。相反,如果教师自身对教学内容研究不透,教学方式呆板陈旧,无法有效地解决学生的疑问,就会很容易引起学生对教师的反感,进而发展到对教师所教学科的反感。因此,学校首先要加强教师队伍建设,采取有效措施促进教师的专业发展。只有教师的水平上去了,学校的教育教学质量才有保证。

一所学校的文化氛围对学生的成长具有潜移默化的作用。学校可以通过举办与学习有关的各种类型的活动来营造学校的文化氛围,这样能给提高学生学习兴趣带来积极的影响。

---

① 苏霍姆林斯基. 给教师的一百条建议. 杜殿坤,译. 北京:教育科学出版社,2004:227.

（2）创新教学方式，重视对学习兴趣的培养。

我们现在强调素质教育，在实施素质教育的过程中，教师必须重视学习兴趣的培养，"向学生提供体验的情境与机会，唤醒学生情感、态度、意志、领悟等生命特质在探究活动中的作用，将蕴含于知识中的情感、精神纳入学生的内心深处"[1]。

培养学习兴趣是实施素质教育的基础。没有非智力因素的积极参与，教学创新将无从谈起，课堂传授的知识只能是一堆冷冰冰的死知识，无益于个体素质的提高。

一般来说，一个人如果对某种事物或某项活动有好奇心，就会逐渐产生对某种事物或某项活动的兴趣。因此，教学理念应该注重的是如何发掘、引导、运用好学生的好奇心来正确培养学生的兴趣，进而提升学生学习的积极性和主动性。在课堂教学中，可以根据课程特点，采取不同的教学方式和方法，从激发学生的兴趣入手，使学生逐步掌握应学知识。

（3）注重情感交流，营造和谐师生关系。

学习兴趣与积极的情感体验有密切的联系。和谐的师生关系是建立在爱的基础上的，教师对学生要有爱心和耐心。教师应重视启发学生的自主性，因为"自主性的哲学本质内涵即人之主体性"[2]。教师要积极发挥学生的主体性，改变传统教学中教师"一呼百应"的知识权威形象。在课堂教学中，要努力营造平等、互动、融洽的教学氛围，使自己成为学生学习的组织者、促进者和引路人，而不是学生学习的领导者。教师应该以严谨治学的态度影响学生，调动学生热爱和追求知识的积极性；关注学生，关心

---

[1] 辛继湘.教学价值的生命视野.长沙：湖南师范大学出版社，2006：81.
[2] 朱小蔓.小学素质教育实践：模式构建与理论反思.南京：南京师范大学出版社，1999：163.

学生，课下与他们多交流，了解他们的思想动态，引导他们以良好的心态面对生活和挫折。

（4）采取多样的课程考评方式。

考试是一种相对公平的测试手段，但如果仅依靠试卷考试来作为评定学生的唯一方式则显然是不恰当的。教师应该根据学生的特点因材施教，改变传统单一的评价方式，采取多种评价相结合的方式，对学业水平程度不同的学生在一定范围内采取不同的评价标准，多阶段多侧面对学生进行考查，让即使是学习成绩落后的学生也能够有向前追赶的希望，而不是被忽略、被边缘化，从而激发学生的斗志，提高学习成绩。评价的一个重要作用就是激励，课程考查同样如此，它应适应学生兴趣爱好个性化的特点要求，允许多元化的考查方案，尽量让每位学生都能有认同感和获得感，使学生学习的积极性大大提高。

（二）帮助学生树立通识精神

1. 关于通识精神的阐述

"通识教育"一词，由英文"general education"翻译而来，源于古希腊亚里士多德提出的自由教育或博雅教育（liberal education）。美国博德学院教授帕卡德第一个阐述了"通识教育"的含义，即"我们学院预计给青年一种通识教育，一种古典的、文学的和科学的，一种尽可能综合的教育，它是学生进行任何专业学习的准备，为学生提供所有知识分支的教学，这将使得学生在致力于学习一种特殊的、专门的知识之前对知识的总体状况有一个综合的、全面的了解"[1]。

---

[1] PACKARD A S. The substance of two reports of the faculty of amherst college to the board of trustees. North American review，1829，28：300.

据《现代汉语词典》的解释，作为名词的精神的含义有三种，一是指人的意识、思维活动和一般心理状态；二是指宗旨、主要的意义；三是指表现出的活力。从广义角度而言，精神与物质相对，指所有的非物质现象，即作为特殊物质的人脑活动以及这一活动所产生的一切意识现象，是对外部世界和人自身的反映。从狭义角度而言，精神是指各种意识处于深层而又相对稳定的方面，是人的心理活动和一切文化现象中作为内核、支柱和处于主导地位的东西。这里取其狭义来理解。通识精神就应当理解为，对于多样价值观的尊重，对多种知识的通融，以及对多种思维方式的一种开放的价值取向和稳定的状态。

通识教育的终极目的在于促使个体达到"通"的境界，而通识精神就是这样一种"通"的心理状态，它既是通识教育的必要条件也是通识教育的目标之一，其精要就在于对多样价值观的尊重，对多种思维方式的开放，以及对多种知识的融通[①]。

2. 引导学生树立通识精神的意义

通识精神体现在通识教育之中。而通识教育的目的不在于教给学生多少具体的知识，而是教会学生学习方法、思维方式，让他们学会怎么自主学习，怎么进行独立思考。通识教育的任务，就是让学生通过学术的熏陶，养成科学和文明精神，具备理性的力量，从而使学生能够最终摆脱监护而获取独立、自由的精神走向社会。通识教育对于培养全面发展的人和创新型人才都有十分重要的作用。其目标是培养完整的人（又称全人），即具备远大眼光、通融识见、博雅精神和优美情感的人，而不仅仅是某一狭窄专业领域的专精型人才[②]。

[①] 梁婷. 通识精神与我国高校通识教育改革. 长沙：湖南师范大学，2011：12-13.
[②] 刘天娥. 大学通识教育的内涵、意义与出路. 东莞理工学院学报，2008（6）：99-118.

（1）有利于促进对多样价值的尊重、甄别与选择。

通识精神即意味着对多样价值的尊重与包容，并且在此基础上进行甄别与选择，形成正确的价值观。当今世界处在全球化浪潮中，不同国家、不同民族、不同文化得以在同一空间中相遇，由此带来了多元文化及价值的冲突与融合。引导学生树立通识精神，有助于使其懂得尊重不同国家、不同民族、不同文化在价值取向上的差异性和多样性，正视这些复杂的价值取向带来的矛盾冲突，并使其在这种充满价值冲突的环境中增加主体性意识，自觉甄别与选择，实现价值认同。

（2）有利于主体意识和自由精神的培养。

引导学生树立通识精神，能够使其在面对多样的价值观和多样的知识经验时有开放的心态，保持充分自觉的主体意识和自由精神，"思维清晰有效，正确而有批判性，表达准确有力，批判性地了解自然、社会和人文方面的知识，掌握实验、数学分析、历史文献分析等基本研究方法，理解异质文化，克服偏狭的文化视野，对伦理道德问题能够作出智慧的判断和道德的选择。"[①]

（3）有利于多种知识的融通。

通识之识，不仅要求学识广博，而且能通达融合，灵活变通，这是通识教育的要义。因而，具备通识精神的教育者将意识到，不仅仅要为学生提供全面而融通的知识，更要引导学生采取融通的方式理解、吸收。提供给学生的也不仅仅是自然科学、社会科学和人文科学知识，更关键的是知识的内核，是其中蕴含的科学方法与精神，并且要采用融通的方式来传授这些。也就是说，传

[①] 谷建春. 通专整合课程论. 长沙：湖南师范大学出版社，2008：35.

授给学生的不仅仅是知识表面,更是方法论本身,只有这样才能达到对其基本能力的培养或训练,使学生获得一种知识便能做许多事,培养学生形成通识精神[①]。

3. 如何引导学生树立通识精神,文理兼修

(1) 教师要树立通识教育理念。

人们对通识教育理念认识还不够充分,是阻碍通识教育顺利实施的一个因素,所以培养学生、教师乃至家长的通识教育观是至关重要的。通识教育不仅仅是一种教育思想,而且是一种实践活动,要做到有效地在大学里实施通识教育,首先要转变教育思想,更新教育观念,不能把学校仅仅看作一种单纯传授知识的场所,也不能把教学活动简单地理解为一种传授知识的活动。教育的本质就是培养什么样的人的问题,通识教育理念是对教育本质的深化。通识教育是一种朝向完整人格的建立,促成人的自我解放的教育,是人们把对人类永恒的理想与完美人格的向往和追求寓于大学教育目标的具体表现。作为一种合乎历史潮流的价值理念,它着眼于"人"的培养,这不是专业教育所能提供和解决的;它必须还要体现为一种完善人的教育目的。

(2) 采取多样化教学方式。

要深化教学改革,提高教育质量,就必须改进教学方式和手段。"大学教育的试金石不是讲授伟大真理,而是用什么高明的方法来讲授伟大的真理。所以,讲授什么不及如何讲授更重要。"[②]在我国的高校中,首先,应提倡启发式教学方式,要对学生进行

---

① 梁婷. 通识精神与我国高校通识教育改革. 长沙:湖南师范大学,2011:22.
② 阿什比. 科技发达时代的大学教育. 滕大春,滕大生,译. 北京:人民教育出版社,1983:18.

知识、能力、素质的综合培养,要养成学生终身学习的习惯。它的基本原则应该是在教学过程中启发学生积极主动思维,而不是被动地接受知识的灌输。学校的教学方法应以"授人以渔"为目标,学生的学习应该以学会如何生存为目的。其次,学生应借助多媒体技术、信息网络及时了解世界各地正在发生的各类事件,使自己更多地汲取知识。最后,还应邀请知名专家举办讲座,鼓励学生积极参加社团活动。实施通识教育,就是要培养学生的探究精神、创新精神。为此,教师应该改变教学方法,培养学生发现问题、发表意见的能力;创造较多的动手机会,让学生主动去收集信息、制订方案和解决问题。

(3) 引导学生学会学习。

"未来的文盲不再是不识字的人,而是没有学会怎样学习的人。"[①] 在终身学习观念之下,"学生学会如何学习"成了学校实施通识教育的一项新目的。在社会飞速发展的当今时代,新知识层出不穷,知识更新周期不断缩短,几乎每个学生毕业后都会遇到新环境、新问题。面对这种情况,学校不应只注重知识的传授,还应该在教导学生"学会如何学习"上下功夫;培养学生的探索精神,激发学生终身学习的意愿和动机,养成自主学习的习惯和能力,使其懂得如何有效甄别和利用各种资源进行学习活动,并能够不断地改善自己,抛弃旧有的不恰当的学习方式,采取主动的、探究式的、创新式的学习方式,同时在学习中学会沟通,学会合作。

(4) 转变教育评价方式。

评价是一门科学,也是一门艺术。但不管对学生的哪些方面

---

① 联合国教科文组织国际教育发展委员会. 学会生存:教育世界的今天和明天. 北京:教育科学出版社,1996.

进行评价，也无论采用哪种形式的评价，都应该注意发挥评价促进学生发展的功能[①]。旧有的评价方式注重学习成绩，而忽视学生全面发展和个体差异；关注结果而忽视过程。评价方法单一的评价模式不能客观、真实、全面地反映学生的全貌，也不能帮助学生充分调动学习积极性和树立通识精神，已经不能适应现代社会的发展和对人才培养的需要。习近平总书记在2018年全国教育大会上强调要"培养德智体美劳全面发展的社会主义建设者和接班人"，这为做好新时代教育工作提供了根本遵循。我们应转变以往重结果、轻过程的评价模式，以培养"全面发展的社会主义建设者和接班人"为评价的最终目标。

（三）指导学生厚植中华传统文化

1. 什么是中华传统文化

"文化"，作为一个广义的概念，指的是与自然相对的人化，譬如我们平时的吃、穿、住、行，都体现了一定的文化。狭义的文化则指的是精神文化，是人类在一定经济基础上产生的各种意识形态的集合，亦称思想观念文化，是世界观、人生观、价值观，还有方法论等等[②]。

任何一个民族都有与其他民族不同的特殊性，而这个特殊性的集中表现就是本民族的文化。一个民族的文化，既是该民族不同于其他民族的"标示"，也是维系其民族认同的纽带和支柱。关于文化与民族发展的关系，我们要清楚这样的事实：文化既是民族的根，也是民族不断发展的源，同时也是民族屹立于世界民族

---

① 秦惠明. 全面转变学生评价方式. 江苏教育，2016（39）：46-47.
② 胡丽华. 中华优秀传统文化教育常态化研究. 南昌：江西师范大学，2016：2-3.

之林的基础①。

中国是一个历史悠久的文明古国，传统文化底蕴深厚，中华优秀传统文化是中华民族语言习惯、文化传统、思想观念、情感认同的集中体现，凝聚着中华民族普遍认同和广泛接受的道德规范、思想品格和价值取向，具有极为丰富的思想内涵。早在春秋战国时期，我国就已经出现了儒、道、法、墨等诸子百家的思想体系，经过后来千百年的陶冶，中华民族形成了以儒家为主干、兼蓄各家的文化传统。由基本理念、核心价值、行为规范、理想信念等构成的儒家文化经典，渗透着国人特有的信仰追求、价值取向、人格品质、文明准则、思维定式和生活方式等。尽管儒家文化有着和今天不合时宜之处，但其中所蕴含的多时代的共时性的精华今天依然具有生命的活力，这也是优秀传统文化能够经历千百年锤炼，得以千百代传承，构成中华民族的脊梁、血脉和灵魂的重要原因②。

我们应当用辩证发展的眼光看待我国的传统文化，要在当代中国发展的实践中继承和发扬中华优秀传统文化，认真汲取中华优秀传统文化中的思想精髓和道德精髓，大力弘扬以爱国主义为核心的民族精神，倡导和践行富强、民主、文明、和谐，自由、平等、公正、法治、爱国、敬业、诚信、友善的二十四字社会主义核心价值观，深入挖掘和阐发中华优秀传统文化讲仁爱、重民本、守诚信、崇正义、尚和合、求大同的时代价值，使中华优秀传统文化成为实现民族复兴、世界大同的重要养料③。

---

① 程娟. 中华优秀民族文化传承面临的困境与对策研究. 湖北经济学院学报（人文社会科学版），2008（1）：103-105.
② 胡丽华. 中华优秀传统文化教育常态化研究. 南昌：江西师范大学，2016：2-3.
③ 同②7.

2. 引导学生厚植中华传统文化的意义

优秀传统文化是我国历代传统文化中的精华，凝聚着中华民族普遍认同和广泛接受的道德规范、行为方式和价值取向，具有人文性、包容性、伦理性、和谐性和实用性的特点。习近平总书记在中央党校建校 80 周年庆祝大会暨 2013 年春季学期开学典礼上指出："中国传统文化博大精深，学习和掌握其中的各种思想精华，对树立正确的世界观、人生观、价值观很有益处。"[①] 对促进学生的全面发展，培育和践行社会主义核心价值观具有重要意义。

（1）有利于弘扬和培育民族精神，增强四个自信。

中华文明源远流长，孕育了中华民族的宝贵精神品格，培育了中国人民的崇高价值追求。自强不息、厚德载物的思想，支撑着中华民族生生不息、薪火相传，今天依然是我们推进改革开放和社会主义现代化建设的强大精神力量[②]。其内容不仅包括了哲学、社会科学、文学艺术、科学技术等方面的成就，而且蕴含着崇高的民族精神、民族气节；不仅孕育了无数杰出的政治家、思想家、文艺家、科学家、教育家、军事家，而且留下了丰富的文物史迹、经典著作。在浩如烟海的中华民族优秀传统文化中蕴含着以爱国主义为核心的"团结统一、爱好和平、勤劳勇敢、自强不息"的伟大民族精神[③]。因此，学校进行的中华民族优秀传统文化教育，使学生从祖国的悠久历史和灿烂文化中得到启迪，从而树立和振奋民族精神，有利于引导青少年增强民族文化自信和价值观自信，坚持道路自信、理论自信、制度自信、文化自信，

---

①② 翟博. 加强中华优秀传统文化教育. (2017 - 08 - 30) [2019 - 12 - 08]. http://edu.people.com.cn/GB/n1/2017/0831/c1053 - 29506412.html.

③ 丁群安. 高校中华民族优秀传统文化教育刍议. 南昌航空工业学院学报（社会科学版），2003（2）：17 - 20.

对培育和践行社会主义核心价值观,实现中华民族伟大复兴的中国梦,都具有长远的战略意义和重要的时代价值。

(2) 有利于培养学生的核心价值观念。

当前,多元文化对大学生人格精神的养成造成了影响。高校思想政治教育通过传统文化内容的融合,针对学生的基本需求,培养学生的核心价值观念,使学生在文化内容学习中掌握传统的文化知识,展现思想政治教育的价值性。而且,在社会发展的过程中,通过对学生核心理念的引导,可以使学生在学习中掌握文化内容,促进学生核心价值观的形成[①]。

(3) 有利于提高学生的人文素养。

对于学生而言,在学习阶段中人文素养的形成是十分重要的。人文素养是指做人应具备的基本品质和基本态度,包括贯彻在人们的思维与言行中的信仰、理想、价值取向、人格模式、审美情趣等,是一种为人处世的基本价值观和人生哲学[②]。中华优秀传统文化是由中华文明演化而汇集成的一种反映民族特质和风貌的民族文化,它是中华民族5 000多年智慧和精神的结晶,更是当代中国人精神的宝库与文化的根底。它为提高学生人文素养提供了丰富的文化资源,具有独特的教育价值。

(4) 有利于构建积极向上的校园文化。

校园文化是学校教育机制中十分重要的环节。建设积极向上的校园文化,既是培养"四有"人才的需要,也是繁荣社会主义文化的需要。校园文化是一种特性鲜明的多样性文化。一般来说,校园文化由表层体系、中层体系和底层体系三个层次组成。表层

---

① 李小兰,黄龙,叶云霞. 传统家风家训融入高职学生人文素养培育的价值与路径研究. 太原城市职业技术学院学报,2017(12):76-77.

② 张延. 浅谈优良传统文化与大学生人文素养培育. 高教研究,2012(8):230-231.

体系，是一般人都能感受到的，体现在师生衣食住行日常生活中的文化。这个层次的文化变动最快，也最易接受异质的同层次文化。中层体系，是包括校园艺术、校园规章制度等在内的文化形式。底层体系，是一般人不易感受到，而又须臾不可离的校园哲学文化，这是校园文化的核心和灵魂，如每所学校的校训就是学校文化的核心体现。底层体系演变最慢，也最不易被异质文化所取代。在学校中进行中华民族优秀传统文化教育，有意识地渗透中华民族优秀传统文化，有利于丰厚校园文化中底层体系的底蕴，从而构建积极向上的校园文化[1]。

3. 如何引导学生厚植中华民族传统文化

青少年作为社会文化的重要承续者与创造者，如果不对中国传统文化的概貌有透彻、全面的了解，对传统文化的继承与弘扬，则无从谈起。引导学生厚植中华民族传统文化要在课程设置、课堂教学、课外活动、网络平台、校园文化建设等多种途径上下功夫。

（1）完善现有课堂教学体系，增设传统文化课程，转变传统教学方式。

第一，挖掘优秀传统文化在学科中的育人价值，重新整合、建构部分学科的教学内容。优化传统文化在学科教学中的渗透策略，以常态课程教学为主阵地渗透传统文化教育[2]。如将中华传统文化教育与思想政治教育课程紧密结合，适时引导学生进行优秀传统文化学习，使他们得到优秀文化传统的陶冶，生成扎根于

---

[1] 丁群安. 高校中华民族优秀传统文化教育刍议. 南昌航空工业学院学报（社会科学版），2003（2）：17-20.
[2] 周刘波，等. 以传统文化教育为载体培育中学生人文素养研究. 教育探索，2016（1）：87-89.

本民族的文化修养，形成具有民族特色的深层文化心理结构。只有这样，才能使青年学生具有深厚的中华文化底蕴，增强对中华民族传统文化的认同感。

第二，开设符合学生年龄发展阶段的优秀传统文化教育类校本课程。教育部《完善中华优秀传统文化教育指导纲要》要求，"鼓励各地各学校充分挖掘和利用本地中华优秀传统文化教育资源，开设专题的地方课程和校本课程"。目前，学校传统文化教育多依附于语文和思想品德类德育课程，课程结构相对单一。应采用适合学生情智水平及认知特点的传统文化教育资源构建校本课程，同时，确定适合本校学生的经典内容，研发自己的校本教材和读本，为学生学习传统文化提供丰富资源，进而满足优秀传统文化教育的需要。

第三，转变教学方法，充分利用各种教学资源。传统的教学模式只限于一般性的知识讲解，使得本来具有丰富内涵、博大精深的民族文化变得索然无味，青年学生难以对其产生兴趣，更不用说领会其中的意义。因此，学校教育要改变传统的教学模式，充分利用现代化的教学手段，把传统文化的丰富内涵以喜闻乐见的方式展现给学生。同时，要加强中国传统文化相关教材等教学资源的编纂。教材是教学过程的主要载体，编写出高水平、高质量的教材，是使教学效果事半功倍的重要途径[1]。

（2）发挥课外实践活动的积极作用。

积极组织学生参加各种社会实践活动，了解社会生活中的人和事，了解改革开放以来人们在生产、生活方面所发生的巨大变化，进而继承中华民族自强不息、开拓进取的奋斗精神；组织学

---

[1] 杨学义，等. 全球化背景下大学生中华民族传统文化教育研究. 学校党建与思想教育，2014（3）：4-5，8.

生参观历史纪念馆、革命博物馆、烈士陵园等革命教育基地，缅怀民族英雄、革命先烈的丰功伟绩，培养爱国情操和民族气节；利用清明节、端午节、中秋节、重阳节等重要传统节庆日开展中华优秀传统文化教育主题活动，组织学生参观文化遗址，名胜古迹，考察历史人物，在此过程中引导学生感受和了解中华优秀传统文化。

组织学生开展课外实践活动的同时，要注意不断深化学生社会实践的内涵，不但要了解历史，掌握知识，还要在此基础上引导学生对社会问题进行思考，培养学生关注社会、关心国家大事和积极参与的态度，让学生在实践中感受到我国悠久的历史、灿烂的文明以及社会主义现代化建设的辉煌成就，增进对民族、国家及社会制度的认识和认同，在社会实践中培育和升华民族精神。

（3）重视网络文化主阵地建设，促进宣传途径的信息化。

信息技术革命的发展和网络技术的推广，使越来越多的学生通过网络获取信息，因而学校的传统文化教育工作，必须实现现代化和信息化[1]。一方面，实现优秀传统文化教育线上线下的实时联动。在校园网上设立以优秀传统文化为主要内容的页面，利用网络既能传播文字，又能传播声音、图像等的特点，开展丰富多彩的交流活动，促进教师与学生的互动和沟通。注重充实校园网络内容，建设校园网络民族文学学习资料库。组织动员学生把民族文化遗产、艺术作品、文化艺术科研成果和历史文物等制成数字化产品，实现学生自发上传、更新校园网络资源，促进网络文化与优秀传统文化的有机融合，增强中华优秀传统文化对学生的熏陶，提高传统文化教育的时效性、吸引力和影响力。另一方

---

[1] 张海波. 优秀传统文化教育与中华民族精神的培育. 长春：东北师范大学，2008：28.

面,教师在教育教学中要善于运用网络平台。思想政治教育工作者要学会使用网络媒介突破传统课堂教育的时空和地域限制,使原有的相对固定的教育对象和教育场所变成社会性的、开放的立体式教育空间,并能够通过微博、微信等各种自媒体渠道及时了解、获取学生思想动态。还要学会整合利用各种网络平台搭建畅通的互动渠道和开放的讨论平台,改变以说教灌输为主的单向教育方式,促进教育内容和教育手段的多样化,引发学生对优秀传统文化的学习热情[1]。

(4) 发挥校园文化建设在弘扬优秀传统文化中的重要作用。

校园文化在较高层次上规范着学生的思想和行为,在弘扬优秀传统文化方面能够起到重要作用。学校可以在校园主干道及主要活动场所设置高雅的人文景观,在校园内设置高水平的传统文化宣传画廊,在主要教学楼的教室走廊里悬挂伟人、文化名人的画像及语录,等等。这些人文景观,每时每刻都在向师生们默默地传递着学校的优良传统和校园精神,营造着一种文明、健康、高品位的文化氛围与精神氛围。还可以利用学校博物馆、校史馆、图书馆、档案馆等,结合校史、院史、学科史和人物史的挖掘、整理和研究,发挥其独特的文化育人作用。这些方式都有利于陶冶学生的高尚情操,激发学生的爱国情感,鼓舞学生的学习热情;也有利于学生对中华优秀文化传统的继承[2]。

此外,学校还可以积极组织各类与优秀传统文化有关的社团,并根据学生的特点,深入开展中华优秀传统文化教育活动,邀请

---

[1] 杨学义,等. 全球化背景下大学生中华民族传统文化教育研究. 学校党建与思想教育,2014 (3):4-5,8.

[2] 张海波. 优秀传统文化教育与中华民族精神的培育. 长春:东北师范大学,2008:27-28.

传统文化名家、非物质文化遗产传承人等进校园、进课堂。依托少先队、共青团、学生党支部、学生会、学生社团等，开展主题教育、理论研讨、社会实践、志愿服务、文艺体育等形式多样、丰富多彩的活动。通过多种校园文化活动的举行，引导学生在思想观念、行为方式、价值取向等方面，对优秀的传统文化产生认同感和想要深入学习与了解的动力，使他们能够真正继承并弘扬中华优秀传统文化。

（四）引导学生培养全球胜任力

全球化时代，如何拓宽学生的国际视野，培养学生的国际意识和国际事务的参与能力已成为世界各国教育普遍关注的热点问题。2010年7月颁布的《国家中长期教育改革和发展规划纲要（2010—2020年）》提出要"培养大批具有国际视野、通晓国际规则、能够参与国际事务和国际竞争的国际化人才"。习近平总书记在党的十九大报告中提出"坚持和平发展道路，推动构建人类命运共同体"。如何培养学生具有全球胜任力，能够担负起构建人类命运共同体的责任，无疑是对学校教育的一个巨大挑战，也是对教师自身的专业素养和教育教学水平提出的更高的要求。

1. 什么是全球胜任力

2004年，美国里海大学的威廉·亨特博士在对来自高等教育机构的133名国际教育工作者以及跨国集团的42名人力资源总监进行问卷调查的基础上提出，全球胜任力是指"具备开放的心态，同时积极去理解其他人的文化规范与期望，利用已获得的知识与自身之外环境中的人进行交往、交流并有效地开展工作的能力"[1]。

---

[1] 滕珺，等. 培养学生的全球胜任力：美国国际教育的政策变迁与理念转化. 教育研究，2018（1）：142-158.

2016年5月，经济合作与发展组织（OECD）在日本仓敷市召开的七国教育部长会议上提交了一份阶段性报告：《为了一个包容世界的全球胜任力》，将全球胜任力定义为：在尊重人性尊严的前提下，个人拥有从多元观点批判性地分析全球与跨文化议题的能力；能充分理解差异是如何影响自我及他人的观点、判断与诠释；能够开放、适宜、有效率地与不同文化背景的人沟通的能力[①]。

2016年7月，清华大学启动实施《清华大学全球战略》，其中提出"培养具有全球胜任力的创新人才"目标，把全球胜任力界定为在国际与多元文化环境中有效学习、工作和与人相处的能力，包含认知、人际、个人三个维度上的六大核心素养：全球议题与世界文化、母语与外语、开放与尊重、沟通与协作、自觉与自信、道德与责任[②]。

由此可见，全球胜任力是一个有着多重维度的学习领域，涵盖了知识与理解力、技能、态度这三个维度。就"知识与理解力"维度来说，每一个成长个体要有为应对全球化和跨文化冲突带来的挑战与机遇所需要具备的知识与理解力。就"技能"维度来说，成长个体要有为达到某一特定目标，进行复杂且有组织的思考或者行为的能力。就"态度"维度而言，学习成长个体要拥有面对来自其他文化或国家的人的一种开放的态度，对文化上的差异有一种尊重的态度、一种全球的意识，以及对自己的行为有一种负责的态度[③]。

只有把握了这几个维度，我们才能在教育教学中找到各自的

[①] 熊万曦. PISA2018全球素养的内涵及实践意义. 教师教育研究，2017，29（5）：89-95.
[②] 钟周，等. 立足本地、参与全球：全球胜任力美国国家教育战略探析. 清华大学教育研究，2018（2）：60-68.
[③] 张家海. 培养全球胜任力人才，教师素质要跟上. 教书育人，2018（1）：21.

发力点。显然，全球胜任力的培养不应是大专院校的"专利"，而是应该从娃娃抓起，从基础教育做起。

2. 培养全球胜任力的意义

（1）全球胜任力融合多种素养成分，有利于学生综合素质的提高。

不同于某一具体的学科素养，全球胜任力属于通用素养的范畴，由多学科知识与能力融合形成[1]。根据上述国内外关于全球胜任力的不同界定，我们可以看到知识与理解力、技能、态度构成了学生全球胜任力的基本要素，但全球胜任力并不是上述要素的简单累加，而是各种要素的有机交融。它不是单一的能力或技能，而是一个由不同要素组成的素养结构体系，它涵盖了跨学科学习、对全球性议题和世界其他文化的相关知识的掌握、发展跨文化交际能力、自我反思能力和文化适应力、树立开放性和包容性的态度、建立全球意识、尊重文化多样性等关键要素。可见，对学生全球胜任力培养，将非常有利于学生综合素质的提高。

（2）有利于拓宽学生的国际视野。

培养学生全球胜任力包括全球性议题知识和跨文化知识的掌握以及导向全球理解和行动的认知技能、社会技能与批判性思维技能的发展，而这主要借助学科课程和跨学科课程载体，将本土、全球和跨文化议题相关的内容知识整合到已有的课程体系中或者开设全球教育专题课程[2]。这将有利于拓宽学生的国际视野，培养学生的国际意识和国际事务的参与能力。

（3）全球胜任力具有情境性，有助于提升学生知识的迁移能力。

全球胜任力具有情境性。作为一种素养而不是某一特定能力

---

[1] 具春林. 三重维度综合评估全球胜任力. 中国教育报，2018-01-26.
[2] 李新. 学生的全球胜任力：内涵、结构及其培养. 教育导刊，2019（4上）：5-10.

而存在的全球胜任力,是适宜于特定情境的知识、技能、态度、价值观和行动的组合,强调将学习结果充分应用于指定情境的能力。学生全球胜任力的发展在具体真实的情境中得以发生,全球胜任力与多种具体情境具有关联性,且这种情境源自学生生活实际和熟悉的背景信息,抽象和脱离生活的情境将导致学生的不投入和低迁移性。全球化、信息化、文化多元化时代,提供了发展学生全球胜任力的复杂真实情境,学生将所学知识与技能创造性地应用于情境,与来自不同文化背景的异质群体开展多层次互动,以发展自身全球胜任力并成为具备竞争性和行动力的世界公民[①]。

3. 如何培养全球胜任力

学生的全球胜任力需要通过全球胜任力教育得以培养。那么什么样的教育是全球胜任力教育,应该采取什么样的教育方式,无疑都是摆在各级各类学校和教师面前的新问题。我们认为,在教育国际化和全球化背景下,必须基于我国历史和现实条件,同时借鉴国外全球胜任力培养的相关研究和成功经验,除了帮助学生建立国际意识,了解国际文化之外,更为重要的是要让学生在熟悉国际文化、了解国际规则、具备国际意识的基础上,有能力参与国际竞争与合作。课程建设、课堂教学、教师专业发展是学校教育培养学生全球胜任力的重要路径。

(1) 确立学生全球胜任力培养的目标定位。

学校在培养学生全球胜任力的过程中应先确立培养的目标定位。然后,再结合本校的学科建设、师资力量、国际交流合作等情况,制定适合本校特色发展的全球胜任力培养计划,形成一整

---

① 李新. 学生的全球胜任力:内涵、结构及其培养. 教育导刊, 2019 (4 上):5-10.

套完备的人才培养体系。

（2）创新校园文化活动，鼓励学生参与国际交流。

在课堂之外，面向学生全球胜任力的核心要素，创新校园文化活动，也是助力学生全球胜任力培养的重要方面。例如，以"跨文化大使"（Intercultural Ambassador）为代表的文化沟通与交往能力类活动，关注环境、人口、健康、资源等全球难题，帮助学生树立全球视野；定期举行院长午餐会、师生联席会、学生权益委员会议等，为学生充分表达在学习、生活等各方面的困难和问题，培养自我管理能力提供了良好平台；每年举办词王争霸赛、滑翔机制作比赛、机器人挑战赛等，在创新创造类活动中提高学生的语言应用能力、培养团队协作精神[1]。

参与国际交流是拓宽学生国际视野的重要途径。学校应积极探索一批能够与本校建立长期合作机制的国际交流项目，促进校与校之间的信息交流，在政策资金上鼓励学生积极参与国际交流项目，努力为学生营造全球胜任力的培养环境。

（3）提高教师全球胜任力水平。

学生全球胜任力培养的关键在教师，教师在全球胜任力方面的理解与学习，在全球胜任力学科设计、教学与评价中的全球胜任力意识直接影响学生的全球胜任力发展[2]。教师需要通过持续的专业发展以提升在全球胜任力课程、教学与评价方面的素养。在加强教师全球胜任力素质的同时，要求教师将全球互动等实践项目纳入教学中，引导教师教学课堂改革，将全球胜任力的特点向课堂渗透，并建立完备的教师考核体系，激励教师自身学习并

---

[1] 任军，等. 大学生全球胜任力培养刍议：西南交通大学-利兹学院的实践. 世界教育信息，2019（2）：44-48.
[2] 熊万曦. PISA2018全球素养的内涵及实践意义. 教师教育研究，2017，29（5）：89-95.

反馈到学生中去①。

（4）构建全球胜任力课程体系。

培养学生的全球胜任力主要依靠学科课程与跨学科课程两大课程载体，在课程设计和规划中需要整合并融入全球胜任力的概念和内涵。学生全球胜任力的培养，既可以将全球胜任力相关的教育内容整合到已有的学科课程中，也能通过开发独立主题的课程或课程群来实现，还可以通过学科实践活动、综合实践活动或文化交流实践活动等形式达成。鉴于学校教育中的课程设置框架较为固定，因此将全球胜任力教育内容与学科课程进行统一整合是较为切实可行的模式。多年来国际倡导"全球视野"中的课程开发，目前推出了与"国际理解教育"理念相适应的全球胜任力课程。课程组织的模式主要包括两种类型：一是多学科模式，也称为渗透模式（infusion model），即依据课程目的与目标，将适当的全球胜任力内容（包括知识、技能、态度、价值观等）渗透到各门学科之中，使之成为各学科关联的核心。二是跨学科模式，又称单一学科模式②，即以全球胜任力为核心，从各个学科领域中选取有关全球胜任力内容的主题，将其组合一体，打破不同学科原来的界限，发展出一门独立的课程③。

（5）设计全球胜任力教学策略。

鉴于全球胜任力要素构成的复杂性和教学目标的独特性，除了课程设计外，教师的教学设计对有效培养学生的全球胜任力至关重要。

---

① 何艺宁，朱小亮. 论高校大学生全球胜任力的培养. 教育现代化，2018（13）：200-201，222.
② 钟启泉. 课程设计基础. 济南：山东教育出版社，1998：455-460.
③ 张华. 课程与教学论. 上海：上海教育出版社，2000：274.

经济合作与发展组织提出了旨在提升学生全球胜任力的多项教学策略。第一，课堂文化。教师需要创建学生自由表达与交流的课堂文化，这种课堂文化应该符合全球胜任力的价值观。第二，结构性辩论。这是经常用于中等和高等教育中以提高学生全球议题意识的特定课堂讨论形式，它在帮助学生锻炼沟通和论证技能的过程中提供了关于这些议题的多种视角。第三，有组织的讨论。它允许学生表达自己的差异、偏见和文化信念。第四，从时事中学习。对全球正在发生的新闻事件进行讨论，并将其与课堂教学主题相联系，以此来让学生明白他们的课堂、学校、社区都与这个世界存在联系，他们是世界公民。第五，游戏学习。通过教师为学生设置的集体游戏学会了解他人和自我，学会如何成为团队的一员以及如何信任他人。第六，服务学习。要求学生基于课堂所学知识进行志愿活动、参与宣传活动或直接为社区成员提供服务，通过学习者批判性地反思他们的服务经历，以深化对学科课程学习及如何履行公民责任和重塑价值观的理解。第七，项目式学习。亚洲协会全球教育研究中心构建了SAGE框架以促进全球胜任力项目式学习，即学生自主选择、真实体验、全球意义、提供机会向现实生活中的人展示成果[①]。

四、做学生创新思维的引路人

要将教师培养成为学生创新思维的引路人，必须准确把握创新思维的要义和特质。创新思维是一种具有开创意义的思维活动，即人类开拓认识新领域、开创认识新成果的思维活动，具有流畅

---

① 李新. 学生的全球胜任力：内涵、结构及其培养. 教育导刊，2019（4上）：5-10.

性、变通性、敏锐性、独创性、精密性等主要特质。流畅性是指思维少有阻滞，思路畅通。变通性是指能打破固定的思维模式，从多角度思考问题的灵活程度强。敏锐性是指善于发现问题的未知部分，能从某一事物中敏锐地跳跃至其他事物之中。独创性是指常常发表超出常人的见解，并用新奇的方式处理事件，成果别具一格。精密性是指思维的细致和严密，凡提出设想则力求实现，为此深思熟虑、精益求精，它决定创新的深度和创新的成功概率。

教师要争当学生创新思维的引路人，必须拥有创新意识与创新精神。要善于发现和运用教学、学习与生活中显性与隐性的一切创新因素，来引领学生创新思维的发展。首先要用发散性的方式看待和分析问题，是从一个目标或思维起点出发，沿着不同方向，顺应各个角度，提出各种设想，寻找各种途径，解决具体问题的思维方法。其次要主动地、有效地运用联想，使思维达到"由此及彼、举一反三、触类旁通"的程度。再次要用"求异"的观点去看待和思考事物，打破已有的思维定式、思维习惯，摒弃以往的思维成果，有意识地关注客观事物的异同性与特殊性；不拘泥于常规，不轻信权威，以怀疑和批判的态度对待一切事物和现象。最后要学会整合，宏观地去看待事物，同时还要在创新实践活动中训练直觉思维与形象思维。

本节从三个方面来阐述教师怎样才能成为学生创新思维的引路人。

（一）更新教学观念，探索培养创新思维的方法

创新思维，又叫创造性思维，是思维中的智力品质。主要是在解决问题的过程中通过选择、突破和重新建构已有的知识、经验和新获取的信息，建构新的认知模式并认识把握事物发展的内

在本质及规律，进而提出具有人文精神、主动性、独特性和复杂性的思维过程[1]。师生互动活动发生的最频繁的地点是课堂。加拿大著名教育家迈克尔·富兰在《教育变革的新意义》中写道，"教育变革的成功与否关键在于教师的所思、所为"[2]。可见，教师的教学观念对其教学行为具有重要的指引作用，教师教学观念的更新对于学生创新思维的形成具有深远的影响。

1. 遵循"以学生为中心"的原则

"以学生为中心"意味着教学活动中的主体不是教，而是学。其主要的教学形式有三种：协作化、个别化和多样化。帮助教师更新教学观念、成为学生创新思维引路人的基本前提是遵循"以学生为中心"的原则。20世纪初，因在国际学生评估项目（PISA）测试中表现突出而受到全球关注的北欧国家芬兰，作为欧洲第一个将小学教师的学历培养阶段提升至硕士的国家，在对基础教育师资进行培养的过程中十分强调教师"以学生为中心"的理念，所确立的"好教师"的标准是：成为永恒的学生。

教师的热情和专业知识并不能保证学生的学习成效。优秀的教师可以激励学生并开发他们的创造性思维，并帮助他们在学业上获得成功。因此，教师需要有为学生做出努力的意愿，能够从学生的角度看待学校科目、预判学生学习的关键点。这是教师"以学生为中心"原则的具体表现。学生有改变自己、追求进步的需要，教师的教学设计只有能够激发学生自主学习的积极性、能够满足学生实现自我价值的需要，才能使学生变得主动，成为教学的主体，实现以学生为中心的教学模式[3]。只有在"以学生为

---

[1] 张晓芒. 创新思维方法概论. 北京：中央编译出版社，2008：49.
[2] 富兰. 教育变革的新意义. 赵中建，等译. 北京：教育科学出版社，2005：121.
[3] 林秋雪. 对以学生为中心的教学法的几点思考. 课程教育研究，2014（7）：43.

中心"的基础上充分发挥教师的启发和引导作用，唤醒学生学习的兴趣，促使学生主动学习，才能培养学生积极思考和进行实践探索的习惯，从而形成创新思维。

2. 立志成为教学-学术型教师

教学观念是教师从教学实践中逐步形成的对教学本质、教学过程的基本看法[①]。做学生创新思维的引路人，一方面要求教师要有探索精神，成为一名拥抱变革、主动创新、不断突破的教学-学术型教师；另一方面，则要做到启之以道、教之以法、授之以渔，通过丰富的个性化学习、项目式学习、任务型学习、研究性学习，不断培养学生知识迁移的高阶能力。

教学是一种学术职业，帮助教师成为一名教学-学术型教师，是实现教师成为学生创新思维引路人的一个重要途径。应鼓励教师积极自主地开展教学行动研究，成为自身教学活动的研究者。教学行动研究是教师作为研究者，在行动中研究、为了行动而研究。教师的教学行动研究需要经历以下几个步骤：一是根据教学中的真实困境，确定教学的研究问题；二是运用系统的方式进行教学观察；三是描述、解释、分析获得的教学观察材料；四是形成解决教学问题的初步方案；五是根据方案采取相应措施进行教学的行为干预；六是评估教学行动的效果。在实施教学行动研究六个步骤的过程中，教师会发现更为深层次的教学问题，进入下一轮的行动循环[②]。在这个螺旋深化的教学行动研究过程中，教师对教学的认识也会不断得到深化，从而提升教师对教学的理性

[①] 高凌飚. 教师的教学观：类型与跨文化比较. 华南师范大学学报（社会科学版），2001 (6)：93.

[②] 李墨一. 具身认知视域下教师教学观念转变的困境与突破. 教育理论与实践，2019（10）：56.

认知，生成指向教学的新的程序性知识，同时提升自身的教学行动研究能力。与此同时，行动研究在内容上要特别关注学生[①]。当教师将自己放在了通过日常生活经验进行教学决策的"对立面"——运用科学论据来论证自己的教学观点与行动，即"我所做的一切必须是有科学道理的"，那么对其自身的工作进行批判性反思、进行深入研究与分析的不再是"他者"，而是教师自己。这有利于教师赋权，帮助教师形成自己的个人实践理论和教学风格，而不再是无止境地复制他人或所谓名师的经验。学生也通过参与教师进行的自主教学设计互动获得更多区别于传统知识的有利于创新思维形成的知识和能力。

3. 树立全新的教育评价理念

教师要做学生创新思维的引路人，需要改革人才培养的模式，改变评价制度。改变过去只重视结果，特别是考试成绩，不重视教学过程的状态。正如联合国教科文组织 2016 年发布的研究报告《反思教育：向"全球共同利益"的理念转变？》中所指出的，以往的教学主要关注的是教育过程的结果，而往往忽视了学习的过程。关注结果，主要是指关注"学习成绩"，而忽视了"对于个人和社会发展具有重要意义的知识、技能、价值观和态度"[②]。面对当前科学技术的日新月异，经济社会的风云变幻，没有创新精神和创新思维，很难适应这种时代的变化。因此，教育要帮助人们改变思维方式和世界观。现代课堂要提倡学生参与教学过程，采用探究式学习方式，培养学生发现问题、提出问题的能力，去探索未知世界。我们常常讲要培养创新人才。中小学是基础教育阶

---

① 赵茜. 深化、内化、明晰：教师教学观念的转变. 教育发展研究，2017（4）：74.
② 联合国教科文组织. 反思教育：向"全球共同利益"的理念转变？. 联合国教科文组织总部中文科，译. 北京：教育科学出版社，2017：21.

段，不可能直接培养出创新人才，但中小学要打好培养创新人才的基础，通过学生自己去探索、去发现，培养其创新思维。而中小学教师在教学中要引导学生进行自主思考。孔子曰："学而不思则罔"。学习而不思考，只能获得死的知识，不能举一反三。只有培养学习的思维能力、想象能力，学生将来在工作中才能有所创造，才能应对瞬息万变的世界。

（二）培养学生的批判性思维能力

批判性思维是指通过一定的标准评价思维，进而改善思维，是一种合理的、反思性的思维[1]。它是针对自己如何思维的一种策略，其目的在于决定信念并指导行动。批判性思维是大胆质疑而非愤世嫉俗，是思想开放而非举棋不定，是分析批判而非吹毛求疵。批判性的思考果断但不固执，评价但不苛责，有力但不武断[2]。批判性思维权威学者理查德·保罗提出通过对话性思维的教学法培养批判性思维[3]，在对话性思维的教学法中尤其提倡运用问题探究教学法。

1. 学生作为正面观念的主体，应自觉提升学习品质

由于批判性思维具有反思性，学生要学会自我反省，调节自身学习情绪，增强主动性，改变死记硬背、不思考的学习习惯。学生应该理解思考、感受与动机之间的关系，每当产生一种感受，就会产生与之相应的思考过程并促使自己采取行动，学会分析自身情感与行动背后所潜藏的想法，也就是要学会自我反

---

[1] 范西昂，都建颖，李琼. 批判性思维：它是什么，为何重要. 工业和信息化教育，2015（7）：10.

[2] 王丽霞，梁俊伟. 学生"学"的变革及教育新特性的思考："互联网＋"时代批判性、创新性思维培养的新契机. 中小学信息技术教育，2019（4）：86.

[3] 钟启泉. "批判性思维"及其教学. 全球教育展望，2002（1）：34.

省，调节情绪。比如当上课感到厌倦时，就问自己："是什么想法让我产生厌倦？"如果对所学知识提不起兴趣，可以问自己："学习这些知识有价值吗？会对我有什么作用？"通过自我反省、调节情绪，激发正面观念主体性意识和学习内在动机，才能进行发问与探究。另外，针对不思考的学习习惯，学生应该保持学习经验的开放性，将学科知识与自己的生活经验相联系，改变不思考的习惯，积极思考并随时准备发问，勤于推论，建立自己的知识体系。皮亚杰建构主义学习理论强调知识的个人建构，学生应该做到理性学习兼感性学习，不以自我为中心思考，要开阔视野。学生应该明白知识因其掌握而存在，思考才是通向知识大门的钥匙，无论学习什么都要学会思考。每门课程都有特定的思维方式，要通过把学习学科知识看作特定问题求解的模式去学习。

2. 教师在应试环境中寻求创新思维培养的空间

面对应试环境的压力，教师往往抱怨时间少，即使教师有培养学生思维能力的意识，在课堂中落实的效果也不好。教师应该在与考试指挥棒和学生思维培养的博弈中，寻求平衡点。

教师应该有在教学中对学生批判性思维培养的意识，将批判性思维的培养落实在问题探究教学中，不能只是喊喊口号。虽然批判性思维的培养效果不能立竿见影，但是教师还是要去坚持实施，在教学中处理好"文本"知识与探究的关系使学生批判性思维能力从量变达到质变。此外，教师应强化情感体验，激发学生学习主动性。针对学生缺乏学习主动性、不善于在课堂中提出问题、不主动回答问题等情况，教师可以强化学生的情感体验，调动学生的情感因素，激起学生对所学知识的兴趣。美国教育心理学家杰罗姆·布鲁纳在《教学理论的建设》中强调："所谓学科教学，不是灌输作为结果的知识，而是指导儿童参与形成知识的过程。"① 教师应该认识到情绪对学生学习产生的影响，使学生看到结果是怎样产生的，背后的原因是什么。必须通过学生的自主活动，让学生感受知识形成过程的生动性质，亲身体验"做中学"，结合学生个人经验，改善学生的学习状态，感受学习的乐趣，增强主动性。只有当学科内容的逻辑与学生现实生活联系，与情感、价值观之间共鸣时，学生才有动力去学习，去多多解决问题，去深入探究②。

3. 学校建立针对学生创新思维发展的评价模式

批判性思维需要判断力③，这种判断力是不能用单一的量化的分数来衡量的。重视标准答案的应试教育难以培养出科技发展需要的研究型、创造性人才，不能培养出具有求真精神和分析推理能力的人才④。因此，学校不能唯分数论，应该实施针对学生创造性思维发展的表现性评价，增加评价弹性，即时关注学生的思维发展过程。

批判性思维导致思维结果多元化，这意味着学校不能只是用唯一的分数标准来评价学生。鉴于中国国情，我们不否定应试环境下用分数评价学生，因为目前没有更公平的方式。但是应该增加一些能对学生创造性思维能力进行评价的方式，来激励、督促学生发展批判性思维，比如使用表现性评价。批判性思维是一种重要的核心素养，具有内隐性，不可直接测得，可通过问题探究教学中能准确表现学生批判性思维发展的具体行为测得。要寻求

---

① 李正银. 批判性思维训练与数学教学的结合. 课程·教材·教法，2008（9）：41.
② 李金露，李纯. 问题探究教学中批判性思维培养的问题及对策研究. 中小学教师培训，2019（2）：40.
③ 晋荣东. 规则、判断力与批判性思维. 社会科学，2019（5）：117.
④ 董毓. 批判性思维教育：时不我待. 中国教师报，2019-06-12.

一种新型评价模式,那就不能只用"知识水准"的量化评价,必须采用"运用水准"的表现性评价,使学生的批判性思维可视化,增加评价弹性。在问题探究教学中,依据学生每一次探究讨论时的发言次数、完成任务的质量以及口头回答、书面作业进行综合评估,从解决问题的方法、思路、能力等多角度考查,重视学生的认识过程、情感、动机等非量化因素的评价,实现评价过程与教学过程有机统一[①]。

(三)培养学生分析和解决问题的能力

学生分析和解决问题的能力是"四能"之一,是学生应具备的能力。作为新时代的"四有"好教师有责任把培养学生分析和解决问题的能力与课堂教学有机结合,根据教学内容、教学方法、学生学情、生活实际的不同,精心设计教学方案,使课堂充满挑战性、趣味性,使课堂成为培养学生分析和解决问题能力的摇篮。在教学过程中,教师要重视培养学生学会面对问题时自主对问题进行分析和探索,这样不仅能增强学生的思维能力,也能拓展学生的思维能力,促进学生的全面发展。

1. 创设情境,是培养学生分析和解决问题的能力的前提

教师要根据教学内容,合理创设教学情境,而不是为了情境而创设情境。在"兴趣"与"思维"之间,教师要采取切实可行的措施,找到二者的结合点,创设相关的情境,培养学生分析和解决问题的能力。

(1)创设情境,调动学生学习的积极性。

兴趣是最好的老师。学生只有对所学的知识感兴趣,才能积

---

① 李学书. 批判性思维培养的思考. 教育学术月刊,2011(1):14.

极思考、主动学习，学习起来才有积极性。在课堂引入的时候，教师需要精心创设情境，吸引学生的注意力，激发学生的学习积极性。苏联著名教育家苏霍姆林斯基曾说："如果教师不想方设法使学生进入情绪高昂和智力振奋状态，就急于传授，那么这种知识只能使人产生冷漠的态度，不动感情的脑力活动就会带来疲倦。"因此，只有吸引学生的注意力，激发学生感官上的愉悦或惊奇，充分调动学生的积极性，有质量的学习才能持续展开。巧妙创设故事情境，不仅能提高学生学习的兴趣，而且能激发学生分析和解决问题的求知欲。

（2）开展问题情境生活化的教学活动。

学习源自生活，学习的目的是让学生们学以致用，能运用知识去解决生活中的实际问题，体现学习的价值。教师教学不要仅限于书本上的内容，而应该创造性地使用和改编教材，更多地联系实际生活，以教材为蓝本，以教材与生活中密切相关的问题为素材，选择加工成问题情境，提出符合学生实际能力的问题，从而引起学生的注意和思考。

2. 问题意识，是培养学生分析和解决问题的能力的关键

爱因斯坦说，"提出一个问题往往比解决一个问题更重要"。观察教师的日常教学活动，不难发现，学生们往往想运用多种方法去解决一个问题，但是让他们提出不同的问题时，会有一定的困难。因此，教师在教学中要注重培养学生的问题意识，为他们更好地解决各类问题打下良好的基础。

（1）建立平等的师生关系，让学生敢问。

学生之所以在课堂上不敢提问，最大的心理障碍就是紧张与自卑。从教师的角度讲，教师按照自己预设的教案而教学，如果学生提出了一些生成性的问题，离自己预设的教案相差太远，就

不爱解答，或表情生硬，或置之不理，造成学生失去提出问题的信心，长此以往，就扼杀了学生主动提出问题的积极性，甚至根本不去思考问题了。因此，教师要转变观念，还学生以学习的自由，构建良好的师生关系，使他们真正成为学习的主人。

（2）适时点拨，让学生会问。

课堂上，教师会发现有些学生能合理地根据信息，提出有价值的问题，而有的学生却恰恰相反。学生想提出问题，但是不清楚应该提出什么样的问题，这也是让教师头疼的地方。因此，教师需要耐心的点拨，从简单做起，循序渐进，不断提高。教师要积极把握学生思维的方向，使他们提出的问题集中在课堂教学的重难点上，这样既控制了提问的范围，又保证了提出问题的质量。

（3）养成学生提问的习惯，让学生爱问。

让学生养成爱提问的习惯需要一个漫长的过程。教师要逐步搭建一个展示的平台，让学生在这个平台尽兴发挥，把学生发现问题、提出问题、分析问题和解决问题的能力培养起来，最终要达到的目的就是：不论面对什么样的情境，都能够高质量地提出有价值的问题。这种提问也可以是合作解决问题时的小组提问，小组成员可以整合各自的知识、能力和经验。合作问题解决过程中，教师要倾听学生的话语，了解学生的思考过程和思维层次。如果发现学生在小组活动中遭遇困难，问题解决难以继续，可以通过进行有针对性的提问帮助小组成员克服困难[1]。

3. 多元评价，是激发学生主动分析和解决问题的点金石

有效地进行教学评价在课堂教学中非常重要，教师科学合理又恰当的评价语言，能让学生在轻松中学到知识，在愉悦中接受

---

[1] 李欣莲，曹一鸣. 合作问题解决能力的培养：基于美国高质量数学教学的研究与启示. 教育科学研究，2019（4）：81.

教育。

（1）教师适时评价，让学生更敢想。

从课前资料收集到复习旧知，再到课堂新授、巩固练习、反思作业等所有方面，教师都要随时关注学生。教师的每一个微笑、每一个动作、每一句适时的鼓励话语，都能让学生感受到亲切。如："同学们收集的资料非常好""你们做得非常出色""某某同学表现得太好了，提出的观点特别有价值"，等等。教师注重对不同层次的学生进行激励，往往使学生敢于思考问题、解决问题，从而取得良好的学习效果。

（2）同伴互相评价，让学生更好学。

教师在课堂教学时，要关注学生之间的相互评价，通过相互评价，让他们相互学习，取长补短，反思自己，知道如何改正自己的问题。在学生们进行评价的时候，教师要根据他们的评价，适时地教给他们一些评价的方法，告诉学生在评价的时候，要本着肯定与希望的原则，在提出建议的时候，要懂得保护同学的自尊。同时提出合理化的建议，使学生学会学习他人身上的闪光点，来弥补自己的不足。

（3）自我客观评价，让学生更会反思。

随着课程改革的不断深入，学生反思能力的培养逐步被教师所认同。帮助学生正确地进行自我评价，是教师的责任。教师指导学生在学习过程中评价自己的行为习惯、自己解决问题的方法、自己学习的质量与效果，这对学生今后学习有着积极的影响。如果在每一节课的课堂总结这个环节，能让学生争先恐后地进行自我评价，学生不但反思能力会得到提高，解决更难问题的信心也会增强。

综上所述，培养学生分析和解决问题的能力，需要教师拥有一颗智慧的心和持久的热情，去启迪、去引导，让每个学生在学习的过程中潜移默化地形成分析和解决问题的能力。

曾经有美国教授评价中国学生"几乎不知道怎样去分析，很难达到分析、思考和写作的基本要求"。应试教育培养出来的学生很难进行批判性阅读和自主研究，什么都得"一口一口喂"。多年以来，我们国家主张实施素质教育，探索教育教学改革。但现实情况仍不尽如人意，在提高学生的认知和思维能力方面还没有达到预期效果。南京师范大学吴康宁教授总结了中国教育改革难的原因，包括：利益的冲突；有良好愿望，但目标脱离实际；手段单一，缺乏上下一致的共识和系统全面的努力；旧的文化和习惯的阻碍，导致执行中的推诿拖延，上有政策下有对策；等等[1]。所以我们必须更加强调和重视更新基础教育阶段教师的教学观念，鼓励教师在教学过程中帮助学生进行独立的批判性思考的活动，从而培养出更多拥有创新思维的学生，与我国为建立创新型国家的目标所采取的教育措施、进行的教育实践保持一致。

五、做学生奉献祖国的引路人

2016年9月10日，习近平总书记在北京市八一学校与教师座谈时，提出了"四个引路人"。其中最后一个引路人是教师要"做学生奉献祖国的引路人"[2]。教师要"做学生奉献祖国的引路人"虽然位列"四个引路人"的最后，但却是最重要的，具有最终目的性。新时代教育的目的是培养德智体美劳全面发展的中国特色社会主义事业建设者和接班人。唯有热爱祖国，用所学的知

---

[1] 董毓. 批判性思维教育：时不我待. 中国教师报，2019 - 06 - 12.
[2] 习近平在北京市八一学校考察时强调 全面贯彻落实党的教育方针 努力把我国基础教育越办越好. 人民日报，2016 - 09 - 10.

识和拥有的技能奉献祖国，投身于新时代中国特色社会主义建设中，才是真正的中国特色社会主义事业建设者和接班人。奉献祖国既是教育的起点也是教育的终点。而教师必须在教育教学工作中紧紧抓住这点，做好学生奉献祖国的引路人，才能真正完成"塑造灵魂、塑造生命、塑造人"的伟大使命。

做学生奉献祖国的引路人，教师必须促使学生领悟祖国的内涵，培养学生的爱国之情，砥砺学生的强国之志，推进学生的报国之行，才能使学生在奉献祖国、报效祖国的道路上满怀情感、意志坚定、行动坚决，不因一时一刻的得失而动摇，始终心向党、心向人民和祖国，成为中国特色社会主义事业最坚定的建设者和接班人。

（一）引领学生领悟祖国之意

教师要"做学生奉献祖国的引路人"的第一步是引领学生明确什么是祖国，明晰祖国的含义，唯有如此，教师才能从情感、理性等多个角度引领学生成为奉献祖国的建设者和接班人。

祖国这个词在我们日常生活、教育过程、社会生活、政治活动中司空见惯，似乎人人自明，不用解释。祖国，顾名思义是"父祖之国""祖先之国"。与"祖国"一词相对应的法语是patrie，词根是"père"（父亲），德语是vaterland，词根是"vater"（父亲），英语则是motherland、fatherland、homeland等。从词源和词义的角度看，无论中外，"祖国"都被理解为一个人的出生、血统和某一块特定的土地的联合，与血缘和土地紧密相连。

在以血缘为主要联系纽带的人类社会早期，氏族部落的人以先祖占据土地的早晚来判断土地所有权，人们对逝去先祖的怀念移情于先祖们曾经生活的土地，血缘与土地结合起来。祖先生活过的土地成为凝聚着群体的符号。土地不再仅仅是一种物质载体——生产人们所需的生产和生活资料的载体，而更多地发挥着文化和精神符号的作用，成为生活在一片土地上的人的共同的精神依托，成为群体的繁衍之地和精神归宿。人们对"祖先之地"怀有深厚的感情。随着阶级社会的出现，国家取代氏族成为人类社会组织最重要的形式，"祖先之地"被"祖先之国"所取代，"祖国"的观念产生了。祖国有以下几个含义：

（1）祖国是建立在一片土地之上的。祖国的土地是经过长期的历史由自己的祖先传承下来并且实际上或是理论上属于自己和同胞们所拥有的[①]。正是祖国所拥有的土地，使得人们拥有了共同生存和发展的基础，生于斯、长于斯的人因这片土地相互联系，拥有了共同的历史、传统和文化，而对祖国产生情感。正如艾青的诗句："为什么我的眼里常含泪水？因为我对这土地爱得深沉……"

（2）祖国是生活在同一片土地上的人民的集合。祖国与人民紧紧相连，同一祖国的人相互称谓同胞，无论地之远近。如法国教士库耶所言：祖国是一种意象，一种美好、神圣的理念，它就像一件巨大的编织物，如此之大以至于可以覆盖所有人民[②]。

（3）祖国是人们自己或祖先的历史、文化、传统和精神的符号。随着时代的演变，祖国的概念变得越来越抽象，依托于土地和人民，升华为生于同一片土地上的人民共同经历的历史、文化、传统和精神的抽象集合体。如卢梭所认为的，一个人的祖国，也不只是生养自己的那片土地，而是包括了公正的法律、淳朴的风俗、生活的必需、安定、自由与尊重在内的各种事物。"只有得自

[①] 李乐. 论祖国与国家的关系. 理论月刊，2012（9）：168.

[②] L'Abbé Coyer. Dissertations sur le vieux mot de patrie et sur la nature du peuple. Haye: Chez pierre gosse junior, 1755: 9 - 17.

祖国的生活，才是真正的生活；只有把自己的生命用来为祖国服务，才是真正的幸福。"①

（4）祖国既在国家内，也在国家外。随着阶级社会的建立，国家逐步成为人类社会最重要的组织形式，完全与现实世界中的国家无关的祖国概念是完全不存在的，祖国必然在国家之中。同时，由于国家是作为一个政体存在的，某一具体时期国家不一定符合个人对祖国的想象和认同。例如方志敏烈士所写的"可爱的祖国"，指的就是其所想象的美好的祖国，而不是其所生活的现实时期的国家。

（5）祖国具有意识形态性。因国家间的政体、阶级、文化的不同，不同国家对祖国的认知不同；即使在同一国家，因为所处的阶级、所受的教育和所处的文化背景不同，不同人对祖国的认知也有很大的差异。

（6）祖国具有情感色彩。祖国体现着人们对所在土地、国家、历史和文化的情感，其与对祖先、父辈、亲属等血缘的情感相互交织。这种情感是强烈的，如同孩子对母亲和父亲的爱。祖国通常更多地与"母亲"而非"父亲"相联系，"祖国母亲"意象深入人心。如卢梭所言：祖国应成为所有公民的共同母亲②。正因为如此，人们对祖国的感情是真挚而热烈的，尤其是在祖国面临着危难之时。而对祖国的情感是保卫祖国的起因，正如圣茹斯特所言："祖国是所有情感的共同体，她使得人人都为保护其所珍爱的安全与自由而战斗，祖国也因此而得到了保卫。"③

---

① 卢梭. 卢梭全集：第5卷. 李平沤，译. 北京：商务印书馆，2012：605.
② 同①231.
③ Guihaumou J, Monnier R, eds.. Dictionnaire des usages socio politiques (1770—1815). Paris：Champion, 2006：19-21.

由于世界上不同国家的社会、历史、文化的多样性和差异性，再加上人们心理意识的复杂性，使得"祖国"概念相当复杂，只能具体问题具体分析。但对"祖国"概念的理论认知可以使教师在做学生奉献祖国的引路人时，能够从根源上解决学生在对祖国的认知上的根本而关键的问题，如爱祖国和爱国家之间的关系问题。

我们的教育目标是培养德智体美劳全面发展的社会主义建设者和接班人。我们培养的人要热爱中国、奉献中国特色社会主义建设。在这样的教育目标下，"祖国"不是一个理论化的概念，必然要具体化。教师必须引领学生树立中华民族的祖国观，这就要求教师了解中华民族的历史，熟知中华民族在发展过程中永远不变的文化、精神和传统，通过课堂、课外活动等形式将中华民族的祖国观传递给学生，并巩固在学生的精神世界之中，使学生增强对祖国的认同感。习近平总书记指出，弘扬爱国主义就要"不断增强对伟大祖国、中华民族、中华文化、中国共产党、中国特色社会主义的认同"。

教师在教育教学过程中也要帮助学生区分爱国主义和狭隘民族主义。新时代的爱国主义是人类命运共同体视野下的爱国主义。新时代的学生，既要爱祖国，也要爱世界这个大家庭，强调对中华民族认同的同时，寻求与其他国家和民族的共同价值，推动构建人类命运共同体。

（二）涵养学生的爱国之情

引领学生领悟祖国之意，仅仅意味着让学生们知道什么是祖国。而要想学生能够奉献祖国，就不是对祖国有了认识就够的，还必须进行情感教育，使学生热爱自己生活的这片土地以及在这片土地上生活的人民，热爱自己的国家，为祖国的历史和文化而骄傲。正如2018年9月10日在全国教育大会上习近平总书记所指出的:"要在厚植爱国主义情怀上下功夫,让爱国主义精神在学生心中牢牢扎根,教育引导学生热爱和拥护中国共产党,立志听党话、跟党走,立志扎根人民、奉献国家。"①

爱国之情指的是对祖国的深厚情感,体现了个人对祖国的依存关系,是人们对自己生活的家园、民族和文化的归属感、认同感、尊严感与荣誉感的统一。这种情感是人们在长期的社会生活中,逐渐形成的对自己祖国的地理、历史、风土人情、骨肉同胞以及对维护人民利益的国家政权的热爱之情,是爱国主义的基础,是奉献祖国的起因。如果一个人对自己生于斯、长于斯的家乡和祖国都没有依恋感、亲切感、自豪感,何谈对家乡和祖国的义务感、责任感和使命感,立强国之志、行报国之事更无从谈起。

教师如何涵养学生的爱国之情?首先,要引导学生了解祖国的地理。这里的地理不单纯是指自然地貌、自然环境等自然地理,还应包括风土人情、历史文化等人文地理。在引导学生了解地理的过程中,教师要把握循序渐进的原则,从学生身边的社区,逐步过渡到所在的省、市,再到祖国。使学生为自己的家乡而自豪,对家乡有归属感、认同感、尊严感和荣誉感,从而使爱祖国有扎实的根基,使学生的爱国之情不是无源之水、无本之木。正如习近平总书记谈到自己对故乡的热爱之情时所说:"要热爱自己的家乡,首先要了解家乡。深厚的感情必须以深刻的认识做基础。唯有对家乡知之甚深,才能爱之愈切。"热爱国家也是如此。

其次,要引导学生了解中国悠久的历史,传承中华民族优秀传统文化。为山川所动、为美食所感、为人所憾,仅仅是爱国之

---

① 习近平在全国教育大会上强调 坚持中国特色社会主义教育发展道路 培养德智体美劳全面发展的社会主义建设者和接班人. 人民日报, 2018 - 09 - 11.

情的起始，强烈而深厚的爱国之情则来源于对自己民族历史和文化的深层认同。在教育教学过程中，教师要注重对学生进行历史教育，使得学生了解我国的历史，了解中华民族的发展史，从而了解自己的国家和民族从何处来，到何处去；了解在祖国和民族的发展进程中，有哪些仁人志士，有哪些波澜壮阔的历史事件；深刻地认识到哪些是中华民族的优秀传统文化，从而才能更深入地认同中华民族的核心价值观，使爱国之情有了历史的根基，有了一脉的传承。

再次，要引导学生了解中国近现代的发展历史。中国漫长的古代历史和文明光辉灿烂，对世界和人类文明做出了重要贡献，可以引起学生对祖国的自豪感。而中国从鸦片战争到新中国成立的百年近现代史，则充满了屈辱与苦难、奋斗与牺牲。但恰恰是这百年屈辱史和奋斗史，使得学生能够意识到正是中华民族精神支撑着中国，正是中国共产党的领导才使中国摆脱了半封建半殖民地的地位，唯有中国共产党才能救中国，唯有坚持社会主义道路才能使人民幸福安康、国家繁荣昌盛。从而让学生深刻地意识到，中国共产党本身就是高举爱国主义旗帜并躬身实践的光辉典范，加深学生对中华人民共和国、中国共产党以及社会主义道路的认同感，培养学生对祖国、党和社会主义道路的深厚感情。作为新时代的青年必须自觉地将爱党和爱社会主义融入爱国之情中。正如习近平总书记所强调的，坚持爱国和爱党、爱社会主义相统一[1]。脱离爱党和爱社会主义的爱国，必将是历史虚无主义的，是必须批判的。对于作为新时代中国特色社会主义的建设者和接班人的学生而言，爱国之情必然是与爱党、坚持社会主义道路相

---

[1] 习近平在中共中央政治局第二十九次集体学习时强调 大力弘扬爱国主义精神 为实现中国梦提供精神支柱. 人民日报, 2015-12-31.

统一的，唯有听党话、跟党走，立志扎根人民，才能真正做到成为奉献国家的社会主义建设者和接班人。

最后，要引导学生培养国际视野下的爱国之情。因为当今世界相互联系，没有一个国家能单独存在。所以，习近平总书记提出"构建人类命运共同体"。他还说："中国人是讲爱国主义的，同时我们也是具有国际视野和国际胸怀的。随着国力不断增强，中国将在力所能及范围内承担更多国际责任和义务，为人类和平与发展的崇高事业作出更大贡献。"[①] 新时代的学生要善于从不同文化中汲取营养，在文明的交流互鉴中寻求爱国主义的时代价值。

在涵养学生爱国之情时，教师必须把握如下原则：

第一，根据青少年认知的特点，以生动形象的日常事物激发学生的爱国之情。青少年的认知具有由近及远、由具体到抽象、由感性到理性的特点，因此激发学生的爱国之情，要从学生周边环境、日常学习和生活开始，使祖国的壮丽山河、宏伟建筑、建设新貌、欢快节日盛况等都成为学生爱国之情的触发点，使学生的爱国之情起于日常，始于小处，最终升华到国家和社会的层面。

第二，考虑学生的情感特点，稳定和巩固学生的爱国之情。青少年的情感特点是感性的、肤浅的和情绪化的，他们对学校、家乡和祖国的情感可能会因或大或小的事情而发生波动，因此在涵养学生的爱国之情时，教师要帮助学生巩固和发展积极健康的感情，使他们知晓，爱国之情是对民族、国家、人民和党的一种深沉的情感，要学会调节自己的情绪，不要因一时的得失而改变，使爱国之情内化于心。

---

① 习近平接受金砖国家媒体联合采访. 人民日报，2013-03-20.

第三，根据学生的心理发展特点，在马克思列宁主义、毛泽东思想、邓小平理论、"三个代表"重要思想、科学发展观、习近平新时代中国特色社会主义思想的指导下，通过辩证而有哲理的道理，使爱国之情理性化。爱国之情虽然始于情感，但其深化和内化必须依赖于理论，因此要将理论与实践相结合。这种结合要根据学生的年龄特点进行，对中小学生要把与爱国有关的道理形象化和故事化，在生动形象的讲述中明理激情；对大学生可以直接传授理论。

（三）砥砺学生的强国之志

在建设中国特色社会主义的新时代，提出立志强国，砥砺学生的强国之志，不仅是时代的要求，更是一种追求。

强国之志成为新时代青少年必须树立的志向，基于如下原因：

第一，在于对中国国情的正确认识和清晰判断。今日之中国不同于往昔之中国，今日之中国经历了 70 多年的社会主义建设，尤其是经过改革开放 40 多年的快速发展，取得了举世瞩目的成就，综合国力大幅提升，人民生活不断改善，国际地位显著提高。正如党的十九大报告所言，"中国特色社会主义进入新时代，意味着近代以来久经磨难的中华民族迎来了从站起来、富起来到强起来的伟大飞跃，迎来了实现中华民族伟大复兴的光明前景"。今天我们正处于强起来的阶段，建设一个中国特色社会主义强国是现阶段的目标，是任何一个中国人，尤其是青少年要树立的强国之志。

第二，在于对中国所处的全球经济环境的清醒认识和正确判断。经济全球化已成为世界不可逆转的潮流，中国也加入经济全球化的进程中。中国的加入不仅发展了中国特色社会主义的市场经济，使中国人民更多地分享到全球经济发展的成果，而且也为世界人民提供了更多的产品和服务，为建立世界经济新秩序作出了应有的贡献。如何在全球化的世界经济竞争中立足和发展，成为今后中国经济甚至中国整体发展的关键所在。那就是必须做大做强本国经济，提高科技创新能力，站在世界经济前列，领跑世界经济和科技。这就要求青少年拥有强国之志，立志将中国经济推向更强。

第三，在于对中国所处的世界政治环境的清醒认识和正确判断。随着经济全球化、世界多极化的进程不断深入，世界上各种思想、文化蜂拥而至，有进步的，也有落后的，有积极的，也有颓废的。尤其值得注意的是，长期以来有一种思想和势力，一直将坚持社会主义制度的中国视为"和平演变"的主要目标，而青少年学生则是其妄图施加影响的目标群体。这些敌对势力希冀通过其雄厚的经济实力和高科技优势，凭借互联网、公共社交平台等媒体，大肆宣扬西方所谓的价值标准、意识形态和社会文化，以动摇我国国家主权在青少年心中的神圣性，淡化青少年的爱国主义情感，弱化青少年的民族国家意识。而抵御敌对势力的最佳途径就是在青少年学生中弘扬爱国主义，坚定强国之志，坚决维护中国和中华民族的利益，实现中国的强国目标。

强国之志是中华民族优秀文化传统的延续，体现了中国人的一种精神追求。中华民族的发展史，尤其是近现代中国的发展史就是一部追求国富民强，使中华民族屹立于世界民族之林的历史。在这部气势磅礴的历史中，有许多立志强国，投身于民族解放和国家建设的前辈，既有担当起民族独立和人民解放重任的毛泽东、李大钊、周恩来等老一辈革命家，也有为社会主义建设事业奉献的雷锋、王进喜、邓稼先、焦裕禄等大批先进人物。在新时代，青少年唯有秉承立志强国的传统，将完成"两个一百年"奋斗目标、"中华民族的伟大复兴"作为自己一生的志向，才能真正成为中国特色社会主义事业的建设者和接班人，不辜负人民、国家和党的期望。习近平总书记指出："历史和现实都告诉我们，青年一代有理想、有担当，国家就有前途，民族就有希望，实现我们的发展目标就有源源不断的强大力量。"①

立志易，而持志难，对于青少年而言尤甚，因为青少年尚处于身心的发展时期，容易摇摆。因此教师必须在引导学生树立强国之志后，砥砺学生的强国之志，使强国之志成为其一生的追求。

第一，教师必须在认真执行党和国家的政策的基础上，实事求是地分析新时代我国社会主义建设所面临的国际国内形势，使学生的强国之志建立在理性分析之上。

教师在教育教学过程中，要使学生意识到中国特色社会主义建设在取得伟大成绩的同时，也面临着严峻的挑战。国内生态保护、深化改革等任务艰巨，国外一些国家凭借经济、科技等优势，推行霸权主义和贸易保护主义，给我国的经济、政治、文化安全敲响了警钟。让当代学生意识到，新时代不是不需要强国之志，而是更需要强国之志，因为我们国家和民族所面临的挑战更加艰巨和严峻。

第二，教师要教育学生将自己个人的理想目标与祖国的前途命运紧密联系起来。教师在教育教学过程中，要教育学生将刻苦学习与中华民族伟大复兴的事业联系起来，明确学习和生活的目标不是为了升官发财和光宗耀祖等个人目的，而是为了实现中国梦，建成社会主义现代化强国，"成为综合国力和国际影响力领先的国家，全体人民共同富裕基本实现，我国人民将享有更加幸福安康的生活，中华民族将以更加昂扬的姿态屹立于世界民族之林"。

---

① 习近平. 在同各界优秀青年代表座谈时的讲话. 人民日报，2013-05-05.

第三，教师要在中华民族的历史中寻求强国之志的事件和人物，为学生树立和坚持强国之志立榜样，树先锋。对于更加强调个人价值的新生一代而言，树立将自己的一生奉献给祖国的信念并坚持始终，有相当难度。因此在教育教学过程中，教师不能单纯说教，要将奉献祖国的历史先贤、革命前辈和先进人物的立志事迹以各种形式讲给学生听，潜移默化地将先进人物的爱国情和强国志内化于学生心中，帮助学生树立强国之志。

第四，教师要帮助学生化解学习生活中遇到的困难和挫折，避免学生的强国之志毁于小事，失于一时。学生学习生活中的困难和挫折有可能使学生好不容易树立起来的强国之志崩塌，所以教师在教育教学过程中，在鼓励学生树立强国之志的同时，要时刻关注学生的日常学习和生活，做学生的知心人，帮助学生渡过生活、学习的难关，确保学生的强国之志不因一时得失而丧失。

（四）推进学生的报国之行

爱国不仅体现为对祖国的深厚情感、强国的志向，更体现为现实的义务和责任。爱国不能只停留于认识、感情和意志之上，唯有付诸实践，爱国才有踏踏实实的落脚之地。教师在教育教学过程中要推进学生的报国之行。所谓报国之行就是利用自己所学的知识和技能报效祖国，将认识、情感和意志化为行动。在推进学生报国之行的过程中教师应如何做？

首先，要将爱国之情化为报国之行。

爱国情感作为人们对祖国的一种直接感受和情绪体验，因贴近个体生活，是较易产生的。如在旅途中对祖国大好河山的赞美和热爱，对自己家乡、父老乡亲的淳朴感情，对祖国灿烂文化的赞叹，等等。而要想将学生淳朴的爱国之情转化为报国之行，则

做学生锤炼品格、学习知识、创新思维、奉献祖国的引路人

需要教师在教育教学过程中循循善诱，引导学生意识到新时代所要实现的目标需要所有中国人的共同努力。我国目前仍然处于社会主义初级阶段，把我国建设成为富强民主文明和谐美丽的社会主义现代化强国，实现中华民族的伟大复兴，是全国各族人民的共同目标。而实现这个目标是伟大而艰巨的，每一个中国人都要贡献出自己的力量。作为青少年的学生恰恰是这一目标能否实现的关键，习近平总书记说："中国梦是我们的，更是你们青年一代的。中华民族伟大复兴终将在广大青年的接力奋斗中变为现实。"[1]

要引导学生真正做到时时想到国家，处处想到人民，做到"利于国者爱之，害于国者恶之"。爱国，不能停留在口号上，而是要把自己的理想同祖国的前途、把自己的人生同民族的命运紧密联系在一起，扎根人民，奉献国家[2]。

其次，要将学生的思想政治品德教育放在首位。

能够在实践中为祖国做贡献的人，应拥有高尚的情操、坚定的社会主义信念，热爱党和人民。

要在思想政治品德教育中锤炼学生的高尚人格，筑牢精神基石，一定要使青少年一代明确自己是实现伟大"中国梦"的生力军，"两个一百年"奋斗目标只能靠他们接续完成。青少年必须加强思想政治品德修养，在政治、思想、道德和精神等方面做到自警、自励、自强，锻炼高尚人格，才能肩负起中华民族伟大复兴的历史使命。

要警惕青少年精神萎靡和兴趣低俗化的倾向。在全球化的社会环境中，不良的、低俗的、意识形态不正确的思想都将对青少年产生极大的影响，容易造成青少年精神萎靡和兴趣低俗化，不

---

[1] 习近平. 在同各界优秀青年代表座谈时的讲话. 人民日报，2013-05-05.
[2] 习近平. 在北京大学师生座谈会上的讲话. 人民日报，2018-05-03.

利于"中国梦"伟大目标的实现。这就要求教师在培养学生思想政治品德的过程中，引导学生以"爱国、敬业、诚信、友善"的价值准则约束自己；倡导积极的人生态度，培养健康的生活情趣；使学生拥有正确的道德认知，积极参加道德实践活动，做良好社会风气的维护者和倡导者。

第三，要引导学生好好学习，拥有报国之才。

要实践报国之行，必须拥有报国之才，否则极易空谈报国。拥有真才实学，才能用知识、才能报效祖国。教师要引导学生树立正确的学习观，明确学习目的，端正学习态度，明白唯有学好科学文化知识，才能拥有报国的资本，从而在学习过程中一步一个脚印，踏踏实实前进。正如习近平总书记指出的："正确认识远大抱负和脚踏实地，珍惜韶华、脚踏实地，把远大抱负落实到实际行动中，让勤奋学习成为青春飞扬的动力，让增长本领成为青春搏击的能量。"[①]

教师要引导青少年勤勉好学，夯实知识。教师要引导广大青少年增强学习的紧迫感和自觉性，努力学习，勤奋学习，积累和发掘祖国和人民需要的各种知识和才能，成为拥有一身本领，能报效祖国的有用之才。

要想很好地奉献祖国，青少年必须拥有全面的报国之才。科学文化知识、中国特色社会主义理论、中华民族优秀传统文化以及世界各国优秀文明成果都应是学习的内容。这就要求教师不仅拥有本专业和本学科的知识，还要熟悉中国特色社会主义理论，了解中华民族优秀传统文化，学习世界各国优秀文明成果，并通过各种途径将这些传递给学生。

---

① 习近平在全国高校思想政治工作会议上强调 把思想政治工作贯穿教育教学全过程 开创我国高等教育事业发展新局面.人民日报，2016-12-09.

做『四有』好老师

教育大计，教师为本。新时代，我国的教育改革进入新阶段，教师的素质成为决定教育改革成败的关键。党的十八大以来，习近平总书记多次就教师队伍建设和教师素质问题作出重要论述。他号召广大教师争做有理想信念、有道德情操、有扎实学识、有仁爱之心的"四有"好老师。习近平总书记有关"四有"教师的重要论述，既为广大教师提高自我修养、促进教师专业发展指明了方向，也为新时代背景下有效加强我国教师队伍建设，胜利推进教育现代化事业提供了重要的指导思想。本部分分为四节，从思想内涵、现实问题和实践策略三个维度，对总书记提出的"四有"好老师的重要论述逐条地、系统地进行学理阐释。

一、做有理想信念的好老师

（一）思想内涵

1. 理想信念的内涵

"理想"一词源于希腊文，原意为"表现""观念"，是人类所特有的一种精神现象，是人们对于未来奋斗目标的观念预见和构想[1]。所谓预见与构想，是对理想的认识先停留在感性层面，然后逐渐上升到理性层面，进而再产生追寻理想的行动。理想是人们在实践过程中形成的、具有实现可能性的、对未来社会和自身发展的向往与追求，是人们的世界观、人生观和价值观在奋斗目

---

[1] 叶泽雄. 社会理想论. 武汉：武汉大学出版社，1998.

标上的集中体现。

信念是指人们在一定的认识基础上确立的、对某种理论主张或思想见解及理想的坚信无疑,并要努力身体力行的心理态度和精神状态[①],是情感、认知和意志的有机统一体。

理想和信念同属于精神现象,都是居于支配地位的、核心的价值观念,是价值观的集中体现,是人们的精神支柱[②]。理想与信念两个概念的含义有相通之处,但各自的侧重点和作用不同。理想因其远大而为理想,信念因其执着而为信念。理想重在表现人与奋斗目标之间的关系,指引个人的行动;而信念则重在表达人对事物、观念的看法和态度,是人类行动的精神停靠。理想的树立是信念形成的基础,理想的追求和实现体现并折射着信念,是在信念的基础上而设计的远大价值目标体系;信念是理想达成的精神支柱,信念决定着理想的内容和方向,有什么样的信念就应有什么样的理想。理想信念既体现了理想与信念的辩证统一关系,又是世界观、人生观和价值观的核心升华。

苏联哲学家科普宁认为:理想信念"是作为知识和实践行为之间一定的中间环节出现的,它不仅是,也不单纯是知识,而是充满人的意志、感情和愿望的,转变为信心的知识"。理想信念作为知识和实践行为的中介,不是从外部硬插到二者之间去的外在东西,而是一种体现着知识与实践行为的内在联系,且是指与二者并无不同的东西。

理想信念是人的志向旨趣和精神追求,是激励人前进的根本动力,映射着一个人的社会政治立场、世界观和人生观,是人们对社会和人生的基本信条或奋斗目标的集中体现,是确立人生价

---

① 陈卫东. 对新时期大学生理想信念教育的思考. 教育与职业, 2007 (2): 70-71.
② 张蔚萍. 思想政治工作的核心:理想信念教育. 理论学习与探索, 2001 (5): 3-6.

值取向的最高准则①。理想信念是人的需求层次中的最高需求，是人的最高价值观念的体现，是思想和行动的"总开关""总闸门"，它对人的心灵与行为起着极为重要的导向作用。理想信念既可以存在于现实的意识之中，去引导行为、规范道德意识和自我评价，同时也可能内化于无意识之中，潜移默化地影响人的一切外在行为。有无理想信念，有什么样的理想信念决定着人生是高尚充实，还是庸俗空虚。一个人只有具备崇高的理想与坚定的信念，才能以坚强的毅力去面对各种困难。没有理想信念也就失去了人生坐标，没有理想信念也就没有了生命追求。

2. 习近平总书记关于理想信念的重要论述

理想信念是近现代中国救亡图存的精神支撑和古代中华民族生生不息的精神追求，是当代中华民族复兴的精神动力。中华民族自古就产生的民族发展的淳朴理想信念，支撑着民族精神的薪火相传，指引着民族前行的方向②。

中国共产党自成立之日起，一直高度重视理想信念问题的基础理论研究和实践宣传教育，取得了丰硕的研究成果，为巩固党的执政地位、提高党的执政能力、保持党的先进性和纯洁性作出了重大贡献。改革开放以来，理想信念特别是共产党人的理想信念，成为我们党和社会精神生活中一个重大而突出的问题。党的十八大以来，习近平总书记高度重视理想信念问题，发表了一系列关于理想信念的重要论述。

习近平总书记关于理想信念的观点的生成、发展具有一定的历史必然性。习近平总书记关于理想信念的观点是在新形势下解

---

① 张艳丽. 论大学生理想信念教育. 重庆：西南大学，2006.
② 姜益. 重视和加强理想信念教育：论理想信念是中华民族精神的"钙". 毛泽东邓小平理论研究，2014（12）：32-36.

决思想困惑、信仰危机、道德困境的行动指南，是一个内容丰富的体系，涉及理想信念的内涵和标准、地位和作用、挑战与问题以及建设与教育等方面。

习近平总书记关于理想信念的重要论述中，对理想信念的内涵可以归纳为：一是相信马克思主义科学真理，相信马克思主义理论的科学性和真理性；二是对共产主义远大理想的相信和追求；三是对中国特色社会主义共同理想和中华民族伟大复兴中国梦的信奉和追求；四是对改革开放和社会主义现代化建设的信心；五是对党的领导的信任，对党的性质和宗旨的信仰和奉行；六是高尚的道德信念和精神境界[①]。

习近平总书记生动形象地指出，理想信念就是共产党人精神上的"钙"，没有理想信念，理想信念不坚定，精神上就会"缺钙"，就会得"软骨病"。习近平总书记用"钙"这一生动而确切的比喻，深刻阐述了信仰作为精神支柱的支撑作用。"精神之钙论"赋予了理想信念以人为本的价值理念，突出强调理想信念对个体安身立命的意义，使理想信念可近可亲。

3. 理想信念的价值

教育是追求真、善、美的事业，从事教育事业的人应该是怀揣教育理想、勇于追梦的人。教师作为社会主义事业的"传道"者，必须树立为共产主义而奋斗的远大理想和为建设中国特色社会主义而奋斗的坚定信念。教师只有有了教育理想，才会有奋斗的目标和方向，才会持续不断地发展自身的专业能力。信念是人生的支柱，是牵引人类战胜挫折与困难、走向理想彼岸的力量源泉。教育是基于信念的事业，是一种基于信念的文化活动。崇高

---

① 刘建军. 习近平理想信念论述的历史梳理与理论阐释. 河海大学学报（哲学社会科学版），2015（3）：1-8.

的理想信念是其做好教育教学工作的精神支柱和最高层次的精神动力。教师只有树立崇高的教育理想和坚定的教育信念，才能在教学实践中严谨笃学、与时俱进、精益求精、追求卓越，才能在教书育人的过程中放飞梦想、点燃激情、激发才智、收获幸福。只有树立了远大理想的教师才能引领和创造未来，才能根据自己对未来社会的理解和判断来确立一个理想的人生目标，并通过自己的教育活动追求理想、传播理想，培养未来社会所需要的人才。

习近平总书记在全国教育大会上指出，教师是人类灵魂的工程师，是人类文明的传承者，承载着传播知识、传播思想、传播真理、塑造灵魂、塑造生命、塑造新人的时代重任。教师的作用与价值不仅体现在教师的教学过程中，而且也体现在教育实践的社会功能上。坚定理想信念，自觉用习近平新时代中国特色社会主义思想指引教育实践发展，练就过硬政治本领，做政治上靠得住的"四有"好老师，是新时代教师的政治担当与职责所在。习近平总书记指出："正确理想信念是教书育人、播种未来的指路明灯，不能想象一个没有正确理想信念的人能够成为好老师。"[①] 一个始终坚守理想信念的教师，才有可能在学生们心中播下梦想的种子。每位教师都应该坚守课堂传播真知，润物无声培养合格人才，真正成为学生的良师益友，为国家培养一批批优秀人才，这才是教师这个崇高职业应当树立的奋斗理想。

古今中外教育大师和教育大家丰富的人生轨迹和深邃的思想充分证明：理想信念决定着教师灵魂的纯度和温度，维系着教师人性的高度和气度，影响着教师言行的信度和效度，制约着教师发展的速度和深度。理想信念是"好老师"人生存在的精神支柱

---

① 习近平. 做党和人民满意的好老师：同北京师范大学师生代表座谈时的讲话. 人民日报，2014-09-10.

和应对人生风雨的精神脊梁①。

教师的专业发展需要教育理想的有效引领，需要教育信念的有力支撑，理想信念是干好教育事业的根基②。教育的实践也告诉我们，教师的理想信念是教师专业发展的动力系统的关键部分，教师的任何一种教育行为的背后都有理想和信念的影子。研究者对全国1 800余名中小学教师的调查研究表明，"教师的理想信念与其从教的积极态度、对政治理论学习的兴趣程度、竞争意识、运用现代化教学设备的频率、教育法规的掌握程度、对教育目标的认识程度、组织活动的能力和开展活动课的频次及所教学生获奖频次等，均为正相关"。教师的具体教育教学行为，就是其理想信念最基础的、原始的、具体的表现形式。人的理想信念与其社会性行为是相互联系的、统一的，人的理想信念对其社会性行为具有导向和动力作用，并对群体具有凝聚力作用。教师崇高的理想信念，是其做好教育教学工作的精神支柱和最高层次的精神动力。教师作为一种特殊的职业，其理想信念不仅影响自身的思想灵魂，同时也会以意识的、精神的形式影响到教育教学行为，并且通过教育教学行为影响学生的思想和行为。③

只有树立了坚定信念的教师才能明确自己肩负的责任，从心所欲而不逾矩，充分发挥自己的积极性和主动性；才能抗拒各种诱惑和压力，淡泊以明志，宁静而致远，耐得住寂寞，守得住清贫，真正做到"静下心来教书，潜下心来育人"；才能勇于创新，奋发进取，克服职业倦怠，不断提升专业发展水平和能力；才能

---

① 杨修平. 习近平总书记"四有"好老师的教育哲学意蕴. 教师教育学报，2018（3）：1-9.
② 赵多山. 理想信念：教师专业发展的不竭动力. 甘肃教育，2015（17）：17.
③ 耿文侠，冯春明. 教师理想信念与教学行为的相关性分析. 教育评论，2005（2）：24-26.

教育和引导学生沿着正确的人生道路走下去[①]。教师要在自身理想信念上下功夫，做到立场明确、胸怀理想、信念坚定，方能教育引导学生树立共产主义远大理想和中国特色社会主义共同理想，增强学生的中国特色社会主义道路自信、理论自信、制度自信、文化自信，立志肩负起民族复兴的时代重任。

（二）现实问题

教师的天职是教书育人，在传授专业知识的同时，以自身的道德行为和魅力言传身教，引导学生寻找生命的意义，实现人生应有的价值追求，塑造自身完美的人格。而这就对教师提出了更高的要求，他们不仅要具备渊博的知识，更要具备坚定的理想信念，才能真正做到为人师表，真正给学生起到表率的作用。教师的理想信念影响着一代又一代学生的理想信念的形成，教师队伍的理想信念如何将直接关系到能否培养出合格的社会主义事业建设者和接班人。

多项研究表明，教师的理想信念主流是积极的、健康向上的，绝大多数教师在理想信念方面有着追求美好生活、渴望有所成就的热情，有着对未来的美好憧憬并为之不断奋斗的信念。他们对理想信念和教师这个职业有较高的认可度，在工作中将学生的认可当作最高的荣誉，在工作和生活中能坚持自己的理想并为之努力，将他人和社会的尊重作为成功的衡量标准。但在生活转型期的激烈竞争下，在多元文化的背景下，错综复杂的文化之间的摩擦和碰撞，对少部分教师的理想信念造成了一定的冲击[②]，表

[①] 徐治彬. 教师核心价值观与理想信念确立研究. 传承，2016（12）：94-97.
[②] 王宜奋，黄伟萍. 论多元文化背景下的高校青年教师理想信念教育. 教育与职业，2013（29）：79-80.

现在：

1. 实用主义

少部分教师的理想信念在朝着实用主义发展。实用主义本质上是资产阶级利己主义的思潮，而理想信念实用主义是指教师的理想信念越来越多地为个人的利益，而不是为他人的利益、社会集体的利益。在教师群体中利己主义思想的蔓延，不利于教师个人的身心发展，更不利于将要接受他们教育的学生的成长成才。

在市场经济占主导地位的今天，功名和利益在一些人心中占据着越来越重要的位置。"理想很美好，但现实很骨感"，这是一部分青年人在步入社会后的感受。从舒适的校园踏入复杂多变的社会，现实的落差使得很多青年人抛弃了原来远大的理想抱负，青年教师也不例外。一些青年教师的理想信念正趋于功利化和世俗化，他们不再以"教书育人"为自己的根本职责，从而导致教育在实际操作中，走向功利化，教育活动参与者的动机、教育活动的内容、方法，越来越呈现出世俗性、功利性。例如一些教师存在严重的功利主义思想，他们将教育目标定位为提高学生的学习成绩，而忽视或漠视学生道德素养、心理健康的培养。教育固有的那份完善人的发展，丰富人的精神世界，培育人的灵性、善性的功能被忽视。教育过度地追逐知识、技能，社会过度地追逐文凭、物质。在这种状况下教出的学生思维僵化，缺乏独到的、富有创造性的见解，在感情上表现冷漠、责任感缺失。

2. 信仰缺失

作为人民教师，应具有坚定的共产主义信念、强烈的爱党爱国之情以及敢于坚持真理、自觉传播马列主义、推动社会进步的思想政治素质。然而，在多元文化背景下，中西方文化频繁交流，一些西方媒体也乘虚而入，开始大肆宣扬其资本主义的"优势"，伪民主的思想也渗透进来。极少数教师由于社会经验尚浅，缺乏鉴别力，对国家和国际形势不了解，缺乏对中西方意识形态领域的深层次思考，极易受到西方不良媒体的蛊惑。另外，随着改革开放的不断推进，不可避免地出现了一些社会问题，如贪污腐败、贫富分化等，少部分教师只关注负面影响，导致政治立场不坚定，对国家政策怀疑从而导致自身理想信念的模糊不清，更为严重的是到最后丧失了自己的理想信念。还有少部分教师，在西方意识形态的冲击下，崇尚西方消费主义和享乐主义文化，价值观念逐渐模糊，价值取向日益扭曲，使得社会主义核心价值体系的主流价值观缺失。价值观的模糊使少部分教师丧失了价值抉择力。更为严重的是他们"金钱万能"的价值观有意无意地影响着学生，对学生的"三观"形成产生不利的影响。

在中国传统中，教师是一个崇高而神圣的职业，社会对教师的评价也很高。"春蚕到死丝方尽，蜡炬成灰泪始干"是对无私奉献的教师形象的生动比喻。然而少部分教师并不安心于自己的本职工作，对自己的教师职业缺乏基本的信仰，认为理想信念是"抽象的"、"空虚的"和"高高在上的"，认为只要拥有必要的专业知识和技能即可，理想信念等方面的教育与自己没有关系，追崇所谓的"消极无为"的生活和工作态度，有种"做一天和尚撞一天钟"的被动应付意识。少部分教师的价值主体由以社会为本位转向以个人为本位，价值取向转向世俗功利，奉献敬业精神滑坡。

在当前新媒体环境下，信息传播的无屏障性和快捷性，使不良信息以更快的速度和更大的范围影响着教师，扰乱他们的思维方式、干扰他们的价值观取向，导致少部分教师思想混乱、迷失自我，责任意识和价值观选择受到一定影响，弱化了理想信念。

3. 师德滑坡

少数教师的职业道德出现了滑坡，不遵循基本道德规范，连一些起码的文明用语、文明举止和社会公德都不践行，有的甚至上课迟到、语言行为不文明；有的不是将精力全身心投入教学、科研和管理工作中，而是热衷到社会上兼职，对本职工作敷衍了事；个别甚至以引发课堂上的哄堂大笑为乐。试想这样的老师如何能对学生起示范的作用，在这样的老师教育下的学生其前景也让人担忧[1]，他们逐渐淡忘了"为人师表""教书育人"的教师职责。

4. 制度缺乏

很多学校忙于提高升学率和丰富科研成果而无暇顾及教师的理想信念教育，导致教师的理想信念教育缺乏必要的制度保障与支持。很多教师教育机构和学校的理想信念教育忽视教师的主体地位，无法调动教师的积极性。教师不喜欢被动地接受学校的安排，不愿意接受不实际的理想信念教育。教师的理想信念教育没有和教师的真正需要结合，没有将教师的理想信念教育与其自身的专业发展和职业生涯规划结合起来，没有调动起教师的积极性、主动性和参与性。没有让教师真正从心底认同理想信念教育的重要性和必要性[2]。

（三）实践策略

教师是立教之本、兴教之源，是推动教育改革发展的主体力量。习近平总书记把有理想信念作为好老师的第一点要求，要求

---

[1] 李晓蓉. 论新时期高校青年教师理想信念教育. 绵阳师范学院学报，2015（3）：100-104.

[2] 梁明伟. 理想信念教育：教师教育的重要内容. 中国德育，2018（11）：31-33，46.

广大教师实现"经师"和"人师"的统一,既要精于"授业""解惑",更要以"传道"为责任和使命。理想信念不是空洞抽象、虚无缥缈的,它源自现实又超越现实;理想信念不是空谈,必须付诸实践,理想信念的真正力量只有在实践中才能得以实现。教师崇高的理想信念不会自然而然地产生,需要从理论学习中获得,需要在社会实践中感悟。理想信念教育是个系统工程[①],需要不断增强教师理想信念教育的使命感,紧紧扭住加强教师理想信念教育的着力点,不断提升教师理想信念教育的实效性[②]。

1. 增强使命感

第一,习近平总书记关于理想信念的重要论述,为我们加强教师理想信念教育明确了时代担当。在当今世界各种思想文化交流、交融、交锋日益频繁的背景下,国与国之间有形的经济、军事、科技竞争固然激烈,无形的思想、价值较量则更加惊心动魄。正是基于这样的严峻形势,习近平总书记从历史与现实的高度,讲清了坚定理想信念的极端重要性,讲清了现实紧迫性,充满忧患、令人警醒,深谋远虑、发人深思,激励我们必须在具有许多新的历史特点的伟大斗争中,强化使命担当,着力加强教师理想信念教育。

第二,习近平总书记关于理想信念的重要论述,为我们加强教师理想信念教育提供了根本遵循。习近平总书记关于坚定理想信念的重要论述,紧紧围绕"为什么要坚定理想信念、怎样坚定理想信念",从历史经验的深刻总结出发,突出对未来的战略谋划,既有理论指导,又有实践要求;既讲清了我们必须遵循的重

---

① 邢晓红,王永贵.论习近平理想信念思想的学理特征与逻辑理路.江海学刊,2018(4):11-18.

② 王家红.加强高校教师理想信念教育探讨.北京教育(德育),2015(10):68-69.

大战略思想，又着眼现实作出了重大战略部署。可以说，这些重要论述，抓住了事关党和国家战略全局、人民群众高度关注的重大问题，是我们加强教师理想信念教育的行动指南和科学方法论。

第三，习近平总书记关于理想信念的重要论述，为我们加强教师理想信念教育指明了前进方向。习近平总书记关于坚定理想信念的重要论述，新风扑面，亮点纷呈，提出一系列新思想新观点新论断。比如，有了坚定的理想信念，站位就高了，眼界就宽了，心胸就开阔了，就能坚持正确政治方向，在胜利和顺境时不骄傲不急躁，在困难和逆境时不消沉不动摇，等等。这些重要思想观点，具有鲜明的时代性，丰富了我们党加强理想信念教育的理论与实践，极大地开阔了我们的视野，拓展了思路举措，把我们对加强高校教师理想信念教育的认识带入了新境界，让我们明确了新要求，给我们提供了新方法。

2. 加强着力点

理想信念教育是做人的工作，是在人的头脑中搞建设。新形势下加强教师理想信念教育，必须着眼理想信念的基本特征和广大教师的思想特点，找准工作的切入点，使教育真正入到深处、见到实效。

一是要用科学的理论武装教师。列宁说，"从革命理论中能取得一切信念"。科学理论是广大教师明辨是非，从根本上提高价值判断能力的锐利武器。如果不坚信马列主义、毛泽东思想和中国特色社会主义理论体系，就不可能形成和确立革命的理想信念。学校应当健全教师政治理论学习制度，组织广大教师认真学好马克思主义经典著作，学好毛泽东思想和中国特色社会主义理论体系，学好习近平总书记系列重要讲话精神，真正把信仰的"种子"植入灵魂，做到真学、真懂、真信、真用。学习马克思主义要坚持问题导向、关照实际问题，运用马克思主义的立场、观点和方法指引理想、坚定信仰。习近平总书记指出："要坚定理想信念练就'金刚不坏之身'，必须用科学理论武装头脑，不断培育我们的精神家园。"

二是要用历史的眼光启发教师。一些教师之所以理想渺茫、信仰动摇、信念缺失，根本原因就是历史唯物主义基础不牢固。只有真正学懂了这一认识和研究社会历史发展的科学世界观和方法论，才能知道马克思、恩格斯关于资本主义社会基本矛盾分析的科学性、真理性，明白资本主义必然消亡、社会主义必然胜利是社会历史发展不可逆转的总趋势，才能坚定理想的"主心骨"、筑牢信念的"压舱石"，保持强大的政治定力。

三是要用辩证的思维引导教师。教师特别是青年教师大多处于人生的爬坡期、事业的关键期，承受的身心压力普遍较大。如果不能发展、全面、系统、联系地观察事物、看待人生，就可能无法正确对待人生道路上的坦途与陡坡、直道与弯路，就难以经受住各种风险和困难考验。学校要积极引导教师接受马克思主义哲学智慧的滋养，使他们能够在大是大非面前旗帜鲜明，在风浪考验面前无所畏惧，在各种诱惑面前立场坚定，永葆政治本色。

四是要用伟大的成就激励教师。党和国家建设发展的辉煌成就，是教育广大教师最生动、最有说服力的教材。学校应当把赞颂成就作为理想信念教育的"重头戏"，全方位、多角度地展示我们党领导和带领全国人民取得的伟大成就，引导教师不断加深对辉煌成就的全面了解和衷心认同，进一步增强民族自尊心、自信心、自豪感。以典型事例、榜样示范激发情感共鸣，增进对理想信念的心理认同。在中华优秀传统文化的滋养中追溯理想信念教育的历史文化基因，增进对理想信念的文化认同。

3. 提升实效性

"明者因时而变，知者随事而制。"当前，我们的外部环境、社会条件、工作对象和使命任务已大不一样，加强改进、创新更为重要和紧迫。

一是让教育的理念新起来。理念创新是最大的创新，理念落后是最致命的落后。决不能有对过时观念固守不放的僵化思想，不能有对习惯做法盲目套用的教条主义，更不能有对新生事物消极防范的鸵鸟心态。要牢固树立以人为本、遵循规律、问题导向、开放共育、注重实效的理念，切实以思想认识新飞跃开创教育工作新局面。

二是让教育的对象动起来。理想信念是内心的自我对话，应该把教育对象作为主体看待，这既是一种优秀传统，也是一种全新理念。现在的教师普遍学历层次较高、认知结构完善，要注重尊重他们在理想信念教育中的主体地位，广泛进行自主式、启发式、互动式教育，通过开展热点辨析、讨论交流、参观见习等活动，使理想信念教育过程成为青年教师自我学习、思考和提高的过程。

三是让教育的形式美起来。美是人们的自然追求，这是由客观世界的规律决定的，谁也违背不了。马克思讲，我们要以美的原则改造世界。这里的世界，既包括客观世界，也包括主观世界。因此，加强教师理想信念教育，必须注重运用教师喜闻乐见、赏心悦目的形式，融入更多的历史人文、时代气息和文学美学元素，以此陶冶教师心灵，达到庄子所说的"原天地之美而达万物之理"。

四是让教育的内容活起来。教师由于教育教学工作压力大、学习时间紧张等原因，对理想信念理论知识知之不多，在教育实践中更是不会应用。加强教师的理想信念教育，应该把理想信念教育与教师的教育教学实践和专业发展结合起来，结合时代特点和教师的实际需求，为教师量身定制适宜的理论认知内容，在理想信念教育过程中应该注重激发教师的兴趣和动机。理想信念教育不仅仅是理论的灌输和知识的理解，更重要的是把理想信念落实到具体的教育实践中。理想信念教育需要教师的情感参与，对教师要"动之以情"，从而促进理想信念教育顺利实施，产生良好的教育效果。

五是让教育的手段快起来。《孙子兵法》有云："善战者，其势险，其节短。"意思是说，快是制胜的一个重要因素。在全媒体时代，信息传递是实时的、"面对面"的。一条信息无论准确与否，只要抢先覆盖受众，就能先入为主地在人们的意识中起着主导作用，并决定着人们的行为选择。加强教师理想信念教育，必须深刻把握信息时代"快吃慢"的显著特征，用好微博、微信等新载体，让教育插上"信息化翅膀"，实现"转型升级"和"全面提速"。

六是让教育的氛围浓起来。马克思说："人创造环境，同时环境也创造人。"浓厚的教育氛围是哺育人的精神沃土，具有春风化雨、润物无声的独特功效。理想信念的确立，是一个内化和外化相辅相成的过程，必须贯穿到教师职业生涯全过程。要注重发挥礼仪的规制导向作用，组织好新教师入职宣誓等仪式活动，增强教师的认同感、归属感、责任感。要充分发挥校园文化的熏陶感染作用，激励教师树立崇高的精神追求和良好的道德风尚。在日常生活实践和个人生命体验中落实理想信念。理想信念不能停留在"空谈"层面，而应借助社会实践的桥梁，在实干中化解现实难题；理想信念教育必须"顶天立地"，融入细微的日常生活感悟才能可感、可亲、可信。

作为新时代的人民教师，必须坚定理想信念，把立德树人作为自己的根本任务，培养德智体美劳全面发展的社会主义建设者和接班人。坚定的理想信念是合格教师的标志，是教师的立身之本，是教师的动力之源，是教师的精神支柱和政治灵魂。

教师是人类文明的传递者、学生人生道路的引路人。有什么样的教师，就有什么样的教育；有什么样的教育，就有什么样的学生。梦想要以梦想去点燃，理想要用理想去唤醒。一个抱有理想信念的教师，才有可能在孩子、青年的心中播下梦想的种子。在价值取向多元的时代，广大教师要以理想信念为基，有远大的志向、纯粹的心灵、高尚的节操。广大教师只有树立崇高的职业信念，把教书育人当作自己的伟大使命，我们的教育才会灿烂，我们的学生才有希望。

二、做有道德情操的好老师

师者，人之模范也。中华民族在几千年的教育实践中，形成了一系列优良的师德。孔子毕生从事教育工作，广收天下弟子，"有教无类"，提出教师"以身作则""循循善诱""教学相长""诲人不倦"，提出学生要"当仁不让于师"。墨子则强调教师要"言行一致"，"言必信，行必果，使言行之合，犹合符节也，无言而不行也"。孟子从性善论角度提出培养人的"恻隐之心，善恶之心，辞让之心和是非之心"，要求人要学会"反省、知耻与改过"。韩愈在著名的《师说》中强调教师的任务是传道、授业与解惑，强调"弟子不必不如师，师不必贤于弟子，闻道有先后，术业有专攻，如是而已"。明末清初思想家王夫之提出知行统一、行重于知，提出"行而后知有道""得而后见有德"，道德实践先于道德认知。陶行知先生更是伟大的师德楷模，他用自己的教育行动践行着他的"捧着一颗心来,不带半根草去"的师德主张。从孔子到近代教育家陶行知,一代代教育先贤成了中国千万教师心目中的师德典范[①]。诸多的先贤典范影响了一代又一代的教师。他们共同强调的为人师表、以身作则、言行一致、知行合一、热爱学生、奉献社会等师德规范,时至今日仍然熠熠生辉。

如今,从新时代推进教育现代化、建设社会主义强国的战略目标出发,习近平总书记强调:"国家繁荣、民族振兴、教育发展,需要我们大力培养造就一支师德高尚、业务精湛、结构合理、充满活力的高素质专业化教师队伍,需要涌现一大批好老师。"[②] 教师队伍建设提上日程,教师的道德素养也日益受到重视。2014年教师节在与北京师范大学师生座谈时,习近平总书记又提出做好老师的四点要求:有理想信念、有道德情操、有扎实学识、有仁爱之心(简称"四有"好老师)。2019年2月颁布的《中国教育现代化2035》明确提出"建设高素质专业化创新型教师队伍",就是要建设一支有理想信念、有道德情操、有扎实学识、有仁爱之心的教师队伍,更好地承担起传播知识、传播思想、传播真理,塑造灵魂、塑造生命、塑造新人的时代重任。

"四有"是当代教师的为师之要,也是当下社会群体对广大教师的要求。好教师对人才培育,对社会发展,对民族复兴都是不可缺少的重要力量。"四有"好老师的价值标准,构成了当代好老师的四个维度。其中,有道德情操,代表着教师所能达到的为人境界。教育德为先,教育的根本任务是立德树人,而学生都具有向师性。因此教师以高尚的道德情操,让自己成为学生的榜样,

---

① 赵国柱,陈旭光. 教育理念变革中的师德建设. 北京:中国人事出版社,2005:3.
② 习近平. 做党和人民满意的好老师:同北京师范大学师生代表座谈时的讲话. 北京:人民出版社,2014:4.

可以让学生接纳信服,在教育教学过程中发挥模范作用,同时教会学生做人。

(一) 思想内涵

1. 师德

在当代中国,教师职业是一个高起点、高标准、高素质、高境界的职业。人们谈到教师的职业特征时,首先关注的就是他们应具有高尚品德。说到这里,必须先区分教师职业道德和教师道德。

(1) 教师职业道德。

教师职业道德,指的是教师职业的道德,而非教师个人的道德。首先职业道德是一般社会道德的特殊表现形式,是社会道德的组成部分。教师职业道德从道义上规定教师以什么样的思想、感情、态度、作风和行为对待本职工作,以及待人、接物、处事所应履行的职责。教师的职业道德,是教师和一切教育工作者在从事教育活动中必须遵守的道德规范和行为准则,以及与之相适应的道德观念、情操和品质。然而从现实看,这一定义可以有两种理解:一是教师职业道德以"教师道德"为对象和内容,发展和完善教师职业道德是为了提升教师个人的道德修为,让教师成为道德楷模;二是教师职业道德以"教师职业"为对象和内容,发展和完善教师职业道德是为了更好地为教师职业服务,让教师职业依从必需的职业规范和道德准则[①]。

(2) 教师道德。

现实中存在着将教师职业道德与教师道德相混同的问题。"教

---

① 李敏. "教师道德"与"教师职业道德"辨析. 当代教育科学,2009 (4):12-15.

师道德"是广义上的教师应该具备的道德品质,更侧重于个体思想品德方面。在教育实践中,教师职业道德具有专业的职业生活特征,它拥有进入、参与、评价教育教学活动的优先权和合法权,而教师道德是一个日常生活概念,涉及个人道德体系中的所有层面和方面,也包括内化了的教师职业道德。教师道德可以用境界上的高低来评判。人们可以要求教师职业道德从宗旨到内容完全为教育服务,但不能奢望教师道德时时处处都要以教育需要为转移。因此,教师职业道德包含于教师道德之中,教师道德范围更广。

(3) 教师要有道德情操。

"道德情操"即道德与操守。教师不仅心中要有对道德的尊重与敬畏,同时要在行动中有操守。所谓"德高为范",即教师一定要以身作则、恪守道德底线,做到以德施教,率先垂范当好榜样,树立楷模,成为当代学生、社会群体的人生标杆。因此,道德情操高尚的教师能够按照社会的需要,以先进的思想和正确的价值观为中心来指导自身的思想行为。从这点来看,教育者的道德情操,是指教师的职业道德和思想品德[1]。

一个具有高尚道德情操的好教师,一定具有高尚的职业道德和思想品德,它们是构成教师道德情操不可或缺的两个部分。其中,教师的思想品德是教师自我完善和追求的道德品质,具有个体性;"教师的职业道德是一种群体道德"[2]。个体是构成群体的基础,群体是个体的结合。因而,可以说良好的思想品德是形成教师职业道德的基础,高尚的职业道德是教师个体思想品德的升华。好教师的道德情操是个体的思想品德和群体的职业道德的有

---

[1] 张雷声. 论"两课"教师的道德情操及其培养. 高校理论战线, 2004 (8): 40-43.
[2] 李清雁. 教师道德释义对师德建设的启示. 教育学术月刊, 2009 (7): 74-76.

机结合。"教，上所施，下所效也"，教师必须是品德高尚的人。正所谓"立德先立师，树人先正己"。教师的工作就是"塑造灵魂、塑造生命、塑造人"的事业①。

2. 新时代师德

进入 21 世纪，中国社会在经济、政治、文化诸领域发生了显著的变化。党的十九大报告指出，我国社会主要矛盾已经转化为"人民日益增长的美好生活需要和不平衡不充分的发展之间的矛盾"。教师作为人类灵魂的工程师，人类文明的传承者，承担着新的时代使命：培养德智体美劳全面发展的社会主义建设者和接班人，加快推进教育现代化，建设教育强国，办人民满意的教育。

新时代要求教师在实践过程中处理好与国家、与学校、与他人的关系。首先，作为一名教师，要有坚定的政治立场，坚持党的领导，坚持以马克思主义为指导，坚持不懈传播马克思主义科学理论，为学生一生成长奠定科学的思想基础；要坚持不懈培育和弘扬社会主义核心价值观，引导广大师生做社会主义核心价值观的坚定信仰者、积极传播者、模范践行者。其次，于学校而言，教师要坚持不懈促进学校和谐稳定，培育学生理性平和的健康心态、活泼开朗的性格，使学校成为安定团结、和谐欢快之地；要坚持不懈培育优良校风和学风，坚持专心问道和关注社会相统一、学术自由和学术规范相统一，培育严谨治学的态度、刻苦学习和勇于进取的精神，坚持实事求是、理论联系实际的作风。最后，面对学生，教师要端正师生关系，以学生为本，充分信任学生，充分发挥学生的主动性、积极性，互相学习、教学相长，结成师

---

① 中国教育报评论员. 好老师要有道德情操：二论学习贯彻习近平总书记教师节重要讲话精神. 中国教育报，2014-09-12.

生学习共同体①。

新时代教师高尚的道德情操最主要和最基本的体现就在于对教育事业的忠诚与热爱。作为一名好老师，要一心一意投入工作，甘于在平凡岗位上无私奉献，甘于在平淡的生活中建立人格力量、打造人格魅力，实现师德典范。所以教师要承担立德树人的神圣使命，就必须要"师德"垂范，在言传身教的过程中，用自己的道德情操去感染学生、引导学生，为实现中华民族伟大复兴的中国梦培养有德之才和合格的建设者。正如朱永新教授所言，好教师的道德情操最终要体现到对所从事职业的忠诚和热爱上来。真正的教育不仅发生在课堂上，同时发生在师生交流的任何一个时刻。教师的道德情操，彰显出榜样的力量，体现出生命对生命的灌溉、精神对精神的濡染②。

教师的道德发展是道德认知、道德情感、道德意志、道德智慧和道德行动和谐统一的过程。而教师师德的培养是一个由他律到自律的过程。教师要达到自律，首先需要借助他律。国家和学校就是教师师德他律的重要方面。国家通过正确的价值观指导，指引老师道德成长的方向；学校通过提供师资培训来帮助教师形成理想的职业道德认知、道德情操，形成正确的道德行为。

（二）现实要求

进入新时代，习近平总书记对教师队伍建设、对全党全社会尊师重教提出了新的更高要求。新时代的教师队伍建设，要深入贯彻《改革的意见》，积极落实高素质专业化创新型的教师队伍建设目标。教师培训工作，也要继续坚持内涵式发展，"坚持方向，

---

① 顾明远．守住教书育人的底线．重庆与世界，2018（2）：6．
② 朱永新．好教师是民族的希望．中国教育报，2017－09－07．

强化体系，减负增效，持续发展"①。《中国教育现代化 2035》提出了教师队伍建设的具体内容，包括大力加强师德师风建设、优化教师队伍管理、培养高素质教师队伍、提高教师社会地位等四个方面，从而确定了新时代教师队伍建设的基本方向与关键路径。从培养高素质专业化创新型教师和促进教师与教师教育专业化的角度看，以师德师风建设为中心培养造就"四有"好老师和促进教师的专业发展是核心任务。

作为"四有"好老师以及促进教师专业发展的核心，同时作为教师素质的第一要素，师德师风建设不仅要求教师严格履行职业道德规范，而且要增强教书育人、服务国家与人民的责任感和使命感。为凸显教师师德的重要性，《改革的意见》提出："把提高教师思想政治素质和职业道德水平摆在首要位置，把社会主义核心价值观贯穿教书育人全过程，突出全员全方位全过程师德养成，推动教师成为先进思想文化的传播者、党执政的坚定支持者、学生健康成长的指导者。"为加强师德师风建设，《教师教育振兴行动计划（2018—2022 年）》提出要实施师德养成教育全面推进行动，提出要研制在教师培养、培训与管理全过程中加强师德教育的具体政策，制定师德修养教师培训课程的指导标准，将师德课程列为师范生培养和教师培训课程的必修模块，实现师德教育贯穿教师教育全过程的政策目标。习近平总书记也强调要加强师德师风建设，提出教师要坚持教书和育人相统一，坚持言传和身教相统一，坚持潜心问道和关注社会相统一，坚持学术自由和学术规范相统一，引导广大教师以德立身、以德立学、以德施教。

---

① 荀渊. 新时代基础教育教师队伍建设的目标、内容与路径. 教师教育研究，2019（31）：8-15.

1. 个体层面

高尚的教师道德情操从个体来看主要体现为"敬业爱生"。"敬业"首先包括了教师应有崇高的理想信念和职业道德。教师自己要明道信道,高标准要求自己,时刻牢记教师不仅是在传道授业,更是在塑造真实而坚定的、对社会与国家满怀责任的灵魂,培养担当中华民族伟大复兴的时代新人①。爱生则由师爱得以表达,好老师是"用爱培育爱、激发爱、传播爱,通过真情、真心、真诚拉近同学生的距离,滋润学生的心田,使自己成为学生的好朋友和贴心人"②。爱生要求教师从内心尊重学生,在教育过程中平等对待每一位学生。"尊重学生就是把学生当作一个有独立人格、个性,富于主动性和发展性的个体来培养。"③

总之,教师要"以德立身","以德立身"就是中华优秀文化传统中的"修身","德性,谓性致诚者也",以德性内化和完善自己;要"以德立学",就是强调立德与立学、人品与学识的统一,即在授业的同时重视学生道德品质的培养;要"以德施教",就是在教学中注入道德精神,让教学有思想、有灵魂,帮助学生筑梦、追梦、圆梦④。现实中,有的教师职业理想不坚定,职业认同度不够高,产生了职业怠倦现象。有的教师处理不好与学生的关系,对学生缺乏尊重与爱心,无法一视同仁地对待所有学生。当然,这些并不是普遍现象。

2. 学校层面

教师道德情操主要体现在校园环境中。学校是教师培育学生

---

① 俞明祥. 为师之道 修德为本. 中国教育报,2019-01-03.
② 习近平. 做党和人民满意的好老师:同北京师范大学师生代表座谈时的讲话. 人民日报,2014-09-10.
③ 朱小蔓. 教育职场:教师的道德成长. 北京:教育科学出版社,2004:19.
④ 苏寄宛. 为师者要政治强德行好. 中国教育报,2019-03-25.

的主要场所，教师也在这个场所中形成自己的职业理想和信念以及人生的价值取向。学校的教师管理制度、教师参与学校各项事务的积极性、不同阶段教师的专业发展机制、教师评价与考核制度、教师收入待遇等都可能影响教师的思想道德状况。

有的学校对教师的评价主要以升学率为主，把重心放在升学率上，教师以分数论学生，学校以升学率来论教师，评判一个教师是否优秀主要是看他教的班级的学生的考试成绩。如此，往往容易忽视教师的道德水准，忽视教师道德修养的培养和提高。其次，评价的结果直接跟教师的奖金、评职称挂钩，从而引发了教师之间的不良竞争，导致教师之间的沟通、交流更加功利化，而非出于自身对教育事业的热爱和对学生的热爱。

现阶段，教师职业理想信念和道德情操等知识内容的系统的获得主要在高等师范院校完成，而不同阶段、类型的学校对于教师道德情操的关注度并不相同。中小学校出于自己的发展目标要求往往倾向于强调教师的教育教学能力、班级管理能力等，而忽视教师道德发展的需要，实践中缺乏可操作性的路径。这就需要学校为教师发展设计切实可行的道德培育路径，并与教师共同努力使其能落实在教师的日常工作中。

3. 国家层面

教师的主要教育任务是立德树人，这个德不仅关乎教师的个人品德，也关乎社会和国家所规定的道德规范。"国无德不兴，人无德不立。"[①] 教师道德规范与标准的制定主体是政府。2008年修订的《中小学教师职业道德规范》要求教师要"爱岗敬业"，忠诚于人民教育事业，志存高远，勤恳敬业，甘为人梯，乐于奉献。2018

---

① 习近平. 习近平谈治国理政. 北京：外文出版社，2014：168.

年，教育部等五部门印发的《教师教育振兴行动计划（2018—2022年）》，将师德养成教育作为师范生培养和在职教师培训课程的必修模块，主张通过多种途径和方式将师德养成贯穿于教师教育全过程。

根据中央政策文件的要求，全国各地各级教育主管部门制定和出台了相关培养的政策和方针，在具体执行过程中，其运行机制还不够完善。一方面，教师师德培训课程的内容过于理想主义，着眼于培养教师的"圣人"人格，这种高标准违背了教师个体的道德发展水平[①]。另一方面，师德培养停留在形式层面，对当前教师的师德现状、需求缺乏足够的分析，只是把教师职业道德基本原则、教师职业道德范畴灌输给教师，结果教师没有得到实质性的素质提升，造成师德培训实效性不强。因此，从相关政策规范出台，到地方教育部门落实执行的过程中，关于教师道德的专业标准、师德评价与问责、督导等不同方面，需要各级各类政府、教育部门与学校针对教师队伍的师德现状与问题提出方案，一起努力建立具有良好的师德师风的高素质专业化创新型教师队伍。

（三）实践策略

教育大计，教师为本。教师是知识的传播者、文明的培育者和人类灵魂的设计师。这些对教师角色的不同认知体现出人类社会对教师角色所形成的共识与对教师道德品质的期待。从个体发展、群体形象、民族复兴等不同角度来看，政府、学校以及个人需共同努力，致力于培养有着高尚的道德情操的教师队伍。

1. 政府主导

政府主导是由国家制定相关政策，加强教师职业道德建设。

---

① 傅维利. 教师职业道德教育指南. 2版. 北京：高等教育出版社，2009：123.

首先，要结合当前社会实际，针对教师职业道德现状，政府部门应深入调研，制定相关奖惩措施，形成制度，以规范教师的教育教学行为。各级教育行政部门要充分发挥教育部门监督、检查、指导、服务功能。要把教师职业道德建设纳入重点工作议程，对此项工作和教师教育行为加强监督、检查。例如，英国的中小学教师管理实行问责制，具有师德问责立法动态发展、问责程序规范完整、师德培训一脉贯通、师德规范具体可操作、师德与绩效挂钩的特点，形成了比较健全的中小学师德问责制度体系。问责程序包括四个过程，分别为举报、调查、临时禁令、正式调查和答复[①]。

其次，要建立有效的物质利益保障机制，提高教师的社会地位和工资待遇。生存和发展压力会使部分教师缺乏职业忠诚度、产生职业倦怠感和职业压力。要化解这一问题，政府要出台相应法律政策，提高教师的地位，同时将物质利益落实到位，保障教师的权益。邓小平同志曾经指出，"要调动科学和教育工作者的积极性，光空讲不行，还要给他们创造条件，切切实实地帮助他们解决一些具体问题"。学校也要坚持教师队伍建设的"高素质、高水平、高要求、高待遇"原则，制定各类物质和精神奖励政策，提高教师待遇水平；采取切实有效的措施，尽快改善贫困教师特别是青年教师的基本住房条件，解决其后顾之忧，这样才能使他们全身心地投入教学和科研中去。

再次，对教师的绩效评价不能单纯以学生成绩来评定，也应将教师道德水平包含在内。英国对教师的绩效评价是将师德评价涵盖在内的，最终的绩效评价结果是和评价对象的薪金密切联系

---

① 乔云花，司林波. 英国中小学师德问责制评述. 上海教育科研，2018（9）：51-55.

的。英国 2017 版本的《教师薪酬与条件》文件中，不仅对合格教师的薪金项目、上限工资范围有所规定，还对不合格教师的工资范围进行了细分。对于评价不合格的教师，或出现一般失德行为的教师，《教师薪酬与条件》规定了所对应暂停和部分减少的保障金、津贴的发放办法。当不合格教师上升到合格教师后，文件中也设定了这类教师的工资范围。可见，根据评价结果，都可以在《教师薪酬与条件》文件中找到薪资设定的依据，将评价结果和切身利益直接联系，促进教师提高绩效评价的积极性。

最后，政府要出台相应的师德规范，制定一定的标准，给广大教师队伍以正确的指导。例如加拿大安大略省教师协会颁布了《教师职业实践标准》和《教师职业道德标准》。英国也制定有《教师标准》，目的在于确定英国教师的最低预期实践水平。英国还在《教师不当行为》中罗列了教师不合适行为，尽管所提及的行为并不是一个详尽的清单，但是对于普通的失德行为都能找到其对照标准，并相应制定了具有较强可操作性的有约束力的指令，按照失德的不当程度可以分为"有关罪行"和"严重行为"两部分。英国有力地把握了伦理原则，制订了具体的、具有专业特性和可操作性的教师行为规范。政府通过制定法律政策来规范和约束教师，不仅保护了学生权利，更是对教师品德的督促，有利于良好师德的培养。

2. 学校实施

首先，对教师履行道德的情况进行评价和监督，是促进教师履行道德的必要途径，可以有效督促教师道德的改进，比如自身形象的提升、语言的交流改进、心理素质和政治素质的提高等。有效的教师职业道德评价机制要科学、合理，评价结果应该能够有效落实，既遵循全面评价原则，又遵循分类评价原则，将定性评价和定量评价相结合，形成一个由不同层次指标组成的道德评价指标体系。根据教师承担的主要工作职责的划分，对不同的工作采取不同评价方式。如对教师教书育人、文化传承方面业绩的评价，应该采用调查的方式，以定性评价为主，辅以少量的定量评价，通过教学主管部门对教师教案、课件制作及其他教学研究成果等的检查，同行或专家对教师课堂教学的科学性和艺术性进行分析，同时听取学生评价意见，综合评定其人格、道德和育人业绩。评价的结果要公开透明，并且直接和教师的学年或年度评优、聘任考核、职称评审等挂钩，使职业道德评价结果有效地落到实处[1]。

其次，学校要加大对教师业务培养和培训的力度。作为教师，要做到为人师表、教书育人，自己必须有高尚的人格，有丰富的学识，有高超的教育教学技能。只有业务素质不断加强，才能为社会培养出高素质的人才。教师的职业道德本身就要求教师有较好的业务素质。我国著名教育家陶行知先生曾说："教师个人的一言一行，一举一动，都要修养到不愧人师的地步。"这要求教师要对自己严格要求，为人师表，爱岗敬业[2]。

最后，建立相互尊重的关怀文化，重建教师对职业角色的话语权。教师职业角色话语权的回归要求学校为教师提供良好的制度环境，赋予教师更多的表达机会。更重要的是，要建立教育行政部门、学校领导、专家学者与教师之间相互尊重的关怀文化，这是打破教师与学校管理者之间的传统科层制状态，真正重建教师职业角色话语权的根本要求。教师话语权的回归需要教育行政

---

[1] 李娟，杜兵兵. 提高高校教师职业道德水平的探究. 卫生职业教育，2019（10）：10-12.
[2] 华敏. 对新时期加强师德建设的思考：有感于"范跑跑"事件. 现代教育科学，2008（6）：32-33.

部门、学校管理者真正关心教师对"好教师应当具备什么样的道德责任""好教师该如何行动""师德培养和评价规则该采取什么途径或方法"等问题的看法，并以此作为制定教师专业道德规范、师德培养和评价制度的重要依据①。

美国比较重视教师的职前伦理教育，其基本理论途径有三种：规范取向的专业伦理教育、理论取向的专业伦理教育、实践取向的专业伦理教育。在实践过程中以项目形式开展。如加利福尼亚州立大学弗雷斯诺分校教师教育项目，其主要方式有三：通过教师宣誓仪式加强教师作为思想和道德教育者的义务责任；对教师专业学生道德要素的教学实践的持续关注；专业发展年会中强调和分享学校与社会致力于道德教育的表现。另外，克雷曼教育学院还针对职前教师开发了专门的职前教师专业伦理准则。教师专业伦理教育途径包括伦理文化建设、职前教师专业伦理发展评估、职前教师专业伦理准则、品德与公民教育年会②。

3. 教师主体

在整个教育教学工作中，教师是"教"的主体，同样是"教师职业道德建设"的主体。教师良好道德的养成，除了外界部分条件的影响教化之外，主要是源于自我修养。而后者是教师良好职业道德形成的内因，是通过个体主动建构来完成的。因此，自我修养是教师道德养成的重要渠道，是教师成长的必由之路。

第一，发挥教师在道德建设中的主体作用：首先是加强学习。当今社会知识更新速度不断加快，新的知识不断涌现。我们只有树立终生学习的思想，不断学习，乐于并善于学习，才能达到

---

① 姬冰澌，辛未. 新时代教师专业道德的建构路径. 教育理论与实践，2019（5）：29-31.
② 梅少波. 美国职前教师专业伦理教育途径研究：以三个教师教育项目为范例. 重庆：西南大学，2013.

"学而不厌，诲人不倦"的境界，才能更好地完成教育教学任务，才能提高自己的职业荣誉和职业道德。崇高的师德是科学的世界观、人生观、价值观的具体体现。科学的理论是实践的先导。因此，要提高师德认识，培养师德意识，铸造良好师德，就必须认真学习。通过学习，提升自身的理论素质和修养。其次是脚踏实地认真实践。师德建设要求教师在实践中，注重自我学习、自我修炼、自我约束、自我调控。高尚的师德是建立在对党的教育事业的使命感和对学生成长的责任感基础之上的，乐为祖国的教育事业无私奉献，把学生的每一个进步当作自己前进的动力。再次是严于律己，坚持自我反思。教师的成长就在于以自己的教育教学行为，以日常工作中的教育问题为对象，不断审视、分析教学计划、教学方法、教学评价等教学行为中存在的问题与不足，并与自己已有的理论知识、经验相联系，才能作出有深度、有智慧、科学的判断，从而不断提升自己的教书育人能力和职业道德水平。最后是提高心理素质。教师在教育实践中，通过自我观察、自我控制、自我调适等心理调适，不断锤炼自身，完善、提高心理素质，使自身的思想、情操、智慧、个性、意志等逐渐趋于完善。这是对师德修养提出的新的要求，因为，教师的健康心理是师德修养的内在基础，保持心理健康也是师德修养的重要组成部分。

第二，教师要处理好与学生的关系。在学校教育中，学生与教师的关系是最基本的关系，融洽的师生关系能使学生乐于投入学习和集体活动中，有利于学生身心的健康发展，直接影响着教学的质量和效果。因此，教师必须热爱和尊重学生，是教师职业要求的基本原则[①]。美国《教育职业道德规范》第一个原则就明

---

① 张桂春. 国外教师职业道德建设的经验及启示. 教育科学，2001（1）：134.

确指出教师对学生的责任：教育工作者努力帮助每一个学生实现其潜能，使之成为一名有价值、有能力的社会成员。因此，面对学生，教师要端正师生关系，应该尊重并充分信任学生，充分发挥学生的主动性、积极性，互相学习、教学相长，结成师生学习共同体。同时要严于律己，做学生的榜样。

第三，提高教师自身的职业道德，促进教师道德的内化。首先，提高教师对职业道德的认识，要让教师了解教师职业道德的基本内容，深入领会教师职业道德的基本要求和精神实质，要从理论的高度理解和辨析教师职业行为中是非、善恶和美丑的区别。要增强教师对职业道德感性经验的认识，通过不断的学习和实践，提高自己的教育教学活动水平。其次，培养教师高尚的职业道德情感。教师要热爱自己的学生和教育事业，要把热爱教育事业和学生的情感变为自己教育工作的动力。同时，要增强教师的自尊心、责任感和荣誉感。一旦这种职业情感形成后，教师要努力将其内化为忠诚于人民的教育事业、努力做好教育教学工作的强大动力，在培养人才的工作岗位上奋斗终生[1]。

教师的师德问题重在对教师自身的职业特点和工作性质的思想认识方面。教师个体对师德的理解决定了教师在教学过程中的表现。教师自身要对当代教师的职业道德有深入的了解与反思，认识到教师职业道德的重要性，提高自律意识，认真学习相关的法律法规，塑造高尚品格。教师应注重自己的职业道德建设，注意自己的教育教学风格、生活方式和行为规范的提升。

在日常的教育教学工作中，教师要努力塑造完美的人格，在道德、才能、知识等诸多方面自觉锤炼，不断提高和完善。一是

---

[1] 何艳. 教育伦理视角下教师职业道德缺失及发展策略研究. 教育探索, 2015（2）: 140 - 143.

要提高自我认识。教师如果能清醒地认识自己，就能正确地评价自己。教师一旦缺少自信，就很难成为一个优秀的教师。教师要学会学习别人的优点，同时克服自身存在的不足。二是要学会自我调整。自我调整最好的两个方式，一个是学习，一个是实践。这一过程中，教师要注重不断地反思、不断地总结教育教学的经验和教训，加强自身修养。三是要学会自我超越。超越自我是塑造完美人格的理想境界，教师要不断地在教育教学实践中明确自己的工作目标，从自身的实际情况出发，不断接受新的挑战，超越自己，最后使自己的德行、才学、见识和能力等方面都得到提升[①]。

进入新时代，提升自己的职业道德，做一名有师德的合格教师应该是每一位教师应该坚守的基本准则。树立"以人为本"的教师职业道德理念，"以人为本"的师德理念，可理解为新时代的教育人文精神，它以鼓励人的自主发展为旨趣；以教育爱为核心或基石；以正确地认识人、理解人、尊重人、信任人，积极开发人的心智，提升人的德性人格为根本。教师具备了良好的职业道德，那么他的学生自然将受益终身。

三、做有扎实学识的好老师

时代越是向前，知识和人才的重要性就愈发突出，教育的地位和作用就愈发凸显。我国正处于历史上发展最好的时期，但要实现"两个一百年"奋斗目标、实现中华民族伟大复兴的中国梦，必须更加重视教育，努力培养出更多更好的能够满足党、国家、

---

① 何艳. 教育伦理视角下教师职业道德缺失及发展策略研究. 教育探索，2015（2）：140-143.

人民和时代需要的人才。更多更好的人才的培养离不开更多更好的教师。

习近平总书记在2018年全国教育大会上指出："教师是人类灵魂的工程师，是人类文明的传承者，承载着传播知识、传播思想、传播真理、塑造灵魂、塑造生命、塑造新人的时代重任。"新时代，在建设社会主义现代化强国的背景下，为了更好地履行教师的使命，做一名"有扎实学识的好老师"成为每一名人民教师职业追求，也成为我国教师队伍建设的重要目标之一。

（一）思想内涵

"师者，所以传道授业解惑也。"教书育人是教师的使命，要做到这一点，教师一定要有扎实的学识。正如习近平总书记在同北京师范大学师生代表座谈时的讲话中所言，"水之积也不厚，则其负大舟也无力"。扎实的知识功底、过硬的教学能力、勤勉的教学态度、科学的教学方法是教师的基本素质。如果教师知识不扎实、教学能力不过硬，教学中必然会捉襟见肘，更谈不上游刃有余。我国自古以来就有"学高为师"的古训，指的是教师应在学识上高人一等，而"学为人师，行为世范"也鲜明体现了深厚学识是好老师的必备素质之一。面对信息化时代，经济快速发展、社会日益多元、各种新知识不断涌现，做一名好老师，必须具备扎实的学识，努力提升自身的学识魅力，这样才能满足学生绵延不绝的求知欲，促进学生的学习发展和自身的专业成长。

教师的"扎实学识"涵盖了一名教师在教育教学过程中所必须拥有的知识，不是单一的知识，而是一个完整的知识体系。

1. 知识结构系统化

众多研究表明，学识渊博是国内外对教师知识素养提出的要求,而衡量教师知识素养有质和量两个维度的标准。在历史和现实中,人们关于教师知识素养的论述,更多强调了教师知识渊博这项标准,突出的是教师知识素养的数量规范,关注的是教师相对于学生而言在知识掌握上的数量优势。而在信息时代,教师会经常遇到意想不到的来自学生的知识信息挑战,教师想要在各方面都比学生了解得多,事实上已经很不现实了。面对这种局面,改变教师知识素养发展的战略方向,由以数量取胜转向以质量取胜,或许就成为自然的选择了。所谓质量取胜,就是在不断扩充教师知识总量的基础上,努力改善教师知识掌握的质量,提升认识的深刻性和系统性,重视知识的结构化。知识结构化即在零散的知识之间建立起内在的联系,使其成为一个系统。在一个学科中,把具体概念梳理为概念系统的过程就是结构化的过程。通过知识的结构化,可以为具体概念、具体命题提供合理的坐标参考系,从而更好地把握事物的性质和范围。教师要努力掌握各种知识,还要很好地整理已经掌握的知识,使其成为结构良好的知识系统[①]。

2. 理论知识实践化

教师的理论知识是指教师精通所教学科的专业知识,以及广博的一般文化知识和相关学科的知识。而实践性知识作为教师专业知识的重要组成部分,是相对于教师的理论知识而言的。它是资深教师基于多年现场的课程教学经验形成的,并在平时的教学实践过程中表现出来的一种特有的见解和学识。教师在对具体的教学情境和教学事件进行关注和反思的基础上,将感性的、表面化的教学经验提升、内化为自身的实践能力后形成了实践性知识,

---

① 王本陆. 做一个有学识的教师. 新教师,2012(2):6-7.

从某种意义上说，它是教师对自身教学经验的理论提升，是一种实践的理论化。同时，实践性知识超越了教育学、心理学的范畴，几乎涉及文学、艺术等人文社会科学研究的所有理论知识，是教师在特定教学情境中重新解读理论概念与原理之后达到的理论继承与个人理解的一种"视界融合"。它是教师理论知识的情境化和具体化，是一种理论的实践化。由此可知，实践性知识是理论知识与实践性体验有机结合的过程，它是对理论与实践的双重超越。实践性知识作为教师固有的知识领域，不同于一般大众知识和各领域研究者的知识，它赋予了教师作为一门专业所特有的知识权威。随着实践性知识的形成，教师将更勇于迎接各种挑战，乐于接受诸多困难，勤于化解各种冲突，善于解决诸多矛盾。同时，教师会更加深刻地认识自身的课堂，教学更加突出表现自主性和创造性，教学风格越来越鲜明，从而生出丰富多彩、引人入胜的个性化课堂[①]。承认这些，并不是否认教育理论知识的重要性。相反，教师个人有效的实践知识来自对教育理论的科学认识和正确的教育观念，它以对教育理论的学习为基础，二者都是教师专业化不可缺少的必要条件[②]。

3. 现代知识境遇性

伴随着基础教育课程改革，传统课堂上呈现的将积累和分类作为目的的知识，宣扬的与价值判断和道德关怀不相干的知识，表现的外在于学生主体维度的知识，已经不再适应学生发展的要求。在知识转型的视野下，现代知识型正在向后现代知识型转变，这主要体现在：从客观性转向文化性，从普遍性转向境遇性，从

---

① 姚林群. 实践性学识与教师的自我成长. 当代教育论坛（宏观教育研究），2007（5）：101-102.

② 冯建军. 从教师的知识结构看教师教育课程的改革. 中小学教师培训，2004（8）：3-6.

中立性转向价值性。从客观性转向文化性，即不否认反映学科一般概念与一般原理的"实质结构"和反映学科探究方法与探究态度的"句法结构"，但将其置于历史时期的文化传统和文化模式中，以当下文化的现实性对其进行质疑和考察，实现片段式客观知识向全景式文化知识的转化。从普遍性转向境遇性，即不否认知识是对客观世界的反映，但这种反映不是"镜式"的反映，而是需要将师生的经验、兴趣、价值观念和文化信仰注入内在理解和表达的过程中，实现永恒普遍性知识向个体境遇性知识的转化。从中立性转向价值性，即让学生充分认识到知识是一种需要，知识的价值就是在需要中得以体现的，这种价值需要带给学生的是对生活的改变和改变生活的力量，实现刻板中立性知识向鲜活价值性知识的转化。以客观性、普遍性、中立性为特征的现代知识视野下的教学，教师扮演的主要是知识搬运者的角色，主要负责将学科知识原原本本地传递给学生。他们守护着学科知识体系的结构性和完整性，并以此构建教学的全部内容，同时评价学生是否掌握了这些被接受的内容。以文化性、境遇性、价值性为特征的后现代知识视野下的教学，教师并不是对以往教学的全盘否定，而是将教学知识转向文化性、境遇性、价值性，从而使自身处于一种灵活敏感、批判反思、民主分权的知识"转化"状态[1]。

"扎实学识"对教师职业发展具有丰富的意义。

首先，扎实学识是教师真正履行"学为人师，行为世范"教师职业角色的必要前提。

一位真正能吸引学生的教师，必定具有丰富的学识和掌握优秀教法。教师执教的水平与自身拥有知识的多少基本是成正比的，

---

[1] 余闻婧. 教师作为知识的转化者. 教育发展研究，2010, 30 (24): 13-19.

教师的学识魅力也成为当今社会公认的标准，一个好老师应该是能够不断唤起学生学习欲望的人。"学高为师"，好老师不仅在满足学生的求知上游刃有余，更会由于他们厚实的底蕴而散发出绵绵的才学魅力。而教师一旦产生了学识的魅力效应，就会产生一股强大的磁场般的吸引力，随之教与学的过程就会变得快乐而和谐。

教师拥有渊博的知识，才能成为学生心目中的模范，也自然会激发学生学习的动力。一个知识渊博的老师，是指引孩子们前行的一盏明灯。学生为什么能受到教师的吸引？因为教师有广博的学识魅力，而且这种魅力为他们开启了一扇心窗，能见到他们不曾见到的缤纷世界。在课堂上，如果一个教师能够在知识的海洋里尽情遨游，让学生在聆听中感受知识的博大，这就是魅力所在。而教师良好的学识功底，则会使其处处显示出智慧与灵气，让学生感受到心灵的冲击。

在新时代，一名优秀的教师应该努力让自己的学生向往知识、向往真理，更应该有能力激发学生强烈的求知欲望，能够让学生学会用自己的眼睛看世界。学生在学海探索的动力，就源自教师渊博的知识。

其次，教师拥有了扎实学识，才能在不同性质、不同类别的知识之间游刃有余，磨砺出教师精神的锐度、拓展出教师思想的广度，赋予教师职业长久的生命力。

知识的性质不仅决定着老师的知识观，而且制约着老师的教育教学观。古典知识、现代知识和后现代知识的不同性质及彼此间的矛盾能在教育实践中不断磨砺老师精神的锐度，为老师的精神自由搭载辩证思维的动力[1]。古典知识的道统性、等级性、专

---

[1] 石中英. 教育哲学. 北京：北京师范大学出版社，2007：119-131.

制性、刻板性和象征性特征为人类认识自我、社会和自然打开了一扇可敬可畏的窗户；现代知识的客观性、普遍性和中立性等典型特征从不同侧面勾画了现代科学知识的典型形象，阐述了现代科学知识与认知对象、认知主体及社会价值体系之间的关系，在为人类改造自我、社会和自然立下功劳的同时，也落下了种种霸权隐患；后现代知识一反现代知识的客观、普遍和中立属性，将文化性、境遇性和价值性确定为知识的新属性，促使老师在课程建设中不断反思和改革科学课程、开发本土课程、加强人文课程，激励老师在教育教学中不断反对知识霸权，培养学生的怀疑意识、批判意识和探究意识，推动知识创新。

自然知识、社会知识和人文知识作为当代知识界广泛认同的三类知识，分别从知识对象差异和获取方式差异的角度，比较全面合理地反映了人类知识的总体结构：自然知识通过对纯粹物质事实与事件的观察和实验，获得人们对自然世界的认识；社会知识通过对渗透着价值的社会事实与事件的观察和价值分析，反映人们对社会世界的认识；人文知识通过对各种具体价值规范及其历史实践的批判与反思获得人们对人文世界的认识[1]。三类知识在与认知对象的关系、自身发展方式、适用范围和检验方式上呈现出不同的特征：自然知识的描述性、直线性、普适性和实证性，社会知识的规范性、阶段性、文化性和实践性，人文知识的反思性、螺旋性、个体性和体验性，从不同视角拓展着老师思想的广度，制约着老师课程开发与实施的向度和力度。总之，扎实学识是教师获得可持续发展生命力的重要保证。

再次，扎实学识赋予教师生命的厚度。

---

[1] 杨修平. 习近平总书记"四有"好老师的教育哲学意蕴. 中国教育学刊, 2018, 7 (7): 75-80.

老师的严谨治学和有效教学依托于其自身完善的知识结构。从教师所需知识的功能出发，教育界通常将老师的知识划分为三个维度的内容：本体性知识，即老师所具有的特定学科及相关文化背景知识，是老师开展教育教学活动的基础；条件性知识，即老师认识教育对象、开展教育活动及研究所必需的教育学科知识和技能，如教育原理、心理学、课程论、教学论、学习论、班级管理、现代教育技术等；实践性知识，即课堂情境知识，是老师个人教育智慧、教学风格和教学技巧的综合体，如课堂导入、内容阐释、气氛管理、沟通表达、形式调适、结果评价等技术技巧。本体性知识、条件性知识和实践性知识三位一体，建构起老师职业生命的三维立体结构，赋予老师职业生涯鲜活而持久的生命厚度。

（二）现实问题

1. 学识不足

近年来，我国基础教育领域改革发展取得重要成就，但是在具体的教育教学实践中，出现了一系列反映师德修养的问题。例如西安未央区的"绿领巾事件"、广州某地小学教师让成绩差的学生去"测智商"等，甚至有通过暴力手段惩罚学生的极端案例。诸如此类的现象已经远远超出了教师教育能力的范畴，这些事件背后折射出的是少数教师师德修养欠缺，而背后的根源是这些教师不具备扎实的学识，缺乏对学生的真正的爱，将"教育"仅仅看作一种普通的工作，将师生关系理解为管理与被管理、约束与被约束的主客关系，不能正确认识学生个体成长的规律，不能正确对待学生的错误。作为一名有扎实学识的教师，不仅仅要在知识上储备丰富，还要拥有一颗爱生之心，教师只有在自我修养上合格了，才能够有合格的教育行为。

2. 重教轻学

传统的课堂教学中，教师将学科知识视为教学中知识内容的全部，奉学科知识为权威，是客观存在的真理。教师将知识的学习过程理解为一种接受的过程，接受的对象是与学生经验毫无关联、只是为了应付考题的固定知识体，接受的主要方式是记忆，记忆和再现是学习过程的重要因素。教师的知识教学过程只是一种传授过程，传授过程中也可能会辅以一些生动形象的道具以便传授更为顺畅，但其实质仍是对知识的搬运，这种搬运以不损伤知识的客观性为原则。其背后隐含的教学信念是：教师只要把该教的知识（学科知识）教正确了、教完了，任务也就完成了。至于学生学得怎样，这要看学生自己的努力了。这种教师拥有再多的学科知识、再高深的教育理论，都不能称得上有扎实学识。

3. 缺乏投入

教师有没有扎实学识，是制约一个地区教育水平的重要因素。教师队伍的稳定性、对教师事业的热爱和投入程度，也与教师的扎实学识有关系。当前，少数教师仅仅将教师职业作为一个"就业的跳板"，这些教师对教书育人缺乏热情，对学生缺乏耐心，对教学缺乏能力，不愿学习提升，缺乏扎实的学识，对教师职业缺乏深刻的认识和理解，也自然很难在行为上符合一名合格教师的要求。这部分教师在平时的工作中不能全心投入，随时准备离职另谋高就，从而影响某些地区的教师队伍的稳定性。

（三）实践策略

1. 转变观念

（1）要求具备扎实的专业知识及广泛的相关知识[①]。注意搜

---

① 王洪革. 教师学识应与时俱进. 才智，2009（26）：137.

集专业发展的新动向、新信息，不断更新知识，以适应时代发展的要求和学生学习的需求。不断开发新的课程资源，贴近时代、贴近学生的生活。信息时代对教师提出了非常高的要求，要文理兼备，要随时在环境、人口、资源、经济、政治、军事、宗教、体育等各方面采集、选取一些学生比较感兴趣的有用的信息、问题进行探讨研究。这不仅能扩大学生的知识面，还能使学生更加关心社会，关心生存环境，关心身边事，关心国家大事。

（2）紧跟时代潮流，掌握现代科学技术发展的动态。对科学发展的认识会加深我们对终身学习的理解。当今，科学技术在迅猛发展，科学门类构建越来越快，知识总量呈几何级数增长；科学知识向技术转化的速度越来越快；各种产品中的知识含量越来越多；各种产品更新换代速度越来越快；行业兴衰的速度越来越快。科学技术的变化远比我们学制的变化快得多，教育要面向未来，今天的教育应满足明天发展的需要，应满足变化了的社会需要。教育的目的不再是看学习者记住和掌握了多少知识，而是看他是否会学习、会审美、会发现和会解决问题。

（3）要适时了解教育学、心理学发展的新成果。"一切为了每一位学生的发展"是当今教育的核心理念，这意味着教师要关注每一位学生，关注学生的情绪和情感体验，关注学生的道德和人格养成等等。一个教师要胜任教学工作，仅仅掌握专业知识是远远不够的，还必须具有丰富的教育学、心理学知识。这类知识的主要作用表现在能够使教师迅速准确地解释学生的言行，并且在需要的时候，给学生适当的指导，因此，在很大程度上可以帮助教师有效地履行自己的专业工作。在课堂上，师生可以平等对话、讨论和交流。教与学之间不再是教师讲、学生听，而是教学之间的互动共识；学生不再是知识的被动接受者，而是知识的主动探索和积极体验者。教师应有一颗宽容的心，要认识到处于身心发展期的学生身上有缺点、行为有错误是正常的，要给学生自我反思和改正缺点的时间，善于从错中找对，善于用放大镜来寻找学生的优点，并以表扬替代批评，以奖励替代惩罚。教师应关注学生成长与发展的每一点进步，帮助学生发现自己，肯定自己。教师还要关注学生的个性差异，因材施教，使每一个学生都能生动活泼地发展。

（4）对多媒体技术的学习和使用。互联网通过全球计算机的互联，将古今中外全人类的智慧汇集到覆盖全球的巨型复杂网络系统之中，给教学活动带来了诸多变化，多媒体教学对优化教育过程，提高教学质量，起到了很大的作用。多媒体辅助教学活跃了学习气氛，激发孩子的兴趣。多媒体辅助教学能化难为易，突破教学难度。多媒体辅助教学促使教师自觉更新知识，更新教学方法，促进了教师在应用中不断钻研，不断学习，不断进步，提高个人素质。不能利用网络资源的人将变得越来越"孤陋寡闻"。如何培养运用学习工具获取信息、处理信息、利用信息的能力，养成"终生学习"的习惯成为一个很重要的研究课题。教师不再单纯是知识的讲解者，而成为学习过程的设计者和指导者；学生也不再是单纯的听众，而成为学习的主人，成为学习过程真正的参与者。这样就从根本上改变了"以教师为中心，以课堂为中心"的教学方式，取而代之的是"以学生为中心，以活动为中心"的全新的教育方式。

（5）善于向身边的人学习。教师要善于向身边的人学习，渴望学习名师、亲近名师，是普通教师成长最快的途径。同时，学习的对象可以更多地转向身边的人，比如同行、同事，甚至包括学生。学习和观摩校内外的公开课，除了听同学科教师的课外，还应该积极听取不同学科教师的公开课，因为别人总有值得学习的地方。主动地把别人的教育优点、个人的魅力、能力和经验变成自己的财富，学习他们对教育的执着追求、对学生的满腔热忱。在教学过程中，老师通过提问激发学生去思、去想，学生的回答也会给教师以启迪。学习是人类生存和发展的重要手段，通过学习更新学识储备是当代教师发展和适应职业的必由之路。"百年大计，教育为本；教育大计，教师为本"，而教师只有具备不断学习的能力，做到让自己的学识与时俱进，才能应对未来社会的挑战，肩负起民族复兴的使命。

2. 知识转化

（1）促进学科知识的教师个体化。教师本身对学科知识的深刻理解是学科教学知识的一个重要基石。这里的深刻理解是指教师对学科知识的内部概念关系以及学科知识与其他知识领域之间关系的理解，这种理解应达到一种"洞察"的程度，也就是说教师能够用多种不同的方式阐述同一个问题，并能从不同角度运用不同方法进行解读，用批判性的眼光透过事物的表面判断其内在的实质。

（2）促进个体知识的学生学习化。这里有一个重要的视角转变，就是从教师的视角转向学生的视角来看待知识，这也是知识的教育意蕴所在。教师需要掌握学生的认知心理、品德阶段和情感积累状况。有关这些方面的知识，教育心理学已经做过大量研究，但需要指出的是，真正对教师在这一层面进行知识转化的并不仅仅是教条的心理学知识，而是鲜活的教学经历，这些经历带给教师独特的富有生命感的教学体验，这些体验凝结成直觉感受、情境画面、话语印记等教育教学交往经验。经历了这样的过程，教师才能以生命理解生命，才是真正走近学生。

(3) 促进教学知识的言语化。教学是一种特殊的言语交往活动。这种特殊性就体现在教学是语言意义的建构，所建构的意义具有与学生素养发展相适应的四种宣称，即字面宣称、学科宣称、认同宣称和文化宣称。字面宣称以言语表达符号的指号性为特征，学科宣称以学科知识的结构性为特征，认同宣称以相互同感理解为特征，文化宣称以解释生命过程、对付生存困境为特征。四种宣称共生互动，使教学言语交往活动富有生命的活力。

　　(4) 要以探究循环的方式构建教学生活。首先，教师面对教学所思考的第一问题不再是"我教什么给学生"，而是"教什么给学生有意义"以及"学生需要什么"。由此，教师开始将教学作为一种运用"科学方法"的探究过程。按照杜威的观点，"科学的实验方法对观念给予更多的关注"。从方法论的意义上说，这里的"观念"，也就是教师作为知识转化者的一个基本观念，即将那些固定的知识体转化为学生自己课程中的动词，如判断、理解、证明、应用、解决、创造等。然后，将基本观念作为一种假设，并将这一假设转化为一系列适度的自由和可能的机会，让学生能将自己感知的可能世界与组织化的学科知识融合起来，能将自己的行动过程与公共生活综合起来。依据这些假设进行教学交往时，要求教师表现出一种独特的"多面性"：一方面关注假设是否得到验证，另一方面即时调整原先的假设以适应学生的变化；一方面关注学生的学习状态、过程和结果，另一方面关注自身在教学中的言语、行为、观念的呈现和变化。这种"多面性"的展开，犹如一张"探究之网"，上面布满了"触须"，在与学生的教学交往中表现出一种独特的敏感和迅捷的反应，同时将这些敏感和反应的过程以不同的方式记录下来，成为反省的重要资源，也为之后教学观念的形成做好准备。教师作为知识的转化者，将转化过程作为探究的循环过程，同时这种探究的循环也构成了教师教学理智的进步①。

3. 知行合一

教师的扎实学识是他对教育的一种理解与领悟，它来自课堂，从教育实践中萌生、滋长起来，在对自身的课堂及其他教师的课堂进行反思中得到涵养。培养教师的扎实学识要从以下几个方面进行：

（1）加强理论知识的学习。理论知识所蕴含的理论和思维是行动的指南，教师的自我成长需要不断学习理论知识以便更新旧的教育观念，为教师个人的实践性知识提供理性的关照。首先，应广泛涉猎各学科领域，为实践性学识的积累打好广阔的知识平台基础。扎实学识是在各学术领域知识整合的基础上形成的，包括对教育学、心理学、哲学等知识的掌握。因此，教师的学习不能仅仅局限于教育理论的学习，还应包括其他学术领域的学习，学会融会贯通。其次，结合自身的实际进行理论学习。如果为了学理论而学理论，不顾自己的风格、个性、特长，忘记结合自己的实际教学情况，这样的学习无益于实践性学识的积累，甚至有害于教学。再次，通过学习别人的理论创造富有个性化特征的个人理论，培养教学研究的态度和能力，将学到的理论知识与实际教学结合起来，既不拘泥于理论，又不局限于实践。

（2）反思自身的教育实践。布鲁纳认为反思是教师成长的起点。教师既要做教育的实践者，更要成为自身实践的反思者、研究者。任何一个教师所面对的都是极其复杂、可变、具体和特殊的教学情境，这种情境具有一种内在的不确定性、模糊性和可变

---

① 余闻婧. 教师作为知识的转化者. 教育发展研究，2010，30（24）：13-19.

性，这也就为教师的实践性学识的形成提供了肥沃的土壤。一方面，教师不仅要经常展开与情境的对话，对自己的教学方法、教育内容等进行反思、研究和改进，还要学会对教育的理论基础、社会价值和个人价值等问题进行探究和处理，实现对问题表象中多元视点的统整；另一方面，教师还要经常反思自身的专业发展过程，发现所存在的有关问题，探求一条符合自身特点的专业发展之路。这些反思和研究能极大地丰富教师的实践性学识，优化和更新教师的知识结构，从而使教师在教学行为上呈现出自主性、创造性的特征。

（3）研究他人的教育实践。一个教师不但要做自身实践的反思者、研究者，还要学会对其他教师、老教师、优秀教师的教学实践进行案例研究。教学的案例研究是获得实践性学识的重要途径，也是促进教师专业发展的核心。教师进行案例研究要做到：其一，要有开放、合作的精神。教学是一项人与人交往的事业，不应该局限于自身的王国而孤独地奋斗。教师要有海纳百川的胸怀，善于吸收、接纳别人的优点、长处；教师要有虚怀若谷的态度，易于接受他人的意见与批评。其二，要有独立思考的批判精神。任何教师，包括优秀教师的教学行为表现，在某些方面都存在着相应的缺失和遗憾，所以教师在获得经验的同时还要对其进行深入的思考与批判。同时，在教师进行的教学研究中，重要的不是精通大量的案例，而在于精通诊断、评析案例的方式、方法，关键还在于学会反思，阐明所隐含问题的复杂性，形成多元的观点。其三，要有基于实践的创造能力。英国学者 N. 恩特威斯特指出，不可能存在着一种绝对正确的学习方式或一种完美无缺的教学方式。由于人们在智能、态度和性格上存在相当大的差别，因此他们在学习、教学研究或著书时会采取截然不同的方针；而在这些方针中，没有任何可以用于许多人的方针。的确，教学是一项创造性极强的工作，一个富有创造性的教师要善于超越任何模式的束缚，在借鉴、吸收他人经验的基础上形成自身的教学特色和风格。

4. 交流互鉴

舒尔曼是教师合作的坚定支持者。他指出，我们需要让教学成为"共同体的财产"，通过这样做，我们就使教师的工作面向公开讨论和仔细检测，创造同行评论是非常必要的。佐藤学也探讨了合作在教师实践知识生成中的重要性。学生核心素养视角下教师知识的发展需要教师学习共同体的构建，这主要包含两层意蕴：

其一，共同体学习将是未来教师学习的重要形式。除了个体的学习与反思之外，教师学习共同体的构建将是推动教师成为终身学习者、不断提升教师专业素养的重要途径。欧盟、美国与新加坡的教师素养框架都明确指出教师需要具备参与教师学习共同体的意识与能力。我国中小学教师专业标准也提及教师需要与同事合作交流，分享经验和资源，共同发展。

杜威指出，共同体不仅包含共享和同一，而且应该包含宽容视角的丰富性和复杂性，对于那些继续在共同体生活中扮演角色的人来说，个人的充分发展是最伟大的。在共同体中应该宽容歧见，对那些价值观虽然与我们不同，但是并非决然敌对的人，抱着一种尊重、虚心倾听和合作的态度。这就是一种民主的精神。"我们所需要的不是否认共同体，而是把共同体建立在更加富有弹性的和更少的同质化的假设之上"。共同体应以民主为基石，在充分尊重每个人的个性和自主的前提下，建立起一种具有亲和性的社会关系。

其二，教师要成为终身学习者。联合国教科文组织强调，教师工作是一种"专业""学习的专业""终身学习的专业"。学习的专业需要专业的学习。教师专业的"学习"拥有三个基本定律：越是基于学习者的内在需求就越是有效；越是扎根于学习者的鲜活经验就越是有效；越是细致地反思学习者自身的经验就越是有效。所以，教师的成长需要终身学习。美国教师素养框架明确指出，教师应将终身学习作为一种专业伦理，欧盟教师核心素养框架则强调了持续的教师专业发展的必要性，而新加坡教师素养框架则把追求终身学习作为教师身份认同的价值追求，我国的中小学《教师专业标准（试行）》也将终身学习作为教师专业发展的基本理念，倡导具有终身学习与持续发展的意识和能力，做终身学习的典范。21世纪教师的专业发展将是一个终身学习的过程，是一个持续的发展过程，将会伴随教师整个职业生涯[①]。

5. 创设环境

培养教师的扎实学识不仅要有教师自身的主观努力，更有赖于时代、社会、环境等因素所创设的客观条件。

（1）优化外部发展环境。首先，学校应积极为教师提供学习资源，搭建学习平台，营造相互尊重、相互交流、相互竞争的学习气氛，采用支持、引导、激励等方式促进教师专业知识学习共同体的形成，建立"传帮带"机制，使教师的学习由"自我"走向"他我"。其次，整合教师培养、培训体系，打破职前培养与职后培训相互分离的局面，加快培养、培训一体化进程，为教师的终身发展和终身学习提供一个连贯的、相互衔接的教育系统[②]。

---

① 张光陆. 学生核心素养视角下的教师知识：特征与发展. 课程·教材·教法，2018，38（3）：62-80.

② 高玉旭. 中小学教师专业知识素养的提升路径探析：基于诺尔斯成人学习理论的启示. 教学与管理，2018（36）：48-50.

（2）创设宽容的文化氛围。文化是影响人格品质形成的重要因素，每个人从出生到生命的终结，都处在一定的社会文化环境中，文化以一种无声无息的力量潜移默化地影响人的思维方式和行为模式。在新时代，赋予教师在文化系统中的合适位置，正面而客观地解读教师扎实学识对学生的影响、对一个国家和一个民族未来发展的影响，在全社会形成尊师重教的良好文化氛围，有助于促进教师扎实学识的构建。

（3）出台可靠的政策制度。从国家层面来说，应出台相关政策来保障教师有足够的时间、空间、精力和动力来提升自我的学识。随着基础教育改革的深入发展，对于新时代教师的要求也是越来越高，那么如何来保障教师的权利也成为一个亟待解决的问题，国家不仅仅要从教师培养上入手，还应当考虑到教师权益问题。例如，出台相关措施政策来保障教师除在校正式工作之外的自我学习时间，还可以对此进行定期的考核，以此来保障时间利用的效果。对于空间问题，可以在学校建立网上教师学习系统，以此来保障教师在学识资源上能够得到满足。在精力和动力方面，可以通过奖励机制对学识积累表示肯定，以此来促进教师不断进行学识的汲取。

四、做有仁爱之心的好老师

2013年教师节，习近平总书记在给全国广大教师的慰问信中指出："教师是立教之本，兴教之源，承担着让每个孩子健康成长、办好人民满意教育的重任。"[①] 2014年9月9日，习近平总书

---

① 习近平. 全社会要大力弘扬尊师重教的良好风尚. 光明日报，2013-09-10.

记在北京师范大学看望师生时，明确提出做"四有"好老师的要求。他号召全体教师争做有理想信念、有道德情操、有扎实学识、有仁爱之心的好老师。习近平总书记在新时代背景下，从国家教育现代化总体战略的高度，对我国教师的地位与作用、教师的素质与发展等重要问题作出了明确回答，为进一步有效加强我国教师队伍建设、更新教师观念，提供了重要的思想指导，为广大教师指明了奋斗和努力的方向。

"仁爱之心，是幸福之本，是好老师的成就之根。"[①] 正如当代教育家顾明远先生所言："仁爱之心，更是教师必须具备的品格，没有爱就没有教育。"[②] 爱是教育的灵魂。仁爱之心是教师的"硬核"。

有仁爱之心的好老师用仁爱培育、激发和传播仁爱，用关心、理解和包容拉近同每一个学生的距离；有着仁爱之心的好老师把自己的温暖和热情倾注到所有的孩子身上，不放弃每一个学生，让每一个学生都能不断取得进步，让每一个学生都能感受到"幸福感"和"获得感"；有仁爱之心的好老师把一生的辛勤和智慧献给学生、献给教育、献给党和祖国。可以说，教师的仁爱如同春风雨露般浸润着祖国未来花朵的心田，如同坚船利炮般保卫着祖国的教育边疆。

（一）思想内涵

理解仁爱之心的关键在于理解"仁爱"二字。仁爱由"仁"和"爱"两个词组成，在古汉语与现代汉语里意思不同。在古代，很多字本身就是一个词，如教和育即是两个词，分别指涉包含不

---

① 教育部课题组. 深入学习习近平关于教育的重要论述. 北京：人民出版社，2019：136.
② 顾明远. 抓住了教育改革的"牛鼻子". 中国教师报，2018-02-17.

同目的和内容的人类活动。仁和爱也当作此解。有的学者在诠释仁爱之心的内涵时，认为仁是修饰和限定爱的，所以仁爱的中心在于爱而非仁。我们认为，这种认识是片面的。因为它一方面轻视了仁对于师德师风的特殊的、独特的意蕴，另一方面又对教师之爱作出了偏狭的、不合理的限定。那么，怎样理解才是对的呢？我们认为，有仁爱之心就是指一个老师既仁且爱，仁和爱相互补充、制约、协调。

何谓"仁"？孟子说："仁，人心也。"众所周知，"仁"是儒家思想的核心。在儒学经典《论语》中，论及"仁"的地方达100余次。对儒家而言，"仁"具有本体论色彩，它一般泛指人性的本来面目。儒家相信，"仁"乃是人的本质，因而也是良善社会中的每个人的本来面目。在现实社会中，"不仁"现象之所以存在，实在是人之本性的失落之故。于是，在儒家的视界中，以达人济世为理想的君子和士大夫应以"仁"约束自我，国家应以"仁"教化万民，从而复归人之自然秉性。

仁和爱有何关系？孔子说："仁者爱人。"在儒家看来，爱是仁的体现，仁通过爱而达致本原。所谓仁之爱包括自爱和爱人两端，自爱和爱人并不矛盾，但更强调爱人一端。在儒家那里，自爱若是以不爱人为条件，虽然仍为爱，则已不再是仁之爱，因为自爱却不能及人，人之为人的道德境界就滑落万丈了。

爱不等于仁。在儒家看来，爱是人之情，是本能，是源于仁，为仁所制约，为施行仁而存在。如有学者说，"仁者爱之理，爱者仁之用"。仁与爱互为表里，"没有爱，当然不是仁。不认识仁之理，没有仁的价值观，也不会有真正的爱。"我们认为，这种认识有一定合理性。但是，我们应从更加宽阔的、中西方思想交流互鉴的视野去认识和理解教师仁爱。习近平总书记强调不同文化之间的交流互鉴，他既反对照搬西方的学说和教条，也反对狭隘的民族主义。所以，我们要超越儒家学说的限制，融合西方教师教育思想中对爱的理智维度的强调，赋予爱以独立价值，强调仁和爱的相互补充和制约关系，不把爱限制在仁的范畴内，也不将仁框定在爱的概念中。

归根结底，仁爱是人之仁和人之爱。仁爱的哲学基础在于人性观。应该说，持有何种人性观，就会对仁爱抱有何种认知。我们认为，教育是一个灵魂影响另一个灵魂、一个人去培养另一个人的过程。

1. 文化之人

2005年，时任浙江省委书记的习近平在《文化育和谐》一文中提出了"文化之人"的观点："人，本质上就是文化的人，而不是'物化'的人；是能动的、全面的人，而不是僵化的、'单向度'的人。"[①]

人是文化之人。我们认识人和培养人，不能离开人所处的社会、民族、文化和传统，不能从物的视角去看待人。人不应是物化的存在，因为物化意味着僵化和单向度，而僵化和单向度意味着机械、冷漠、只会做事不谙人事。因此，以文化之，是使人成为一个能动的、全面的人的关键。

习近平是在思考素质教育究竟要培养什么样的人的背景中提出文化人的论点的。习近平认为，创新国家需要创新人才，这是时代的呼声。素质教育要把培养创新人才作为根本使命。然而，

---

① 习近平.之江新语.杭州：浙江人民出版社，2007：150. 习近平同志所使用的"单向度的人"一词源于德国马克思主义者赫伯特·马尔库塞。马尔库塞使用这一概念来描绘处在发达资本主义社会中的人的精神状态，具有这种精神状态的人丧失了自由和创造力，失去了批判性和超越性的维度，不再有希望，不再想象或追求与现实生活不同的另一种生活方式。参见：马尔库塞.单向度的人：发达工业社会意识形态研究.刘继，译.上海：上海译文出版社，1989.

何谓创新人才？习近平认为，创新人才首先应该是一个有文化的人。他相信，一个具有创新意识和创造才能的人，不应是一个机械的、冷漠的、只会做事却不谙人事的书呆子。在成才与成人之间，习近平更强调后者的规范性价值。

文化的核心乃是一个民族、社会代代相传的美德，反映在一个人身上就是他的良好道德品质和思想修养。他说："孩子要成才，必须先学做人。人而无德，行之不远。没有良好的道德品质和思想修养，即使有丰富的知识、高深的学问，也难成大器。……把所有孩子都培养成对社会有用之人。"① 成才的关键是成人，成人的关键在于有德。有德比有学问和有知识更值得追求，因为要成为对社会有用之人、成为大器，没有良好的道德品质和思想修养是不行的。

科学精神和科学方法是近现代文化的重要内容。习近平特别强调科学精神在正确认识和改造世界中的重要作用。在《实施素质教育是建设创新型国家的基础》中，习近平进一步阐发了素质教育与人的发展之间的关系。习近平认为，全面实施素质教育，是促进人全面发展的有效保证。党的十六届五中全会把建设创新型国家作为一项重大的战略任务，在此背景下，就必须把我国从人口大国转变成为人才和科技大国，那么，转变人才培养观念和机制，实现人的综合素质特别是自主创新素质的提升，就必须全面加强素质教育，使学生真正树立科学精神，对所学知识能够活学活用，从而正确认识世界和能动地改造世界。

文化之人就是有德之人和有智慧之人。智慧的核心是树立科学精神，掌握科学知识和方法。有德乃是文化之人的根本，没有

---

① 习近平．之江新语．杭州：浙江人民出版社，2007：64.

良好的道德品质和思想修养，不能算是人才；有科学精神是文化之人的有为之道，文化之人是能动的、有创造性的、全面发展的人，科学精神和科学方法为人提供了正确认识世界和改造世界的工具，是文化人发展和创新文化的手段，二者不可或缺。

2. 仁者爱人

因为教师是文化人的教师，所以他首先应是一个文化人。文化人的表现在于有德和有智慧。教师应"有仁爱之心"，其中仁对应的是文化人的德性之维，爱则对应的是教师作为文化人的智慧之维。

"仁者爱人。"仁是儒家的根本大德，也是中华民族代代相传的传统美德。所谓仁人义士，乃是我们对具备高尚道德、大德大爱的人的美誉。一个具备了仁的道德品质的人必是一个自爱和博爱的人。在儒家那里，"仁"主要是一种"爱众"的美德。所谓"博施于民而能济众""四海之内皆兄弟也"，指的是具备仁的美德的人有着宽广的胸襟、博爱的心灵，他关心所有人，爱天下人就像爱自己一样[①]。因此，仁者之所谓爱人，不仅是爱亲人，爱朋友，更主要是"泛爱众"，即要爱护众生，为众生担道义、谋出路。

从西方哲学的视角看，仁作为一种重要的伦理品质，它意味着道德责任主体对他者的欢迎和接纳，意味着"好客"。仁是处理主体间关系的实践策略，在建构有意义和有价值的主体间关系上发挥重要作用。例如，法国哲学家列维纳斯认为，他人代表着无限，主体间性建立在对他人负责的伦理关系基础之上。因此，与传统哲学家强调主体性的自由维度不同，列维纳斯强调"主体性

---

① 王枬. 论教师的仁爱之心. 教育研究，2016（8）：118.

意味着责任"。他指出，我为了他人而被抵押，为了他人而献出生身，但并不因此要求他人为了我而做些什么。列维纳斯明确否认主体间的冲突关系，否认彼此的物化关系，主张保持他人的私人性和绝对他性，拒绝将他性融入我的自身同一性之中。列维纳斯认为，走出存在，意味着超越本质，走出绝对自由状态的孤独；而走向与他人的关系，意味着对他人负责。尽管列维纳斯并没有使用"仁"的概念，但是，他的"为了他者而存在"的思想与儒家的"仁"殊途同归，均是从文化之人、道德之人的视角对人的存在的独特性从伦理和责任维度进行了深刻的阐释。

　　仁之可贵在于尊重、包容和负责。"泛爱众"，即是尊重每一个人，以众生之所望为己之所望，宽容地对待众人在才智和价值观上的个性化特点，不以亲疏远近作为好恶的标准，绝不党同伐异，从而能够达到和而不同的人生境界。负责的要义在于以主动的、欢迎和接纳他人的道德姿态，助人为乐，帮助他人实现其所望，并与之共同生活和成长。仁者爱人，包含尊重和理解他者的生命态度。

3. 智慧之爱

　　仁者爱人，爱须智慧。仁和爱在这个意义上相互补充、制约。习近平认为，人是文化之人。教师正是以文化人的身份培养学生，以文化之，使学生成为德智兼备的文化之人。教师是学生的模范，只有明仁懂爱的教师才能培养出真正掌握仁爱真谛的学生。

　　中国传统文化中，爱一般被理解为一种情感，是人的本能和冲动，具有非理性的特点，因此，爱和智慧无关。但是，在西方文化中，爱和智慧是紧密相关的，爱被智慧所规定。智慧既是爱的内容，也是爱的方法。在爱和智慧的关系中，苏格拉底堪为先驱。他是一位爱智慧的人，也是一位以智慧去爱人、爱国的教育家和哲学家。他曾说过一句著名的话，从中可以看出他对智慧和爱的态度：不经审查的人生不值得一过。苏格拉底热爱自己的祖国雅典城邦，但是他的热爱显然不是出于非理性的激情，不仅仅是出于本能和冲动，而是有着极为强烈的理性的或智慧的特质。他关心城邦的政治和文化生活，以观察、对话和讨论的方式，对城邦的一切重大事务进行批判性的审查，以智慧之爱来爱国，以智慧之爱来爱人，深刻影响了西方人对爱的理性认识。

《爱弥儿》一书是西方教育思想史上的一座里程碑，它标志着教育中儿童中心主义思想的诞生。在书中，卢梭以教师让·雅克对学生爱弥儿的自然教育为例，讲述了一位教师如何理智地爱学生，教导学生成人成才，使学生成长为一位自食其力、坦率乐天的自然人。卢梭笔下的教师之爱，不是出于本能和冲动，而是建立在对爱弥儿的生理和心理发展过程的深入观察和研究基础之上的，他按照自然之法去爱孩子，做到严慈相济，既不宠溺孩子，也不苛责孩子。让·雅克从不以任何外在于儿童的身心特点的所谓伦理信条去指导和关心学生，也从不以个人好恶或冲动去控制和干预爱弥儿的成长，他的所言所行生动诠释了教师之爱的智慧本质。

爱之可贵在于它以智慧为友，将仁的道德操守体现于处世待人的理智之道中。爱之智慧的核心在于守法和节制。守法有两层含义：一是学习和遵守各种法律、法规。特别是要认真学习《教育法》《义务教育法》《教师法》《未成年人保护法》《儿童权利保护法》等。二是遵守儿童身心成长的科学规律。教师要认真学习教育学、心理学，以科学的教育理念，运用科学的教育教学方法去呵护孩子的身心，为孩子的健康成长保驾护航。在现实的教育活动中，可能存在法律没有规范或有规范但比较模糊之处，此时就要依靠教师的理性，能够节制自己的好恶、情绪，能够理智地处理学生在成长中遇到的问题,要运用科学方法去认真观察和调查,掌握客观事实,尽可能地以中立的、不偏不倚的态度来处理师生关系、生生关系中的棘手问题。

(二)现实表现

1. 爱国

习近平总书记强调:"教师重要,就在于教师的工作是塑造灵魂、塑造生命、塑造人的工作。一个人遇到好老师是人生的幸运,一个学校拥有好老师是学校的光荣,一个民族源源不断涌现出一批又一批好老师则是民族的希望。"由此可见,教师仁爱之心首先应体现在大仁大爱之上,爱国是教师仁爱之心的根本体现。

在新时代,文化之人的德性之维在于宽容和负责,爱国为宽容和负责提供了必要的背景和活动场域。教师是祖国之师,是人民之师,爱党爱国是一个教师大仁大爱的根本体现。仁爱之心首先意味着一位好老师必须始终同党和人民站在一起,自觉做中国特色社会主义的坚定信仰者和忠实实践者,忠诚于党和人民的教育事业。"带头践行社会主义核心价值观,自觉增强立德树人、教书育人的荣誉感和责任感,学为人师,行为世范,做学生健康成长的指导者和引路人"[1]。

(1)爱祖国。

江苏省特级教师李吉林把爱国精神融入课堂教学之中。她给孩子们上课时,经常向他们讲自己在日本的所见所思,要他们从小立志,长大了报效国家。她有时候会讲得很激动,爱国之情溢于言表。有孩子站起来说:"李老师,您的脸都讲红了!"李吉林

---

[1] 习近平. 全社会要大力弘扬尊师重教的良好风尚. 光明日报,2013-09-10.

说："正是对伟大祖国始终不渝的爱，成为我 36 年坚持情境教育的探索与理论研究永不枯竭的力量源泉。因为对祖国的爱，我作为教师很自然地从国家利益、民族兴盛这样的高度去思考教育，满腔热情地从事每天的工作。"[1]

河北农业大学教授、全国优秀共产党员李保国老师也是一位心系祖国和人民利益的教育家。他以"把我变成农民"和"把农民变成我"的百姓情怀，想农民之所想、急农民之所急、解农民之所惑，关心农民的切身利益，在高校一线教师的岗位上埋头苦干、不计功名，把课堂搬到田间地头，把论文和科研成果写在河北的乡村大地上，融入百姓脱贫致富的笑容里，以优异成绩践行"人民教师为人民"的誓言[2]。

（2）爱教育。

《中华人民共和国教师法》规定："教师是履行教育教学职责的专业人员，承担教书育人，培养社会主义事业建设者和接班人、提高民族素质的使命。教师应当忠诚于人民的教育事业。"对教师而言，认真做好教育工作，就是对党和祖国的忠诚。爱岗敬业既是师德等规范的外在约束，也是教师的"自我立法"。教师应把满腔的爱国热情全然体现于培育一代又一代爱国青年的伟大事业之中。一个教师爱教育、敬畏职责，是为他者负责、为国家负责的最好体现。敬业乐群、行为世范本身即为一种爱国主义。有着仁爱之心的教师必然要从中华民族的伟大复兴出发，把个人理想抱负融入中国梦之中，在自己的岗位上奋发有为、无私奉献，以大仁大爱为祖国繁荣昌盛培育栋梁之材。

一言以蔽之，教师的仁爱之心充分体现在对教育事业的无比

---

[1] 李吉林. 爱，好老师的第一素养. 中国教育报，2014-11-01.
[2] 罗仁祥. 以太行新愚公为标杆 潜心教学科研作贡献. 中国教育报，2016-06-24.

的热爱。"一个厌恶教育的人,肯定不可能成为好教师。一个能够从工作中发现幸福的教师,肯定会更乐于投身教育之中。天长日久,这种幸福感不仅会成为一种前进的动力,激发教师创造更多幸福,也会成为教师理想信念的重要源泉。"①

2. 爱生

爱教育的实质是对伟大复兴的中国梦的坚定憧憬,这一憧憬根本上反映在爱每一个生命的成长,爱每一个学生,尊重童年,相信人的可塑性。所以,教师的仁爱之心归根结底要落实在爱学生上。爱生意味着教师对学生生命的无限生长的眷恋和责任。爱生就要像陶行知先生所说的那样,"捧着一颗心来,不带半根草去",要像王国维先生在《人间词话》中所说的那样,"衣带渐宽终不悔,为伊消得人憔悴"。习近平总书记曾深刻诠释过爱生的含义。在与北京师范大学师生代表座谈时,他说:"好老师一定要平等对待每一个学生,尊重学生的个性,理解学生的情感,包容学生的缺点和不足,善于发现每一个学生的长处和闪光点,让所有学生都成长为有用之才。"②

(1) 包容。

仁者爱人,泛爱众。包容是仁心的体现。好老师是一位仁爱之师,仁爱首先就体现在好老师有一颗包容的心。没有包容的心,不可能成为好老师。秉持包容之心的好老师会自觉爱护和宽容学生,以真情、真心、真诚贯穿教书育人全过程,滋润学生的心田,有教无类,因材施教,真正做到一切为了学生,为了学生一切,为了一切学生。

---

① 教育部课题组. 深入学习习近平关于教育的重要论述. 北京:人民出版社,2019:137.
② 习近平. 做党和人民满意的好老师:同北京师范大学师生代表座谈时的讲话. 人民日报,2014-09-10.

缺乏包容，是教师缺乏仁爱之心的表现。有些教师经常把学生是祖国的花朵挂在嘴边，将辛勤培育祖国的花朵写在文章里，但是他们一旦看到孩子犯错误或者违反了他们的心意，就"天天骂花苞、日日掰花苞"[①]。缺乏包容，使孩子们心怀恐惧，战战兢兢，唯恐言行上冒犯了教师。缺乏包容，使孩子的主动性、积极性和创造性难以发挥，使孩子们成了"木头人"。缺乏包容，让校园成为工厂，以成绩论英雄，分数至上，教育缺失了本体价值。

包容就是欣赏每一个孩子，相信每一个孩子，给予他们充分成长进步的机会，关怀生命，关心成长，使学校成为百花齐放、生机盎然的生态乐园，快乐之家。"海纳百川，有容乃大"。包容有利于营造充满安全感、幸福感的教育教学环境，使学生亲其师信其道，充分发挥每个学生的主体性、创造性，有利于促进学生有个性而全面的发展。正是教师的包容让每一个学生都能健康成长，让每一个学生都能享受到成功的喜悦。

（2）负责。

爱生就是对学生负责。教师的仁爱之心淋漓尽致地体现在教师的责任心之中。教育是一个需要强烈的责任意识的工作。特级教师李吉林就是这样一位时时刻刻挂念学生、对学生极为负责的好老师。这种责任心不是来自外在的制度规约，而是生发于心底。在李吉林看来："儿童是世界上最纯真、最具有向上性且又充满奇思妙想的人。我和他们在一起生活了半个多世纪，这是我人生的莫大幸福。我深深地爱着我的学生，出身寒门的孩子，总会令我对他们更爱、厚爱一点，为他们送上温暖。"[②] 李吉林认为，教师要对学生负责，是因为我们的学生是小孩，还不完全懂事，还很

[①] 杨瑞清. 让每个乡村孩子都能遇到好老师. 江苏教育报, 2018-01-05.
[②] 李吉林. 爱，好老师的第一素养. 中国教育报, 2014-11-01.

稚嫩，他们尚不能对自己的行为负责任。他们不知道，儿时的学习生活会怎么样地影响他们的未来。因此，教师担当的责任就非常大，教师的良知就非常重要。她心里总盘算着，怎么用真情、用厚爱，化成善导；怎么用爱心，为他们遮风挡雨，小心地呵护，但又精心地进行历练；又怎样依循教育科学，使我们的教育教学顺应儿童的天性。李吉林的责任心还体现在，她总是特别警惕在教学中不经意间泯灭儿童可贵的想象力和创造力，因为那对儿童会造成无法弥补的损伤。

好教师应对学生的一生负责，要像卢梭笔下的让·雅克老师一样，为学生设计一生的发展规划，对学生产生长期的、连续的影响。正如朱永新先生所说的那样："好教师带给学生的绝不仅仅是好分数，更是一生取之不尽用之不竭的成长力量，是好品质、好习惯、好能力。"碰上一位对自己认真负责的老师，真可以说是一生中最大的幸运。

（3）尊重。

尊重是仁爱之心的自然流露。

尊重学生就是尊重童年的特殊性。尊重童年就是尊重生长的需要和机会。我们做教师经常犯的悲剧性错误在于过于担心成长的结果，以至于忽视成长的过程。成年人因为儿童不停地活动而感到烦躁，便竭力让他们安静下来，这既阻碍了儿童的快乐和健康，又切断了儿童获取真正知识的主要途径。尊重童年，意味着教师不要急于对他们做事的好坏妄加评判。儿童只有在童年体验了对于他们作为儿童有意义的东西，才可能为成年人的生活做好最佳的准备。我们相信，儿童有权享受自己的童年。

尊重学生就是要求教师做一位学生成长路上的指导者。在1897年发表的《我的教育信条》一文中，美国教育家约翰·杜威运用"sb bring sb to do sth"的句式，准确地解释了在教育过程中教师作为指导者的含义，即教师不是学生学习的替代者，不是学生学习的独裁者，而是与学生共同领略知识魅力，引导学生并与学生一起勇攀知识高峰的"伙伴"，在教育过程中，教师和学生不是"我和你们"的关系，而是"我们"的关系。如果说"指导者"的角色更多地强调教师在知识传授方面的职能，那么"引路人"则更多地强调教师在价值取向引领方面的使命——杜威形象地把教师比喻为将儿童带入"天国"的"引路人"[①]。

尊重学生就是要求教师用真情关心学生，欣赏学生，用信任使学生树立自尊，让所有学生在浓厚的关爱氛围中成长进步。青少年是祖国的未来、民族的希望。教师是影响学生思想意识成长与价值取向塑造的"关键他人"，只有尊重学生才能浇开学生心中的智慧与美德之花。

包容、负责和尊重是教师之仁的完美体现。仁师是学生成长道路上的真正伙伴，是学生个性而全面发展的保护者，是增加学生自尊自信自立的关键他人。每一位教师都应努力成为文化之师、仁德之师，切实履行好立德树人的伟大使命。

3. 守法

仁爱之师绝不能是法盲。有些教师对于《教育法》《教师法》《未成年人保护法》知之甚少，把语言暴力和体罚当作对学生负责的表现。"严师出高徒、不打不成器"，甚至成了一些教师的座右铭和口头禅。其实对学生要求严格并不等于教师有权对学生实施体罚。

联合国《儿童权利公约》规定，儿童有免遭身心摧残、伤害

---

① 丁永为. 世界著名教育家杜威. 北京：北京师范大学出版社，2012：68.

或凌辱的权利。"联合国秘书长关于对儿童暴力的调研"提供了一些令人信服的证据，这些证据表明由于忽视和侵犯所导致的创伤，对哪怕最年幼儿童的发展也会产生负面影响，对大脑的成熟过程也会产生不可估量的影响。因此，决不能容忍任何形式的针对儿童的暴力。根据《儿童权利公约》，"在第8号一般性意见中，委员会强调所有缔约国有义务迅速行动，禁止和消除对儿童的一切体罚，以及对儿童的其他残忍或有辱人格形式的体罚，并有义务陈述各国必须采取的立法、教育和其他增强意识的措施"[①]。

我国《未成年人保护法》明确规定：学校应当保障未成年学生受教育的权利，不得违反国家规定开除、变相开除未成年学生。应当关心、爱护未成年学生；对行为异常、学习有困难的学生，应当耐心帮助。应当尊重未成年人人格尊严，不得对未成年实施体罚、变相体罚或者其他侮辱人格尊严的行为。

除了遵守法律法规，仁爱之师还要遵守儿童的身心成长规律。教师要长期耐心地观察每个学生的个性，为其健康成长创设必要的教育环境，提供充分的发展机会，依照儿童的天赋秉性，尊重儿童的兴趣，教育教学依法、得法，才算是对儿童真正的爱。我们必须旗帜鲜明地反对任何借口对未成年人实施违法行为，反对违反儿童身心成长规律的教育教学行为。

（三）实践策略

1. 自我修养

（1）克己复礼。

怎样才能做到仁爱呢？

---

① 段小松. 联合国《儿童权利公约》研究. 北京：人民出版社，2017：107.

《周易·系辞上传》有云:"安土敦乎仁,故能爱。"意思是,人在任何地方,都要做到安定、安稳,如此才能生发爱心。做教师的,如果不安心本地、本校、本职工作,也就谈不上爱岗敬业了。

《论语》说:"博学而笃志,切问而近思,仁在其中矣。"意思是,仁非不学而来,学仁者首要的就是树立远大志向,认真学习、深入思考,脚踏实地。

在培育仁爱之心方面,最大的敌人是自己。孔子说:"克己复礼为仁"。扼要地说,克制私欲就是仁,按照道德和法律的要求去教学生就做到了仁。教师要仁爱,就要做到恭敬、宽容、信任、才思敏捷、给人恩惠。

(2)终身学习。

好老师是在教育教学实践中锻炼和成长起来的。终身学习是教师的专业发展之道。"育人先育己"。正如南宋教育家朱熹所说,"古昔圣贤所以教人为学之意,莫非使之讲明义理以修其身,然后推己及人",教人与修己是一回事。

习近平总书记非常重视终身学习,他曾指出,"牢固树立终身学习理念,加强学习,拓宽视野,更新知识,不断提高业务能力和教育教学质量,努力成为业务精湛、学生喜爱的高素质教师"[①]。2006年在《求知善读,贵耳重目》一文中,习近平说道:"在建设学习型社会、创新型社会中,领导干部要做学习和实践的表率,既要求知善读,又要贵耳重目。"然后他又进一步说:"读书客观上是一个去粗取精、去伪存真的过程,必须联系实际、知行合一,……向实践求知,善读社会这部书,进一步加强调查研

---

① 习近平. 全社会要大力弘扬尊师重教良好风尚. 光明日报,2013-09-10.

究,……在耳闻、目见、足践之中见微知著、管窥全豹,获得真知灼见,形成正确思路,作出科学判断。"① 同年在另一篇文章《为政者需要学与思》中,习近平再次强调不断学习的重要性:"今日世界,一日千里,不学无从适应,不思无以应对。"②

在中央党校建校80周年庆祝大会暨2013年春季学期开学典礼上,习近平总书记强调:"当今时代,知识更新周期大大缩短,各种新知识、新情况、新事物层出不穷。有人研究过,18世纪以前,知识更新速度为90年左右翻一番;20世纪90年代以来,知识更新加速到3至5年翻一番。近50年来,人类社会创造的知识比过去3 000年的总和还要多。还有人说,在农耕时代,一个人读几年书,就可以用一辈子;在工业经济时代,一个人读十几年书,才够用一辈子;到了知识经济时代,一个人必须学习一辈子,才能跟上时代前进的脚步。如果我们不努力提高各方面的知识素养,不自觉学习各种科学文化知识,不主动加快知识更新、优化知识结构、拓宽眼界和视野,那就难以增强本领,也就没有办法赢得主动、赢得优势、赢得未来。"③ 在知识快速更新、快速增加的时代,只有牢固树立终身学习的理念,把学习作为一项贯穿生命和生活全过程的自觉"修炼"的活动,我们才能真正避免"本领恐慌";只有加强学习的紧迫感,好学乐学,把"学一阵"变成"学一生",不断地带着问题观察学生、研究教材、探索教育教学规律,我们才能不断提高业务能力和教育教学质量,才能成为一个"业务精湛、学生喜爱的高素质教师"。

---

① 习近平. 之江新语. 杭州:浙江人民出版社,2007:180.
② 同①244.
③ 习近平. 在中央党校建校80周年庆祝大会暨2013年春季学期开学典礼上的讲话. 人民日报,2013-03-03.

2. 制度保障

（1）树立典型。

树立典型就是树立先进、标准，以直观的、鲜活的形象鼓舞人、激励人，使广大教师向典型看齐。习近平总书记肯定了树立典型在教师队伍建设中的重要作用："我看了不少优秀教师的事迹，很多老师一生中忘了自己、把全部身心扑在学生身上，有的老师把自己有限的工资用来资助贫困学生、深恐学生失学，有的老师把自己的收入用来购买教学用具，有的老师背着学生上学、牵着学生的手过急流、走险路，有的老师拖着残疾之躯坚守在岗位上，很多事迹感人至深、催人泪下。这就是人间大爱。我们要在广大教师中、在全社会大力宣传和弘扬优秀教师的先进事迹和高尚品德。"[①]

（2）严格准入。

师范生的培养要充分体现师德意识的培养，要有制度上的保障。首都师范大学孟繁华校长指出，当前，高校是按照高考分数招生的，师范院校也是如此，我们无法对学生进行未来职业潜能的测试。现在教师入口把关的问题，已经引起不少学者的重视。目前获得教师资格证书的方式是考试，这种方式无法对学生是否有仁爱之心、是否具有良好的道德情操进行考量。所以，在获得教师资格证书时，除了笔试，还应加入实习环节。"只有经过一个月或一个阶段的实习，在师生互动和同伴交流中，我们才有机会发现这些'准教师'是否具有仁爱之心，是否具备良好的师德。这样，才可以挡住一批存在问题的人进入教师队伍。"[②]

---

① 人民日报评论部. 习近平讲故事. 北京：人民出版社，2017：59.
② 孟繁华. 仁爱之心和教师的道德素养. 中国教师报，2015 - 10 - 21.

(3) 奖优罚劣。

要不断改善教师待遇，关心教师健康，维护教师权益，充分信任、紧紧依靠广大教师，支持优秀人才长期从教、终身从教。要让教师成为让人羡慕的职业，就要切实加强待遇保障，让教师在岗位上有幸福感。

要建设现代学校制度，完善内部治理机制，突出教师主体地位，切实落实教师在办学模式、育人方式、资源配置、人事管理等方面的知情权、参与权、表达权和监督权。加强编制管理，保证充足的人员配备。减轻教师的工作压力，让他们在工作之余细细品味生活的美好。让教师在工作上更体面、生活上更有尊严[①]。健全工资分配激励约束机制，充分发挥绩效工资的激励导向作用，鼓励更多教师争当仁爱之师。对于违反师德的教师，严格遵照相关法律规定、校纪校规坚决予以处理，使教师管理制度充分发挥奖优罚劣的功能。

---

① 陈宝生. 让教师成为让人羡慕的职业：深入学习贯彻习近平总书记在八一学校看望慰问师生时的重要讲话精神. 人民日报，2016－12－08.

新时代全面加强师德师风建设

党的十八大以来，以习近平同志为核心的党中央高度重视教育工作，高度重视教师工作，将教师队伍建设特别是师德师风建设提到了一个前所未有的战略高度。教师是教育的第一资源，是发展教育事业的关键所在。"努力造就一支师德高尚、业务精湛、结构合理、充满活力的高素质专业化教师队伍"①，关系到国家繁荣、民族振兴、教育发展。在教师队伍建设工作中，全面加强师德师风建设则是重中之重。

一、全面加强师德师风建设的理论基础

教师职业是一种神圣的职业，关系着孩子们的成长和成才，关系着国家教育事业的发展。教师的职业性质和教师的定位决定了必须全面加强师资队伍的师德师风建设。

（一）教师是立教之本、兴教之源

《中华人民共和国教师法》第一章第三条对"教师"作出了全面而科学的界定："教师是履行教育教学职责的专业人员，承担教书育人，培养社会主义事业建设者和接班人、提高民族素质的使命。"②

"国将兴，必贵师而重傅。"③ 习近平总书记反复强调，人才的

---

① 全国教育工作会议文件选编. 北京：人民出版社，2010：64.
② 中华人民共和国教师法.（2005 - 05 - 25）. http://www.gov.cn/banshi/2005 - 05/25/content_937.htm.
③ 北京大学《荀子》注释组.《荀子》新注. 北京：中华书局，1979.

培养，基础在于教育，关键在于教师。2012年，他在会见第二十次全国高等学校党的建设工作会议代表时强调："教师是人类灵魂的工程师，是青年学生成长的引路人和指导者。"2013年儿童节前夕，习近平总书记在北京海淀区民族小学主持召开座谈会时指出，学校要"全面加强校风、师德建设，坚持教书育人"。

2013年9月9日，正在国外访问的习近平总书记向全国广大教师致慰问信，对全国教师表达节日问候和殷切希望，他指出："教师是立教之本、兴教之源，承担着让每个孩子健康成长、办好人民满意教育的重任。"教师不仅是经济社会建设的主力军，而且也承担着教育引导少年儿童成长成才的责任，全社会要大力弘扬尊师重教的良好风尚，使教师成为最受社会尊重的职业。25日，习近平总书记在联合国"教育第一"全球倡议行动一周年纪念活动上发表视频贺词，对潘基文秘书长提出的"教育第一"的倡议表示坚定支持，他表示"中国将坚定实施科教兴国战略，始终把教育摆在优先发展的战略位置"。

2014年教师节，习近平总书记到北京师范大学看望慰问教师时发表了重要讲话，指出："教师是人类历史上最古老的职业之一，也是最伟大、最神圣的职业之一。"他深情回忆道："教过我的老师很多，至今我都能记得他们的样子，他们教给我知识、教给我做人的道理，让我受益无穷。"他感叹道："一个人遇到好老师是人生的幸运，一个学校拥有好老师是学校的光荣，一个民族源源不断涌现出一批又一批好老师则是民族的希望。"[①]

2015年，习近平总书记给"国培计划（2014）"北京师范大学贵州研修班参训教师回信，他在慰问教师的同时，提出了贫困

---

① 习近平. 做党和人民满意的好老师：同北京师范大学师生代表座谈时的讲话. 人民日报，2014-09-10.

地区教育发展的工作要求,希望教师"牢记使命、不忘初衷,扎根西部、服务学生,努力做教育改革的奋进者、教育扶贫的先行者、学生成长的引导者"①。

2016年教师节,习近平总书记到北京市八一学校考察,他把教师比作引路人:"广大教师要做学生锤炼品格的引路人,做学生学习知识的引路人,做学生创新思维的引路人,做学生奉献祖国的引路人。"② 再次强调了教师对于国家和学生发展的重要意义。

习近平总书记希望广大教师认清肩负的使命和责任,努力为培养社会主义事业建设者和接班人作出更大贡献。在2018年召开的全国教育大会上,习近平总书记强调:"教师是人类灵魂的工程师,是人类文明的传承者,承载着传播知识、传播思想、传播真理,塑造灵魂、塑造生命、塑造新人的时代重任。"③ 教师的思想政治素质和职业道德水平,直接关系到教育事业的成败和民族的未来,因此全面加强师德师风建设,对于全面提高教育质量,办人民满意的教育,具有十分重要的意义。

(二)"传道"是教师第一位的责任和使命

韩愈在《师说》里开宗明义地指出:"师者,所以传道授业解惑也。"传道、授业、解惑三者作为教师的基本任务,传道位于第一位。在中国,"传道"一直被视为教育的核心内容,是教师的第一职责。习近平总书记在同北京师范大学师生代表座谈时重申了

---

① 习近平给"国培计划(2014)"北京师范大学贵州研修班参训教师的回信.(2015-09-09). http://news.xinhuanet.com/politics/2015-09/09/c_11165112910.htm.

② 习近平在北京市八一学校考察时强调 全面贯彻落实党的教育方针 努力把我国基础教育越办越好. 人民日报,2016-09-10.

③ 习近平在全国教育大会上强调 坚持中国特色社会主义教育发展道路 培养德智体美劳全面发展的社会主义建设者和接班人. 人民日报,2018-09-11.

这一观点："'传道'是第一位的。一个老师，如果只知道'授业''解惑'而不'传道'，不能说这个老师是完全称职的"；一个优秀的老师应该"既要精于'授业'、解惑'，更要以'传道'为责任和使命"①。教师传什么"道"，如何"传道"，关乎"培养什么人、怎样培养人、为谁培养人"这一根本问题。"教师重要，就在于教师的工作是塑造灵魂、塑造生命、塑造人的工作。"② 教师肩负着培育下一代的主要职责，古人云："经师易求，人师难得。"一个优秀的教师，应该是"经师"和"人师"的统一，要精于"授业""解惑"，更要以"传道"为第一责任和使命。在我国，今天的"道"就是指马克思主义理论、共产主义远大理想、中国特色社会主义共同理想、社会主义核心价值观等国家主流意识形态。

当前，世界格局深刻变化、意识形态斗争复杂、社会思潮相互激荡。学校是知识传播与创新的主要机构，同时也是意识形态工作的前沿阵地、社会思潮交锋的重要场域。学生的世界观、人生观、价值观正值形成、确定的关键时期，教师能否用正确的"道"去示范和引领学生，直接关系到学生的人生能否沿着正确的方向前进。中国的教育是为人民服务、为中国特色社会主义服务、为改革开放和社会主义现代化建设服务的，党和人民需要培养的是社会主义事业的建设者和接班人。教师传好"道"的关键就在于要始终同党和人民站在一起，自觉做中国特色社会主义的坚定信仰者和忠实实践者，忠诚于党和人民的教育事业，自觉把党的教育方针贯彻到教学管理工作全过程，严肃认真对待自己的职责。作为身处一线的知识传授者、信仰引导者和思想解惑者，教师需要认清"肩负的使命和责任，教育和引导学生热爱祖国、热爱人

---

①② 习近平. 做党和人民满意的好老师：同北京师范大学师生代表座谈时的讲话. 人民日报，2014 - 09 - 10.

民、热爱中国共产党,教育和引导学生心中要有国家和民族、意识到肩负的责任,牢固树立为祖国服务、为人民服务的意识,立志成为党和人民需要的人才"①。教师要成为"经师"和"人师"的统一者,要注重加深对中国特色社会主义的思想认同、理论认同、情感认同,不断增强道路自信、理论自信、制度自信、文化自信,才能增强学生的价值判断能力、价值选择能力、价值塑造能力,引领学生健康成长。

教育在继承和创新优秀传统文化、培育和弘扬时代精神价值中具有基础性、先导性作用。习近平总书记指出:"优秀传统文化是一个国家、一个民族传承和发展的根本。""中国人民的理想和奋斗,中国人民的价值观和精神世界,是始终深深植根于中国优秀传统文化沃土之中的"②"中国传统文化博大精深,学习和掌握其中的各种思想精华,对树立正确的世界观、人生观、价值观很有益处。"③ 因此,把"传道"作为教师第一位的责任和使命,既是教师进行传承中华文明、弘扬中国精神的责任和使命,也是学生继承和弘扬优秀传统文化的需要。一个国家的教育不仅要传承优秀的传统文化,更要根据国家需要、时代精神去创造新的文化价值。习近平总书记指出:"今天的学生就是未来实现中华民族伟大复兴中国梦的主力军,广大教师就是打造这支中华民族'梦之队'的筑梦人。"④ 这就要求广大教师成为中国特色社会主义共同

---

① 习近平在北京市八一学校考察时强调 全面贯彻落实党的教育方针 努力把我国基础教育越办越好. 人民日报,2016 - 09 - 10.

② 习近平. 在纪念孔子诞辰 2 565 周年国际学术研讨会暨国际儒学联合会第五届会员大会开幕会上的讲话. 人民日报,2014 - 09 - 25.

③ 习近平. 在中央党校建校 80 周年庆祝大会暨 2013 年春季学期开学典礼上的讲话. 人民日报,2013 - 03 - 03.

④ 习近平. 做党和人民满意的好老师:同北京师范大学师生代表座谈时的讲话. 人民日报,2014 - 09 - 10.

理想和中华民族伟大复兴中国梦的积极传播者,要胸怀大局、把握大势、着眼大事,以强烈的使命感和责任感,帮助学生筑梦、追梦、圆梦,让一代又一代年轻人都成为实现中华民族伟大复兴中国梦的正能量。

(三)师风师德是评价教师队伍素质的第一标准

国无德不兴,人无德不立。师德师风建设,始终是教师队伍建设过程中面临的一个重大问题。党的十八大以来,习近平总书记高度重视师德师风建设,对广大教师提出了许多殷切期望,对加强新时代教师队伍师德师风建设提出了明确的要求。特别是2018年5月2日,习近平总书记在北京大学师生座谈会上首次明确指出"评价教师队伍素质的第一标准应该是师德师风"[1]。从而为加强新时代教师队伍建设,全面提升教师队伍素质指明了方向。

把师风师德作为评价教师队伍素质的第一标准,明确了师德师风建设对于教师队伍建设的重要性,破除了以往存在的一些模糊认识和错误观念,是习近平总书记关于教育重要论述的有机组成部分。师德师风问题,不仅事关教师队伍建设本身,更事关立德树人根本任务。加强师德建设,树立鲜明政治导向,培养大批具有共产主义远大理想和中国特色社会主义共同理想的优秀教师,就能够为培养千千万万德智体美劳全面发展的社会主义建设者和接班人奠定坚实基础。因此,抓好师德师风建设,对于学校完成立德树人使命,巩固、维护党和国家的政治安全具有基础性意义。"建设一支什么样的教师队伍、如何建设这支队伍",是新时代教师队伍建设必须回答的重大命题。既要不断提升教师的职业素质,

---

[1] 习近平. 在北京大学师生座谈会上的讲话. 人民日报, 2018-05-03.

也要不断提升教师的道德水平。在实践过程中,由于师德师风建设存在不好量化、不好衡量、难以处理等客观因素,教师队伍建设更多重视专业技能的培养,一段时间以来出现了一些有意或无意忽视和轻视师德师风建设的问题。"师德师风是评价教师队伍素质的第一标准"的提出,对于扭转现实中的错误倾向,树立师德师风在教师素质构成中的关键地位,深入推进师德师风建设,将会起到重大的引导作用。

(四)师德师风建设是落实立德树人根本任务的关键

"培养什么人、怎样培养人、为谁培养人"是教育的根本问题。习近平总书记对中国教育的基本属性作出了明确界定:"我们的教育是为人民服务、为中国特色社会主义服务、为改革开放和社会主义现代化建设服务的,党和人民需要培养的是社会主义事业建设者和接班人。"[①] 中国教育事业是中国特色社会主义教育事业,以中国共产党的根本政治立场作为教育改革发展的旨归。习近平总书记在同北京大学师生座谈时强调:"要把立德树人的成效作为检验学校一切工作的根本标准,真正做到以文化人、以德育人,不断提高学生思想水平、政治觉悟、道德品质、文化素养,做到明大德、守公德、严私德。要把立德树人内化到大学建设和管理各领域、各方面、各环节,做到以树人为核心,以立德为根本。"[②] 可以说,立德树人是我们党对教育根本问题的时代性回答。随着中国特色社会主义进入新时代,我国教育事业发展也站在了新的历史起点上。落实立德树人根本任务,是我国教育促进

---

① 习近平. 做党和人民满意的好老师:同北京师范大学师生代表座谈时的讲话. 人民日报, 2014-09-10.

② 习近平. 在北京大学师生座谈会上的讲话. 人民日报, 2018-05-03.

人的全面发展、满足经济社会发展需要、建设教育强国的必然要求。

2016年12月，习近平总书记在全国高校思想政治工作会议上强调："传道者自己首先要明道、信道。高校教师要坚持教育者先受教育，努力成为先进思想文化的传播者、党执政的坚定支持者，更好担起学生健康成长指导者和引路人的责任。要加强师德师风建设，坚持教书和育人相统一，坚持言传和身教相统一，坚持潜心问道和关注社会相统一，坚持学术自由和学术规范相统一，引导广大教师以德立身、以德立学、以德施教。"[①] 习近平总书记将高校教师称为传道者，要求传道必须首先明道、信道，只有这样才能更好地立德树人。

新时代，立德树人就是要求教育坚定不移地指向培养中国特色社会主义的合格建设者和接班人。"教育大计、教师为本"，广大教师是落实立德树人根本任务的责任主体和实施主体。"立德"是"树人"的前提和基础，"树人"是"立德"的目的与归宿。全面加强师德师风建设是打造高素质教师队伍的内在要求和重要保证，是确保教师"培养什么人、怎样培养人、为谁培养人"的前提和基础，更是保证教师自觉践行立德树人根本任务的关键。

二、全面加强师德师风建设的现实需要

随着我国改革开放和经济社会发展，我国教师队伍规模不断扩大，年轻教师逐渐增多，我们迫切需要全面加强师德师风建设。

---

① 习近平在全国高校思想政治工作会议上强调 把思想政治工作贯穿教育教学全过程 开创我国高等教育事业发展新局面. 人民日报, 2016-12-09.

(一) 我国教师队伍变化的需要

据教育部2019年教育统计数据,全国普通小学共有专任教师约626.91万人,比上年增长2.91%,专任教师学历合格率为99.97%;全国初中共有专任教师374.74万人,比上年增长2.98%,专任教师学历合格率为99.86%;全国普通高中专任教师185.92万人,比上年增长2.57%,专任教师学历合格率为98.62%;全国普通高等学校共有专任教师174.01万人,比上年增长4.03%。随着经济社会的发展,我国教师队伍总体结构不断优化,但也出现了一些新情况,如新入职的年轻教师增多,且越是在教学科研一线,年轻教师越多。他们多处于从学生变为教师的转型期,思想上、政治上和业务上都有继续学习、不断成长的需求,同时也承受着工作、家庭、经济等多方面的压力。新时代的年轻教师都是在改革开放后成长起来的一代,他们对个人命运与国家前途、民族复兴的关系有着切身的体会和理解,他们关注时事政治,愿意积极表达政治热情、参与政治生活。然而,在全球化浪潮下的信息时代,信息爆炸与碎片化带来的困惑,使他们难免会产生理想与现实之间的冲突,个别人甚至还会一度迷失人生方向。因此,把提高教师思想政治素质和职业道德水平摆在首要位置,把社会主义核心价值观贯穿到教书育人全过程,突出全员全方位全过程师德养成,对帮助教师找到正确的人生方向十分必要。

(二) 全球化深入发展的需要

随着全球化的深入发展,我国加强了与世界各国的联系,这有助于我国吸收国外先进的科学技术文化,促进我国社会生产力的发展，为我国的师德建设提供坚实的物质基础和技术基础。全球化使得中西方的思想文化不断地交流碰撞，一方面我们可以在平等交流中接受其他国家优秀的教育理念，积极将外来优秀教师职业道德文化与我国实际相结合并加以创新，使其适用于我国，促进我国教师的职业道德建设；另一方面我们发现全球化也对我国的师德建设带来了新的挑战：一些不良的道德观念逐渐影响到我们，例如个人主义至上、拜金主义、享乐主义、无政府主义等对我国传统的教师职业道德产生了冲击，个别教师过分追求经济利益，追求物质享受，缺乏教师的职业责任感，也无法认清现阶段师德建设中出现的不良现象的本质，更无法引导学生正视现阶段社会出现的不良现象，无法引导学生树立正确的世界观、人生观、价值观，也就无法为我国社会主义培养合格的建设者和接班人。

（三）思想舆论环境变化的需要

改革开放以来，由于人民社会生活的丰富开放，加上科技革命使信息传播手段变得更为丰富，充分调动了师生思想解放、勇于创新的热情，尤其是以互联网为代表的新媒体，提供了思想交流的广阔空间，吸引了越来越多的网民。教师作为知识分子，被视为社会精英群体，他们因具有学术专长而享有较高的社会声望，加上我国有悠久的尊师重教的文化传统，使得一些教师比平常人对一般性社会问题拥有更大的话语权。更有一些教师精英，通过互联网平台，设置议题、点评时政、针砭时弊、引领潮流，拥有为数众多的粉丝，受到广泛关注。所以，新时代凸显了教师的重要影响力，教师个人的政治立场与思想倾向也变得极为重要。

三、全面加强师德师风建设的要求

(一) 师德与师风的内涵及其相互关系

1. 师德与师风的内涵

师德，即教师的职业道德，是指教师在从事教育劳动的过程中所形成的相对比较稳定的道德观念、行为规范和道德品质的总和，它是调节教师与他人、与集体及社会相互关系的行为准则，是一定社会对教师职业行为的首要要求与道德表现的概括[1]。师德是教师群体在从教过程中必须遵守的道德规范，是从属于教师这一职业的道德规范的统称，属于职业道德的一种类型。

师风是指教师的教学、学术作风，是教师的思想文化素养和人格修养的综合表现，是教师的道德、才学、素养的集中反映[2]。可见，师风是教师个体和群体基于自身的职业道德素质所形成的风气，包括工作作风、生活作风和学术作风。从广义上看，师风问题也是师德问题的一类。

2. 师德的范围与层次

(1) 师德的横向关系范围。

师德是社会道德的一部分，是社会道德风气在教师道德领域内的折射，但师德具有其独特性和内在规定性，师德的独特性由教师职业的本质属性、教师专业发展的内在规定性所决定。师德所涉及的几类道德关系可分为教师与学生的道德关系，教师与教师的道德关系，教师与家长、社会、国家的道德关系。其中，

---

[1] 傅维利. 师德读本. 北京：高等教育出版社，2003，91.
[2] 董爱华. 师德师风建设的起点、重点与切入点. 高等教育研究，2008 (2).

教师与学生的道德关系是师德的根本关系，教师与教师的道德关系是师德的衍生关系，教师与家长、社会的关系是师德的外围关系。外围关系并非不重要，而是不独特。外围关系的师德基本上属于一般的社会道德，而教师与学生、教师与教师的道德关系是师德的独特性所在，决定了教师的专业属性。师德作为一种特定的"职业道德"，与其他职业道德一样，不会对所有关系维度"一视同仁"，而是根据自己职业的本质来安排它们的"座次"。

（2）师德的纵向层次范围。

我们要区分崇高师德与底线师德的层次，为教师道德水平的提升提供切实可依的原则和明确的方向。底线师德是所有教师都必须遵守的最起码的师德要求，它具有一般性和外在规范性。崇高师德是教师个体内在层面的要求，表现出主动提升师德境界时所呈现的个体特征。这两者的关系不能颠倒。如果把崇高师德上升为公德、规范要求，就会导致师德的假大空、高大上，出现现实生活中教师的行为反而无切实行为规范可依的现象。应当从教师职业的专业性特点出发看待师德问题，改变将传统师德过分崇高化的倾向，确定适中的专业伦理规范。如果把底线师德确定为教师专业道德的根本特性，就会导致整个师德的滑坡与教育的"去道德化"现象。当代教师专业化趋势和教育的"去道德化"使人们对于师德的评价越来越忽视个人道德维度。而由于教育是一种道德实践，师德的个人维度是不可或缺的。当前我们对教师德性存在着"底线崇拜"的认识误区，即以相对论、无效论来推理教师德性，认定教师不应该爱"好"，可事实上教师爱"好"行为本身与自己的境况之间没有必然的因果联系，应通过证成爱"好"、行动爱"好"、社会爱"好"方式，来推动现实生活中教师爱"好"德性的有效开展①。因此，教师专业道德应该划分出不同的层次，并对不同的层次提出相应的要求。"教师职业道德规范可划分为师德理想、师德原则、师德规则这三个层次，并将其中的规则层次限定为底线师德；同时对师德概念进行划分，即将师德区分为教师职业道德和教师个人道德，并将其中的教师职业道德限定为底线师德。"②师德的境界应分三重：功利境界、道德境界和审美境界。对于第一重境界，我们应该不推崇、不表扬，但也不能贬斥；对于第二重境界，我们应该引导、尊重，但不推崇；对于第三重境界，我们应该重点培养并大力推崇③。作为"软实力"的师德是因教师个体发展的差异性而不尽相同的。由此，对师德的要求也相应地可划分为底线要求、爱的要求、高位要求等三个高低不同的层次，底线要求是面向每一位教师的硬性要求，强调教师的责任和义务。爱的要求是对一部分教师的弹性要求，强调教师的职业认同。高位要求是对少数优秀教师的要求，强调教师的信仰、奉献与精神追求。当前，我们对教师师德内涵本身存在"高标化"和"底线化"两种错误的认识倾向。教师师德的"高标化"体现在强调道德示范、轻视现实利益，注重精神需要、回避物质利益，突出社会角色、忽视个人价值等方面；教师师德的"底线化"表现为敬业精神不足、功利化、庸俗化、育人意识淡薄和师德形式化。科学理解和把握师德的本质内涵，必须将师德涵盖的公民道德层次、职业道德层次以及专业素养层次等三个层面有机统一起来，进而为推进教师师德的建设奠定合乎逻辑、

---

① 徐龙，杜时忠. 论教师爱"好". 教育发展研究，2014（8）.
② 吕狂飙. 师德建设需警惕从崇高师德简单转向底线师德. 中国教育学刊，2018（11）：84-88.
③ 曹峰. 简论师德的三重境界. 上海教育科研，2015（5）.

科学规范的理论阐释①。

3. 师德与师风的关系

师德是师风形成的内在前提。师风是教师群体所表现出的精神面貌和道德风尚，是一种思想作风和工作氛围，是教师文化的组成部分。"师德是教师在长期的教学实践过程中逐步形成的，是教育活动中的道德现象、道德关系在观念形态上的反映，是一种职业道德和社会意识。师德是一个综合的范畴，它包括教师的职业道德、职业精神、思想观念、道德品质等属于意识形态的诸多内容，由认识、情感、意志、行为、信念等方面构成。"师风是师德行为表现出的特有精神状态，"师风是一个教师集体，乃至整个教育行业应该具备的道德修养，以及由此而表现出来的良好的精神风貌、思想作风和工作作风，并由此所产生的一种生活和工作氛围"。"师德是师风形成的基础。如果没有好的师德，就不能形成好的师风。反之，师风是师德培养和成长的环境，师德的培养和成长需要在一定的环境里面进行，师风就是师德培养和成长的环境。"②

师德是一种社会意识，是教育活动中的道德现象、道德关系在观念形态上的反映。师风决定一所学校的风气，影响学校的精神面貌，是思想和工作作风的具体表现。一所学校有什么样的师德观念，决定学校和教师最终会采取什么样的教学行为，进而形成一种风气。良好的师德观念有助于学校和教师在师德师风建设过程中采取正确的行动，促进学校良好师风的建立。反之，当学校形成了高尚的师风，教师受高尚师风的影响，将会自觉地遵守师德规范。可见，师德师风的建设影响整个教师队伍的整体素质

---

① 李冬凤，谢红玉. 教师师德内涵的错位、偏差及其本质复归. 南方论刊，2018（7）.
② 武娜，周巧云. 新时期的师德与师风. 商业文化（学术版），2009（7）：184.

提升，关系到教育事业的成败。

（二）全面加强师德师风建设的具体要求

2008年修订的《中小学教师职业道德规范》对师德师风建设提出了六条要求：爱国守法、爱岗敬业、关爱学生、教书育人、为人师表、终身学习。

2011年出台的《高等学校教师职业道德规范》对师德师风建设提出的要求是：爱国守法、敬业爱生、教书育人、严谨治学、服务社会、为人师表。引导广大教师自尊、自律、自强，做学生敬仰爱戴的品行之师、学问之师，做社会主义道德的示范者、诚信风尚的引领者、公平正义的维护者。

2014年，教育部印发《中小学教师违反职业道德行为处理办法》，划出中小学教师行为的"十条红线"；同年针对高校教师，教育部公布《关于建立健全高校师德建设长效机制的意见》，划出高校教师师德禁行行为"红七条"。

2018年，教育部相继印发了《新时代高校教师职业行为十项准则》《新时代中小学教师职业行为十项准则》《新时代幼儿园教师职业行为十项准则》，明确新时代教师职业规范，划定基本底线，深化师德师风建设。其中，坚定政治方向、自觉爱国守法、传播优秀文化等是共性要求，爱岗敬业、关爱学生、诚实守信、廉洁自律等几个方面，则结合高校、中小学、幼儿园教师中的不同表现、存在的问题及在不同阶段教师队伍的差异性，提出不同要求。

从中小学、高校教师《职业道德规范》到师德"十条红线""红七条"，再到《教师职业行为十项准则》，充分反映了新时代党和国家对师德师风建设的继承和发展，既有正面倡导、高要求，也有负面禁止、底线要求；既规范了教师的职业道德行为，也对教师提高政治素养、传播优秀文化、积极贡献社会等方面提出了要求。

党的十八大以来，习近平总书记多次就加强师德师风建设发表重要讲话，强调评价教师队伍素质的第一标准是师德师风，对广大教师提出"四有""四个引路人""四个相统一""六要"的要求和期望，要求在全社会大力弘扬尊师重教的良好风尚，让广大教师在岗位上有幸福感、在事业上有成就感、在社会上有荣誉感，让教师成为让人羡慕、最受社会尊重的职业。

习近平总书记希望广大教师要以德立身、以德立学、以德施教，坚持教书和育人相统一，坚持言传和身教相统一，坚持潜心问道和关注社会相统一，坚持学术自由和学术规范相统一[1]。希望全国广大教师牢固树立中国特色社会主义理想信念，带头践行社会主义核心价值观，自觉增强立德树人、教书育人的荣誉感和责任感，学为人师，行为世范，做学生健康成长的指导者和引路人[2]。习近平总书记要求教师做学生锤炼品格的引路人，做学生学习知识的引路人，做学生创新思维的引路人，做学生奉献祖国的引路人[3]。

习近平总书记指出："我们的教育是为人民服务、为中国特色社会主义服务、为改革开放和社会主义现代化建设服务的，党和人民需要培养的是社会主义事业建设者和接班人。老师的理想信念应该以这一要求为基准。""好老师心中要有国家和民族，要明确意识到肩负的国家使命和社会责任。"[4] 他勉励教师要努力做到

---

[1] 习近平在全国高校思想政治工作会议上强调 把思想政治工作贯穿教育教学全过程 开创我国高等教育事业发展新局面. 人民日报，2016-12-09.

[2] 习近平向全国广大教师致慰问信. 人民日报，2013-09-10.

[3] 教育部课题组. 深入学习关于教育的重要论述. 北京：人民出版社，2019：133.

[4] 习近平. 做党和人民满意的好老师：同北京师范大学师生代表座谈时的讲话. 人民日报，2014-09-10.

"三个牢固树立",希望全国广大教师牢固树立中国特色社会主义理想信念,带头践行社会主义核心价值观,自觉增强立德树人、教书育人的荣誉感和责任感,学为人师,行为世范,做学生健康成长的指导者和引路人;牢固树立终身学习理念,加强学习,拓宽视野,更新知识,不断提高业务能力和教育教学质量,努力成为业务精湛、学生喜爱的高素质教师;牢固树立改革创新意识,踊跃投身教育创新实践,为发展具有中国特色、世界水平的现代教育作出贡献①。

习近平总书记号召广大教师争做"四有"好老师,即做有理想信念、有道德情操、有扎实学识、有仁爱之心的好老师。并指出:"老师的人格力量和人格魅力是成功教育的重要条件。""老师对学生的影响,离不开老师的学识和能力,更离不开老师为人处世、于国于民、于公于私所持的价值观。"② "教育是一门'仁而爱人'的事业,爱是教育的灵魂,没有爱就没有教育。好老师应该是仁师,没有爱心的人不可能成为好老师。"③ "四有"好老师是社会主义核心价值观"富强、民主、文明、和谐,自由、平等、公正、法治,爱国、敬业、诚信、友善"在教师职业中的具体要求和体现。可以说,"四有"是师德师风建设的基础,"引路人"是师德师风建设的目标。

1. 要求广大教师树立理想信念

要做好学生"引路人",理想信念是根本,因此正确的政治观念是师德师风建设的根本要求。习近平总书记对高校教师提出,

---

① 习近平向全国广大教师致慰问信. 人民日报,2013-09-10.
② 习近平. 做党和人民满意的好老师:同北京师范大学师生代表座谈时的讲话. 人民日报,2014-09-10.
③ 教育部课题组. 深入学习关于教育的重要论述. 北京:人民出版社,2019:40.

"教师是人类灵魂的工程师，承担着神圣使命。传道者自己首先要明道、信道。高校教师要坚持教育者先受教育，努力成为先进思想文化的传播者、党执政的坚定支持者，更好担起学生健康成长指导者和引路人的责任"[①]。这就是向广大教师发出了加强政治理论学习、主动接受教育的号召，是对当下少部分教师忽视政治理论学习、"远离政治"不良倾向的纠偏，具有很强的现实针对性和问题意识。在这个价值取向多元的时代，一个具有坚定理想信念的老师才能引导学生面对各种诱惑系好"人生的扣子"。人类社会发展的历史表明，对一个民族、一个国家来说，最持久、最深层的力量是全社会共同认可的核心价值观。广大教师必须自觉认真学习习近平新时代中国特色社会主义思想，弘扬社会主义核心价值观，坚定正确的政治立场，在思想上、言行上与党中央保持高度一致，以此践行社会主义核心价值观，自觉增强立德树人、教书育人的责任感和使命感，把社会主义核心价值观融入教育教学全过程，用自己的行动倡导社会主义核心价值观，用自己的学识、阅历、经验点燃学生对真、善、美的向往，使学生真正入耳入脑入心入行。

2. 要求广大教师坚守职业道德

要做好学生"引路人"，道德情操是前提。教师的职业特性决定了合格的老师首先应该是道德上的合格者。《论语》有言，"其身正，不令而行"。教师对学生不仅是言传，更是身教，只有以德立身、以身作则，学生方能以师为镜。因此，广大教师要发扬学而不厌、诲人不倦的精神，注重修身养德，自觉陶冶道德情操，努力把自己培养成为一个有道德的人，一个有益于学生、有益于

[①] 习近平在全国高校思想政治工作会议上强调 把思想政治工作贯穿教育教学全过程 开创我国高等教育事业发展新局面. 人民日报，2016 - 12 - 09.

社会的人;并不断规范自己的教书育人行为,大力弘扬艰苦奋斗、无私奉献、求真务实的精神,自觉抵制社会不良风气影响,廉洁从教,依法执教。

3. 要求广大教师提高育人能力

要做好学生"引路人",扎实学识是基础。教育工作以其专业性著称,要求教师必须先掌握先进的教育理念,遵循规律,科学施教。这就要求广大教师在充分认识知识特点和学生身心特点的前提下,不断提高教书育人能力,提升科学研究水平。教书是手段,育人才是目的。以考分高低、升学率高低来论教学的成败已经成为过去式,要因材施教,克服急功近利情绪,努力为学生营造想象和创新的空间,为学生成长、成才创造环境和条件。陶行知先生曾说:"做先生的,应该一面教一面学,并不是贩买些知识来,就可以终身卖不尽的。"① 新时代,教师要给学生"一杯水",首先自己要有"长流水"。因此,广大教师要树立终身学习理念,学习教育学理论、心理学知识和各种知识,增长学识,提高人文素养。"让教书育人成为毕生的事业,在学生成长中获得人生的价值。"②

4. 要求广大教师做到为人师表

要做好学生的"引路人",为人师表是核心。教师的为人师表、言传身教对学生的全面发展起着潜移默化的作用。教育是"仁而爱人"的事业,没有爱就没有教育。因此,要成为言传身教的好教师,必须要有仁爱之心。习近平总书记指出:"一个人遇到好老师是人生的幸运,一个学校拥有好老师是学校的光荣,一个

---

① 陶行知. 陶行知谈教育. 沈阳:辽宁人民出版社,2015:62.
② 顾明远. 守住教书育人的底线. (2018-11-20). http://www.cetv-edu.com/gaoduanfangtan/zhuanjiaxuezhe/2018/1120/515.html.

民族源源不断涌现出一批又一批好老师则是民族的希望。"① 教师职业的重要性及其特点要求广大教师热爱每个学生、关心每个学生、信任每个学生、尊重每个学生。做时代的好老师，不仅要传道授业解惑，更要用宽广的胸怀去尊重、包容、欣赏每一个学生，与学生共同成长。广大教师要树己正己，无论在学习还是在工作生活上，时刻以身作则、率先垂范，努力赢得学生的尊敬和爱戴。

四、全面加强师德师风建设的途径

（一）建立健全师德师风建设长效机制

为加强和改进新时代师德师风建设工作，根据《改革的意见》，2019年底，教育部会同有关部门印发了《关于加强和改进新时代师德师风建设的意见》，进一步明确师德师风建设的方向目标、工作重点、任务举措，提出了"三个坚持"（坚持思想铸魂、坚持价值导向、坚持党建引领）、"三个突出"（突出课堂育德、突出典型树德、突出规则立德）、"四个严格"（严格招聘引进、严格考核评价、严格师德督导、严格违规惩处）、"四个强化"（强化地位提升、强化权利保护、强化尊师教育、强化各方联动）和"一个加强"（加强工作保障）在内的15项具体任务，全方位构建师德师风建设新格局。

首先要提高教师的思想政治素质和职业道德水平。教育者先受教育，这是提高师德师风的必要途径和根本方法。新时代全面

---

① 习近平．做党和人民满意的好老师：同北京师范大学师生代表座谈时的讲话．人民日报，2014-09-10．

加强师德师风建设，要进一步提高政治站位，统一思想认识，在充分肯定教师队伍师德师风总体状况的同时，高度重视、认真对待在师德师风方面存在的问题，增强加强师德师风建设的责任感和紧迫感。要不断加强理想信念教育，深入学习领会习近平新时代中国特色社会主义思想，引导教师树立正确的历史观、民族观、国家观、文化观，坚定中国特色社会主义道路自信、理论自信、制度自信、文化自信；引导教师带头践行社会主义核心价值观；引导教师充分认识中国教育辉煌成就，扎根中国大地，办好中国教育；加强对教师的中华优秀传统文化和革命文化、社会主义先进文化教育，弘扬爱国主义精神，引导广大教师热爱祖国、奉献祖国；引导教师把党的教育方针和习近平关于教育的重要论述贯穿到教育教学的全过程，把解决"培养什么人、怎样培养人、为谁培养人"的问题与学科教学改进的要求融合推进。教师只有把学习和实践有效结合，才能树立良好的师德师风，从而切实履行好教师"教书育人、言传身教"的职责。

其次，通过强有力的制度建设和环境塑造，将师德师风要求融入教师管理各环节，着力营造全社会尊师重教氛围。在教师的招聘引进、考核评价、日常监督与违规惩处等方面，严格师德师风要求，突出师德师风第一标准。师德考核注重对教师行为的约束和提醒。健全教师入职查询制度和有关违法犯罪人员从教限制制度，对于有严重违规行为的教师，终身禁止从教。习近平总书记强调从严管理教师队伍："这些年，媒体报道了个别老师道德败坏、贪赃枉法的事，对这些害群之马要清除出教师队伍，并依法进行惩处，对侵害学生的行为必须零容忍。"[①] 同时，也要提高教

---

① 习近平. 做党和人民满意的好老师：同北京师范大学师生代表座谈时的讲话. 人民日报，2014-09-10.

师的政治地位和社会地位，依法保障教师履行教育职责，维护教师依法执教职业权利，使广大教师受信任、受尊重，保护和激发教师工作的积极性、创造性，增强责任感、使命感，心无旁骛地一心教学、倾心育人，自觉做以德立身、以德立学、以德施教、以德育德的楷模。

（二）以加强教师党员建设来引领师德建设

新时代全面加强师德师风建设，就要不断提高广大教师的思想政治素质。这就要求我们要进一步提高政治站位，统一思想认识，在充分肯定教师队伍师德师风总体状况的同时，高度重视、认真对待在师德师风方面存在的问题，增强加强师德师风建设的责任感和紧迫感。党的十九大报告强调："旗帜鲜明讲政治是我们党作为马克思主义政党的根本要求。"政治素质是广大教师最基本的素质之一，对于教师党员而言，更是要强化理想信念，走在前，作表率。这就需要加强教师党支部和教师党员建设。

"思想政治受洗礼，重点是教育引导广大党员干部坚定对马克思主义的信仰、对中国特色社会主义的信念，传承红色基因，增强'四个意识'、坚定'四个自信'、做到'两个维护'，自觉在思想上政治上行动上同党中央保持高度一致，始终忠诚于党、忠诚于人民、忠诚于马克思主义。"[1] 党的十八大以来，全面加强党的建设、全面从严治党和"两学一做"学习教育常态化制度化，要求每所学校每个党支部和教师党员都要把党的政治建设摆到首位。党员在教师队伍中的人数比例相当高，高校与中小学相比，教师党员人数比例更高，发挥这部分教师党员的模范作用，就能带动

---

[1] 习近平在"不忘初心、牢记使命"主题教育工作会议上强调 守初心担使命找差距抓落实 确保主题教育取得扎扎实实的成效. 人民日报，2019-06-01.

全体教师队伍。要把全面从严治党落实到每个教师党支部和每位教师党员，用习近平新时代中国特色社会主义思想武装头脑。各级党组织特别是教师党支部这个党的特殊基层组织，要充分发挥教育管理服务党员和宣传引导凝聚党员的战斗堡垒作用。党员教师要充分发挥先锋模范作用，成为教师队伍建设的领头雁。每一位教师都要"守好一段渠、种好责任田"。教师党支部书记要选党性强、业务精、有威信、肯奉献的优秀党员教师担任，实施教师党支部书记"双带头人"培育工程，实施教师党支部书记轮训制度，坚持党组织生活的各项制度，创新方式方法、增强党组织生活活力。健全主题党日活动制度，加强教师党员日常管理。重视做好在优秀青年教师、海外留学归国教师中发展党员工作。增强党员教师的政治意识、大局意识、核心意识、看齐意识，自觉爱党护党为党，敬业修德、奉献社会，争做"四有"好老师。

（三）以坚持弘扬高尚师德来激励教师

良好的师德师风主要包括教师学风教风严谨、诚信为学观念强、师生关系融洽以及学生对教师立德树人有较高的评价等方面。"老师对学生的影响，离不开老师的学识和能力，更离不开老师为人处世、于国于民、于公于私所持的价值观。"[①] 在教师队伍建设中，既要对师德师风后进者予以警示，对师德师风有问题者予以严惩，也要对师德师风优秀者予以表彰，坚持弘扬高尚师德，以榜样的精神感染人、鼓舞人、引导人，加强典型的宣传。要健全师德建设长效机制，引导广大教师以德立身、以德立学、以德施教、以德育德；实施师德师风建设工程；开展教师宣传国家重大

---

① 习近平. 做党和人民满意的好老师：同北京师范大学师生代表座谈时的讲话. 人民日报，2014-09-10.

题材作品立项，推出一批展现教师时代风貌的影视作品和文学作品；要对教育领域涌现出的典型进行分层次、成系列的宣传，讲好师德故事、弘扬高尚精神，将榜样力量转化为广大教师的生动实践。

一是以关键时间为抓手。可以在教师岗前培训、教师节、校庆日等特殊时间节点，开展相得益彰的师德师风建设活动，加大师德专题宣传力度，营造尊师重教的良好师德师风建设氛围。

二是以关键人物为抓手。要善于发现身边普通人的闪光点，寻找身边具有高尚师德的普通人，塑造师德先进典型人物，充分发挥师德先进典型的示范引领作用，引导教师崇德向善、见贤思齐。在教师队伍中广泛开展"师德标兵""职业道德标兵""师德先进个人"评选，引导广大教师向具有高尚师德的人学习。

三是以关键事件为抓手。要善于依托与教师成长发展相关的重要事件，建立师德师风建设与教师职务（职称）评定、岗位聘用、工资待遇、评优奖励等方面相协调的体制机制，将教师的师德培养与个人理想事业发展相结合，为教师加强师德修养创造良好的实践条件，真正地将师德师风建设做实、做细。

建设一支高素质专业化教师队伍

教育是国之大计、党之大计。百年大计，教育为本；教育大计，教师为本。教师是立教之本、兴教之源。2019 年，我国有各级各类专任教师近 1 700 多万人。建设教育强国、办好人民满意的教育，关键是建设一支宏大的高素质专业化教师队伍。为深入贯彻落实党的十九大精神，培养高素质教师队伍，落实立德树人根本任务，培养德智体美劳全面发展的社会主义建设者和接班人，中央和地方各级政府陆续出台了相关教师队伍建设的系列政策和实施方案。2018 年 1 月发布《改革的意见》，同年 2 月，教育部等五部门印发《教师教育振兴行动计划（2018—2022 年）》，各省市也相继出台了实施办法。面对新时代的新形势、新任务，建设一支宏大的高素质专业化教师队伍成为一种时代要求，同时作为一项时代课题而受到越来越多的重视。加强创新型教师队伍建设、大力振兴教师教育和深化教师管理综合改革是建设一支宏大的高素质专业化教师队伍的重要举措。

一、建设高素质专业化教师队伍的时代要求

党的十九大作出了我国已经进入中国特色社会主义新时代的重大判断，我国社会主要矛盾已经转化为人民日益增长的美好生活需要和不平衡不充分的发展之间的矛盾，人民对公平而有质量的教育的向往更加迫切。新时代面对教育的地区差距、校际差距等问题。教育公平价值追求的实现，教学质量的提升，都离不开高素质专业化教师队伍建设，它是国际国内形势的需求，是改革

开放以来的重要政策导向，而且习近平总书记多次强调教师队伍建设的重要性。《改革的意见》的出台为教师队伍建设进一步指明了方向。

（一）国际国内形势的要求

进入 21 世纪，全球化趋势愈加明显，国际合作加强，竞争也日趋激烈。"我们要积极发展教育事业，通过普及教育，启迪心智，传承知识，陶冶情操，使人们在持续的格物致知中更好认识各种文明的价值，让教育为文明传承和创造服务。"① 国际社会非常重视教育投入，并把教育质量与发展水平作为衡量一个国家综合实力的重要参数，这都需要我们重视教师队伍的建设。综合来看，建设高素质教师队伍迫在眉睫，也是时代赋予我们的使命和要求。

首先从世界形势的发展变化来看，当今世界正处在大发展大变革大调整之中，新一轮科技革命正在孕育，新的增长动能不断积聚，世界经济危机带来的不稳定不确定因素不断显现，世界经济格局发生新变化，国际力量对比出现新态势，全球思想文化交融交锋呈现新特点。分析当前的国际形势，我们可以清晰看到，和平、发展、合作、共赢的时代潮流没有变，世界多极化、经济全球化、文化多样化、社会信息化深入发展和科技创新加快推进，以经济实力、科技实力、文化实力、军事实力为主要内容的综合国力竞争日趋激烈，国际力量对比总体上有利于保持世界和平。同时世界经济受到重大冲击，发展问题更加突出，国际金融危机深层次影响尚未消除，主要发达国家经济增长乏力，世界经济复

---

① 习近平．在联合国教科文组织总部的演讲．人民日报，2014-03-28．

苏缓慢；国际力量对比发生重大转化，世界多极化前景更加明朗；主要大国对外战略出现重大调整，相互合作与竞争更加明显，发达国家贸易保护主义、孤立主义、民粹主义、逆全球化思潮抬头；国际体系面临重大变革，各种国际力量博弈更加复杂；国际思想文化领域出现重大动向，软实力之争更加激烈；我国整体战略环境进一步改善，但西方国家仍未放弃对我国进行"西化、分化"战略图谋；我国维护国家主权和安全能力进一步增强，但面临的挑战更加复杂。由此可见，我国的发展面临着前所未有的机遇和挑战，而这种机遇和挑战要求我们必须加强和改进教师队伍建设，建设教育强国、经济强国。

其次从国内形势的发展变化来看，我国正处在进一步发展的重要战略机遇期，我国经济发展进入新常态，经济长期向好的基本面没有变，改革发展的良好态势没有变，人民生活继续改善的态势没有变，社会总体和谐稳定的态势没有变。经济建设、政治建设、文化建设、社会建设、生态文明建设全面推进，中国特色社会主义进入了新时代，开启了全面建设社会主义现代化国家的新征程。我国社会主要矛盾已经转化为人民日益增长的美好生活需要和不平衡不充分的发展之间的矛盾，人民对公平而有质量的教育的向往更加迫切。同时经济下行压力加大，我国发展长期面临的一些突出矛盾和问题尚未得到根本解决，又出现了一些新情况新问题。我国仍处于并将长期处于社会主义初级阶段的基本国情没有变。这些是我们继续推进教育改革的最大国情，也是我们作决策、想问题、办事情的根本依据。

教师承担着传播知识、传播思想、传播真理的历史使命，肩负着塑造灵魂、塑造生命、塑造人的时代重任，是教育发展的第一资源，是国家富强、民族振兴、人民幸福的重要基石。为全面深化新时代教师队伍建设改革，培养高素质教师队伍，落实立德树人根本任务，培养德智体美劳全面发展的社会主义建设者和接班人，着力办好人民满意的教育，2017年，习近平总书记主持召开的十九届中央全面深化改革领导小组第一次会议，审议通过了《改革的意见》，围绕如何建设教师队伍这一问题，作出了整体部署和指导。《改革的意见》的出台表明了建设教育强国的必由之路是教师队伍建设。努力打造高素质教师队伍，是建设教育强国的必然选择，是新时代我国教育事业发展的首要任务。

近年来，全国上下认真贯彻党中央、国务院决策部署，深入实施科教与人才强国战略，不断研究教育活动出现的新情况新问题，不断推进教育活动的实践创新、理论创新、制度创新，取得了巨大成就。当前，教师队伍建设取得显著成绩，广大教师落实立德树人根本任务，有力推进了教育强国和教育现代化建设，为促进经济社会发展和人的全面发展作出了重要贡献。在中国特色社会主义进入新时代的大背景下，面对人民群众对公平优质教育的迫切需求，我国教师工作还存在不少不适应新形势新任务新要求的问题。有的地方对教育和教师工作重视不够，在教育事业发展中重硬件轻软件、重外延轻内涵的现象还存在，对教师队伍建设的支持力度亟须加大；师范教育体系有所削弱，对师范院校支持不够，教师教育体系有待完善，师范院校和师范专业建设滞后于教育发展；教师特别是中小学教师职业吸引力不足，地位待遇有待提高；教师城乡结构、学科结构分布不尽合理，中小学和幼儿园教师编制短缺与教师紧缺结构性矛盾突出，地区之间、城乡之间、学段之间、学科之间结构不尽合理；"放管服"改革仍未到位，准入、招聘、交流、退出等机制还不够完善，管理体制机制亟须理顺；教师专业发展通道需要拓宽，对教师队伍建设支持力度不够大，教师工作尚未置于教育事业发展重点支持的战略地位，长期以来困扰教师队伍建设的瓶颈问题没有得到解决；教师地位待遇不够高，不少地区和学校没有依法落实教师工资待遇，教师特别是中小学教师职业吸引力不足；教师质量水平不够高，一些教师的思想政治素质、师德水平、专业能力有待提升，高校领军人才相对匮乏。教师队伍是既要有较高专业水准，又要有较高责任感的专业群体。但长期以来，我国先是将教师等同于国家干部，后又将教师等同于一般事业单位人员，从而忽视了其专业性以及作为教育者的深厚的教育热情，缺乏教育热情的教师不能很好地发挥教书育人的主动性和能动性，这也是导致现阶段社会对教师提出各种质疑的一个主要原因。这些问题不解决，会直接影响我国教育改革发展进程，影响未来接班人的培养和人才素质的提升。

（二）改革开放以来的政策导向

改革开放以来，社会主义市场经济的大力发展解放了人们的思想，增强了人们的竞争意识、创新意识和主体意识，但同时也容易诱发功利主义、自由主义和腐败现象，导致社会上人们的道德规范、道德信仰出现一定程度的失范，进而反映到了教育领域的教师素质上。有的教师难以适应新时代人才培养需要，思想政治素质和师德水平需要提升，专业化水平需要提高。时代越是向前，知识和人才的重要性就愈发突出，教育和教师的地位和作用就愈发凸显。这就需要各级党委和政府从战略和全局高度充分认识教师工作的重要性，把全面加强教师队伍建设作为一项重大政治任务和根本性民生工程切实抓紧抓好。为了更好地提高教师的专业能力和道德素养，促进教育质量提升，1993年10月31日第八届全国人民代表大会常务委员会第四次会议通过了《中华人民共和国教师法》，对教师的权利义务、资格任用、考核以及法律责任等作了规定。2002年9月8日，江泽民在庆祝北京师范大学建校一百周年大会上指出："希望我们的教师为人师表、教书育人。教书者必先强己，育人者必先律己。教师的道德、品质和人格，对学生具有重要的影响。教师要注重言教，更要注重身教。教师的日常工作虽然是平凡的，但教育工作的意义却是很不平凡的。教师应该自觉加强道德修养，率先垂范，既要有脚踏实地、乐于奉献的工作态度，又要有淡泊明志、甘为人梯的精神境界，以自己的高尚人格教育和影响学生，努力成为青少年的良师益友，成为受到全社会尊敬的人。"2004年，胡锦涛在全国加强和改进未成年人思想道德建设工作会议上提出："高尚的师德，是对学生最生动、最具体、最深远的教育。广大教师要……，不断加强师德修养，把个人理想、本职工作与祖国发展、人民幸福紧密联系在一起，树立高尚的道德情操和精神追求。"2005年，教育部下发了《关于进一步加强和改进师德建设的意见》，进一步以政策文件的形式对教师道德提出了规范和要求。2006年，温家宝总理政府工作报告中提出：要培养一支德才兼备的教师队伍，造就一批杰出的教育家。中共中央、国务院2010年印发的《国家中长期教育改革和发展规划纲要（2010—2020年）》提出，努力造就一支德高尚、业务精湛、结构合理、充满活力的高素质专业化教师队伍。2011年4月24日，胡锦涛在庆祝清华大学建校100周年大会发表了重要讲话，提出："教育大计，教师为本。广大教师和教育工作者是推动教育事业科学发展的生力军。广大高校教师要切实肩负起立德树人、教书育人的光荣职责，关爱学生，严谨笃学，淡泊名利，自尊自律，加强师德建设，弘扬优良教风，提高业务水平，以高尚师德、人格魅力、学识风范教育感染学生，做学生健康成长的指导者和引路人。要把加强教师队伍建设作为教育事业发展最重要的基础工作来抓，充分信任、紧紧依靠广大教师，提升教师素质，提高教师地位，改善教师待遇，关心教师健康，形成更加浓厚的尊师重教社会风尚，使教师成为最受社会尊重的职业，努力造就一支师德高尚、业务精湛、结构合理、充满活力的高素质专业化教师队伍。"

（三）习近平总书记关于教育的重要论述的直接影响

马克思主义认为，一切划时代思想体系的真正内容，都是由产生这些体系的那个时代的特征和需要构成的[①]。"百年大计，教育为本；教育大计，教师为本。"以习近平同志为核心的党中央高度重视教育工作和教师队伍建设。习近平新时代中国特色社会主义思想被党的十九大确定为指导思想，绝非主观选择，而是我国发展进入新时代的客观必然[②]。习近平总书记指出，教师是"立教之本、兴教之源"。要实现中华民族伟大复兴梦，需要我们大力培养造就一支适合新时代特点的高素质、专业化教师队伍。

习近平总书记对教师队伍建设的重要论述主要分为以下几点：

1. 培养高素质教师的意义

2018年教师节，全国教育大会在北京召开，习近平总书记出席大会并发表了重要讲话，提出了加快推进教育现代化、建设教育强国的明确要求。习近平总书记在全国教育大会上强调："教育是民族振兴、社会进步的重要基石，是功在当代、利在千秋的德

---

① 李春华. 中国特色社会主义：马克思主义民族化的成功典范. 马克思主义研究，2011 (6)：44-50.
② 梁仲明. 论习近平新时代中国特色社会主义思想：中华民族伟大复兴的行动指南. 党政研究，2017 (6)：17-21.

政工程，对提高人民综合素质、促进人的全面发展、增强中华民族创新创造活力、实现中华民族伟大复兴具有决定性意义。"习近平总书记曾说："一个人遇到好老师是人生的幸运，一个学校拥有好老师是学校的光荣，一个民族源源不断涌现出一批又一批好老师则是民族的希望。国家繁荣、民族振兴、教育发展，需要我们大力培养造就一支师德高尚、业务精湛、结构合理、充满活力的高素质专业化教师队伍，需要涌现一大批好老师。"[1]

2. 关于高素质教师形象的论述

（1）高素质教师是"四有"好老师。习近平总书记给做好老师提出"四有"要求，即有理想信念、有道德情操、有扎实学识、有仁爱之心[2]，并指出老师的人格力量和人格魅力是成功教育的重要条件，"老师对学生的影响，离不开老师的学识和能力，更离不开老师为人处世、于国于民、于公于私所持的价值观"。"教育是一门'仁而爱人'的事业，爱是教育的灵魂，没有爱就没有教育。好老师应该是仁师，没有爱心的人不可能成为好老师。"[3]"四有"是社会主义核心价值观"富强、民主、文明、和谐，自由、平等、公正、法治，爱国、敬业、诚信、友善"在教师职业中的具体要求和体现。

（2）高素质教师要坚持"四个相统一"，做到"三个牢固树立"，做好"引路人"角色。习近平总书记提出："我们的教育是为人民服务、为中国特色社会主义服务、为改革开放和社会主义现代化建设服务的，党和人民需要培养的是社会主义事业建设者

---

[1] 教育部课题组. 深入学习习近平关于教育的重要论述. 北京：人民出版社，2019：129.
[2] 同[1]40.
[3] 习近平. 做党和人民满意的好老师：同北京师范大学师生代表座谈时的讲话. 人民日报，2014-09-10.

和接班人。好老师的理想信念应该以这一要求为基准。""好老师心中要有国家和民族，要明确意识到肩负的国家使命和社会责任。"① 他勉励教师要努力做到"三个牢固树立"，"希望全国广大教师牢固树立中国特色社会主义理想信念，带头践行社会主义核心价值观，自觉增强立德树人、教书育人的荣誉感和责任感，学为人师，行为世范，做学生健康成长的指导者和引路人；牢固树立终身学习理念，加强学习，拓宽视野，更新知识，不断提高业务能力和教育教学质量，努力成为业务精湛、学生喜爱的高素质教师；牢固树立改革创新意识，踊跃投身教育创新实践，为发展具有中国特色、世界水平的现代教育作出贡献"②。要坚持以立德树人为根本，培育和践行社会主义核心价值观，促进学生全面发展。习近平总书记希望广大教师要以德立身、以德立学、以德施教，坚持教书和育人相统一，坚持言传和身教相统一，坚持潜心问道和关注社会相统一，坚持学术自由和学术规范相统一③。习近平总书记要求教师做学生锤炼品格的引路人，做学生学习知识的引路人，做学生创新思维的引路人，做学生奉献祖国的引路人④。

3. 大力提倡全社会尊师重教

基于对教育重要性的认识及对教师的深厚感情，习近平总书记多次走访学校、慰问老师，用实际行动在全社会大力提倡尊师重教的良好风尚。习近平总书记明确要求："全社会要大力弘扬尊师重教的良好风尚，使教师成为最受社会尊重的职业。"⑤ "努力

---

① 习近平. 做党和人民满意的好老师：同北京师范大学师生代表座谈时的讲话. 人民日报，2014-09-10.
② 习近平向全国广大教师致慰问信. 人民日报，2013-09-10.
③ 习近平在全国高校思想政治工作会议上强调 把思想政治工作贯穿教育教学全过程 开创我国高等教育事业发展新局面. 人民日报，2016-12-09.
④ 教育部课题组. 深入学习关于教育的重要论述. 北京：人民出版社，2019：133.
⑤ 同②.

提高教师政治地位、社会地位、职业地位,让广大教师享有应有的社会声望,在教书育人岗位上为党和人民事业作出新的更大的贡献。"① "充分信任、紧紧依靠广大教师,支持优秀人才长期从教、终身从教。"②

(四)《中共中央 国务院关于全面深化新时代教师队伍建设改革的意见》的出台

2018年1月20日发布的《改革的意见》从总体要求到师德师风、从专业能力到地位待遇、从综合改革到服务保障,对深化教师队伍建设改革作出了具体规定。

《改革的意见》从加快推进教育现代化和建设教育强国的全局出发,明确了全面深化新时代教师队伍建设改革的总体要求。在指导思想上强调,要全面贯彻落实党的十九大精神,以习近平新时代中国特色社会主义思想为指导,坚持和加强党的全面领导,坚持以人民为中心的发展思想,坚持全面深化改革,全面贯彻党的教育方针,坚持社会主义办学方向,落实立德树人根本任务,遵循教育规律和教师成长发展规律,加强师德师风建设,倡导尊师重教社会风尚,形成优秀人才争相从教、广大教师尽展其才、好老师不断涌现的良好局面。在目标任务上,到2035年,培养造就数以百万计的骨干教师、数以十万计的卓越教师和数以万计的教育家型教师。教师管理体制机制科学高效,实现教师队伍治理体系和治理能力现代化。尊师重教蔚然成风,广大教师在岗位上

---

① 习近平在全国教育大会上强调 坚持中国特色社会主义教育发展道路 培养德智体美劳全面发展的社会主义建设者和接班人. 人民日报,2018-09-11.
② 习近平. 做党和人民满意的好老师:同北京师范大学师生代表座谈时的讲话. 人民日报,2014-09-10.

有幸福感、事业上有成就感、社会上有荣誉感,教师成为让人羡慕的职业。

《改革的意见》提出:"健全师德建设长效机制,推动师德建设常态化长效化,创新师德教育,完善师德规范,引导广大教师以德立身、以德立学、以德施教、以德育德,坚持教书与育人相统一、言传与身教相统一、潜心问道与关注社会相统一、学术自由与学术规范相统一,争做'四有'好教师,全心全意做学生锤炼品格、学习知识、创新思维、奉献祖国的引路人。"为落实习近平总书记关于"教育者先受教育"的指示和关于"四有"好老师、"四个引路人"等要求,《改革的意见》明确提出要坚定政治方向,着力提升教师思想政治素质和师德师风水平。通过加强教师党支部和党员队伍建设、提高政治思想素质、加强师德师风建设,引导广大教师坚持以德立身、以德立学、以德施教,做先进思想文化的传播者、党执政的坚定支持者、学生健康成长的指导者,自觉承担起传播知识、传播思想、传播真理的历史使命和塑造灵魂、塑造生命、塑造新人的时代重任。

有高素质的教师,才能有高质量的教育,《改革的意见》明确提出实施教师教育振兴行动计划,加大师范教育支持力度,适时提高师范专业生均拨款标准。同时,围绕建设高素质专业化的中小学教师队伍、建设高素质善保教的幼儿园教师队伍、建设高素质双师型的职业院校教师队伍、建设高素质创新型的高校教师队伍,就加大培训力度、提升培训质量、提高教学能力等提出了具体的保障措施。

我们要充分认识教师工作的重要性,把全面深化新时代教师队伍建设改革作为一项重大政治任务和根本性民生工程,坚持以人民为中心的发展思想,优先谋划教师工作,优先保障教师工作投入，优先满足教师队伍建设需要，进一步强化问题导向、优化制度设计、破解发展瓶颈，努力形成优秀人才争相从教、教师人人尽展其才、好教师不断涌现的良好局面。从长远来看，提高教师的经济待遇和社会地位，是从根本上解决当前教师职业吸引力不足以及职业倦怠的最有效也是最迫切的举措，从这一点上来讲，提高教师的经济待遇和社会地位，可作为当前全面深化新时代教师队伍建设改革的着眼点。

二、创新型教师队伍建设

习近平总书记指出，教师是"立教之本、兴教之源"[①]。《改革的意见》提出了要培养造就党和人民满意的高素质专业化创新型教师队伍。高素质专业化创新型教师队伍建设是提升教育质量的动力源泉，是加快教育现代化的关键；高素质专业化创新型的教师队伍是强国之本，是建设人力资源强国的必然要求，是建设科技创新强国的需要[②]。

（一）创新型教师队伍建设是新时代赋予的重要使命

党和国家历来重视教育和教师队伍建设，经过多年的积累，培养打造了一支数量基本充足、结构不断优化、相对稳定的高质量教师队伍，取得了明显成效。新中国成立以来，特别是经过改革开放 40 余年的发展，我国已经进入了自主创新时代，这就对我国人力资源队伍提出了新的要求，能否培养出具备创新能力的人

---

① 习近平向全国广大教师致慰问信. 人民日报，2013-09-10.
② 刘昌亚. 加快推进教育现代化开启建设教育强国新征程：《中国教育现代化2035》解读. 教育研究，2019（11）：4-16.

力资源队伍是我国经济社会能否持续发展的基础性条件。

党的十八大以来，以习近平同志为核心的党中央把创新摆在国家发展全局的核心位置，加快了推进以科技创新为核心的全面创新。习近平总书记多次强调"创新是引领发展的第一动力"。习近平总书记指出："创新是一个民族进步的灵魂，是一个国家兴旺发达的不竭动力，也是中华民族最深沉的民族禀赋。在激烈的国际竞争中，惟创新者进，惟创新者强，惟创新者胜。"[1] 2018年"两会"期间，习近平总书记在参加广东代表团审议时强调，发展是第一要务，人才是第一资源，创新是第一动力。"三个第一"的重要论断深化了对创新驱动发展的认识，也是当前推进高质量发展的三个关键点。"发展""人才""创新"三要素是高度统一的集合体，没有创新驱动的发展就谈不上高质量发展，没有人才支撑的发展也不会是高质量发展。2020年9月11日，习近平总书记在科学家座谈会上再次强调创新型人才教育培养的重要性，他指出："人才是第一资源。国家科技创新力的根本源泉在于人。十年树木，百年树人。要把教育摆在更加重要位置，全面提高教育质量，注重培养学生创新意识和创新能力。"

当前，中国特色社会主义事业进入了新时代，教育事业处在新的历史起点、进入了新的历史时期。党和国家的新要求，人民群众的新需求，加快推进教育现代化、建设教育强国、办好人民满意教育的新任务，都对建设一支人民满意的高素质专业化创新型教师队伍提出了新的更高的要求。

在全国教育大会上，习近平总书记发表重要讲话，对广大教师为国家发展和民族振兴作出的重大贡献给予了高度评价，对建

---

[1] 习近平. 习近平谈治国理政. 北京：外文出版社，2014：59.

设高素质专业化创新型教师队伍寄予了殷切希望，提出了明确要求，提供了根本遵循。习近平总书记的重要讲话高屋建瓴、思想深刻、内涵丰富，是指导新形势下做好教育工作的纲领性文献，是新时代加强教师队伍建设的行动指南①。进入新时代，教师队伍建设面临新机遇、新矛盾、新挑战。习近平总书记关于教育、教师队伍建设的重要论述，站在历史与现实、世界与中国的战略高度，深刻阐明了教师队伍建设的方向，深刻诠释了对新时代好老师的内涵要求，集中体现了对教师地位的新认识和对新时代教师职业的新要求，同时也充满了对广大教师的亲切关怀和殷切期望②，突显了鲜明的中国特色和时代气息。

创新人才是创新型国家建设和持续发展的不竭动力，创新人才和创新精神的培养离不开教育。2017年10月30日，习近平总书记在会见清华大学经济管理学院顾问委员会海外委员和中方企业家委员时指出，人才是创新的根基，是创新的核心要素。培养人才，根本要依靠教育③。教师是教育的直接实施者，培养人才的关键在教师；创新型人才的培养，离不开具有创新思维、创新意识和创新能力的高素质教师。研究表明，教师的创新性与学生的创新性有较高的关联性④。一个缺乏创新精神、创新思维和创新能力的教师，一个不重视学生创新精神、创新思维和创新能力培养的教师，绝对不可能培养出创新型人才。站在新的历史起点，中国正以崭新的姿态走近世界舞台的中央。时代呼唤创新，使命督促创新。扎根中国大地办教育，提高我国教育事业整体水平，

---

① 本报评论员. 教师要承载起新时代赋予的重任. 中国教师报, 2018 – 09 – 19.
② 于发友. 打造人民满意的高素质专业化创新型教师队伍. 广东第二师范学院学报, 2019 (1)：1 – 4.
③ 教育部课题组. 深入学习习近平关于教育的重要论述. 北京：人民出版社, 2019：224.
④ 郭炜. 构建创新型教师培养与成长模式. 教育·校长参考, 2019 (10)：66.

加快推进教育现代化，建设教育强国、人才强国，适应新时代创新发展的要求，办好人民满意的教育，关键是建设一支高素质创新型的教师队伍。面对新形势和新任务，如何培养更多更好的创新型教师，持续激发教师创新活力，打造创新求进的教师队伍，是教师教育的重大任务和重要使命。

（二）创新型教师的内涵

创新型教师这一概念，最早是在1998年中央教育科学研究所牵头进行的"创新教育的研究与试验"课题实施过程中提出的。创新型教师是指具有创新素养（个体特征），能够有效地利用创新教育的原理和方法（教育教学行为），卓有成效地培养创新型人才（教育教学成果）的教师。创新型教师的特征主要包括宏观和微观两个方面。宏观特征包括创新型教师的教育理念特征、职业素质特征、创新素质特征等，微观特征主要包括创新型教师的个体特征、创新型教师对教育影响的调控特征、创新型教师对学生的调控特征、创新型教师对环境的把握特征、创新型教师的基本素质特征等[①]。

创新是建立在教师的专业素养和专业化发展基础之上的一种更高层次的素质类型和专业行为，教师只有在深入把握一定程度的专业知识、能力与精神的前提下，才有可能对教育教学进行实践和理论的创新[②]。具体来说，新时代创新型教师的素质构成主要包括以下几个方面：

---

① 李春玉，王宇航. 再论创新型教师的含义及特征. 通化师范学院学报（人文社会学科），2019（5）：56-59.

② 李琼，裴丽. 建设高素质专业化创新型教师队伍：基于《中国教育现代化2035》的政策解读. 中国电化教育，2020（1）：17-24.

1. 要热爱教育事业，有胸怀祖国、服务人民的优秀品质

创新型人才的特征之一是要充满对他人、对社会、对自然的责任感和爱心。创新型教师作为特殊的创新型人才群体，首先要有爱党爱国爱人民爱学生的情怀，要有强烈的事业心和责任感，坚持教育报国，将促进学生健康成长成才作为教育的根本出发点和落脚点，这是创新型教师要具备的首要条件。我国著名心理学家林崇德曾说过："我不仅仅把教师的工作理解为授业解惑，更自觉地把它看成是教书育人并为之终生奋斗的目标。"① 只有具有崇高的责任感和使命感，热爱教师事业，对党和国家、人民具有深厚的感情，对学生充满仁爱之心，才能做好立德树人工作，才能担负起培养创新型人才的职责。

2. 具备扎实的基础知识，不断更新知识结构

教师具有教书育人的职责，教师的教学质量与其掌握知识的程度密切相关。创新型教师要有持续的学习热情和探究能力。习近平总书记在中央党校建校80周年庆祝大会暨2013年春季学期开学典礼上发表讲话，提道："当今时代，知识更新周期大大缩短，各种新知识、新情况、新事物层出不穷。有人研究过，18世纪以前，知识更新速度为90年左右翻一番；20世纪90年代以来，知识更新加速到3至5年翻一番。近50年来，人类社会创造的知识比过去3 000年的总和还要多。"② 面对瞬息万变的知识更新和日新月异的科学技术发展，广大教师只有努力学习，才能跟得上时代发展、担负起教书育人的神圣使命。正如习总书记所说："如果我们不努力提高各方面的知识素养，不自觉学习各种科学文

---

① 林崇德：人才培养关键在教师：从德育到核心素养．(2017-09-29)．https://m.sohu.com/a/195481761_699372．

② 习近平．习近平谈治国理政．北京：外文出版社，2014：403．

化知识，不主动加快知识更新、优化知识结构、拓宽眼界和视野，那就难以增强本领，也就没有办法赢得主动、赢得优势、赢得未来。"① 教师掌握的知识越丰富，教师的创新知识结构也就越合理。因此，广大教师想要提升综合素养，成为创新型教师，就要坚持不断学习新知识，打牢知识基础，不断更新知识结构。只有不断学习才有可能进行创新，只有不断学习，才能教好书、育好人，才能为党育人、为国育才。

3. 具有创新素养，不断提高创新能力

只有创新型的教师才能培养出创新型人才。20世纪80年代初，林崇德提出，创造性人才＝创造性思维＋创造性人格。因此，创新型教师要具有独立判断能力和批判性思维能力，勇于打破陈规，提出新问题、分析新问题、解决新问题，要始终具有旺盛的求知欲和强烈的好奇心，要善于观察、对事物运行机制有深究的热情，有丰富的想象力、敏锐的知觉等。概括来说，创新意识、创新思维、创新精神和创新能力，都是创新型教师必备的不可缺少的基本素养。创新思维内化于教师独立思考的能力，创新意识的形成与教师的意愿和兴趣有很大的关系。教师要具备强烈的创新意识，始终保持好奇心、善于观察，对从事的领域兴趣强烈，不断尝试采取各类具体的创新行为，不断提高自己的创新能力。在创新过程中教师要保持耐心与信心，愿意花费更多的时间和精力去研究和探讨，凭借知识上的优势对一些问题提出质疑，带领学生们挖掘事物的真实性。

4. 积极创新教学方法和手段，不断提升教育教学能力

不断提升教师的教学能力，是做好教育教学工作的基础，是

---

① 习近平. 习近平谈治国理政. 北京：外文出版社，2014：403.

提高教育质量的必然要求和根本举措,对创新型教师来说尤为重要。以学生发展为中心,改革传统教学模式,提高课堂教学质量,这都要求教师改变传统的教学思维方式,积极主动地创新教育教学方法、善于运用科学发展的最新成果、运用现代化的教育教学方法和手段,通过创新思路、因材施教,切实提高教师的教学技能,从而提升教学质量。

(三)创新型教师的培养

1. 科学构建创新型教师的职前培养体系

培养创新型教师,要求在教师教育的职前培养阶段把培养学生的创新意识、创新精神、创新思维、创新能力摆在首位。激发学生的好奇心和求知欲,激励学生勤于思考和敢为人先的探究意识,塑造学生超前、独立、灵活的思维品质,引导学生以科学的精神和坚韧的意志开展创新实践,是创新型教师的应有之义。这就要求构建起包括课程内容、教学方法、实践环节、评价体系、管理制度等方面的科学有效、符合新时代需要的创新型教师的教师职前培养体系。

课程内容要丰富合理。创新型人才的知识结构既要有广度又要有深度,既要有扎实的多学科知识又要有精深的专业知识,只有建立起通识和专业(包括学科专业和教育专业)、理论与实践相融合的完备、全面、超前、实用的知识结构和课程体系,才能培养学生的创新素质。

教学方法要科学灵活。教师教育的教学方法具有示范和引领作用,要积极推进研究性教学,充分利用信息技术的能力。随着云计算、大数据、虚拟现实、人工智能的迅速发展,信息技术正在构造一个网络化、数字化和智能化有机结合的教育环境。信息化教学的新产品、新方案层出不穷,在信息技术环境中,教师不仅需要现代化的信息技术手段,更需要用全新的观念、理论和方法去指导教育教学活动的各个领域和环节①。

实践教学要扎实有序。创新素养的提升要建立在"反思-实践"的批判思维能力以及扎实的实践教学基础之上。2018年2月,教育部等五部门印发的《教师教育振兴行动计划(2018—2022年)》,提出推动实践导向的教师教育课程内容改革和以师范生为中心的教学方法变革。在教育实习方面以及毕业设计、毕业论文等方面,要以"问题意识"为引领,建构真实的教学实践场景,设计好环节、流程和内容,运用案例教学、项目作业等多样化的教学方式帮助师范生建构反思探究能力,让学生在创新思维、创新意识、创新能力、科研方法及治学态度等方面得到系统训练。

评价体系、管理制度要合理有效。科学合理的评价体系是培养创新型教师的保障,要将知识的学习和能力的锻炼结合起来,采取灵活多样的考试办法,综合考核学生发现问题、分析问题、解决问题的能力,建立有效的激励机制,鼓励教师指导学生进行自主的创新性学习。完善的管理制度是创新型教师培养的制度保障,鼓励学生个性化选时、选课、选师,形成多样的培养机制;实行双导师制,注重协同育人,校内导师指导学生参与教育科研工作,校外导师(包括中小学教师、教研员等)凭借丰富的专业实践经验,指导学生实践教学。

2. 合理设计创新型教师职后研修体系

创新型教师培养需要更新教师的教育理念和职业发展观。创新型教师队伍建设要从改变教师的思想观念入手,要确立以学生

---

① 教育信息化大背景下,如何做"创新型"教师. (2018-11-27). https://www.sohu.com/a/278199944_484131.

为中心的教育理念，充分了解学生特点和学生需求，为学生创造性学习和实践提供有力的支持；要兼顾知识性教育和学生能力培养，转变传统课堂教学模式，激活学生创造潜能；树立终身学习的理念，不断提升教育教学能力，让优秀的人培养更优秀的人。要引导教师树立正确的职业发展观，积极应对未来学生发展需要和教学内容、方式方法变革，自觉更新知识，开展深度学习，探索专业创新，对学生学习和创新发展起到榜样示范和引领带动作用[1]。

创新型教师培养需要开展有效的研修培训。创新型教师队伍建设，要依靠不断学习，必须构建有效的教师在职研修培训体系，促进教师创新能力培养。要加强教师培训需求诊断，建立分类分层培训课程体系，加大对乡村、山区和边远地区教师培训力度，加强教师教学能力和信息技术应用能力培训，确立全员培训制度。构建校内校外、国内海外、线上线下、短期长期相结合的教师研修培训体系。建设教育行政部门、教育科研机构、师范院校和中小学（幼儿园）的合作、联动、协同的培训机制，健全教师培训质量保障体系，加强教师培训过程监控和绩效考核。通过构建教育教学发展平台和组织教学竞赛等为教师提供系统化、专业化、个性化培养服务[2]，特别是要深入开展教师创新型能力培养主题培训活动，让教师接受系统的创新型教育培训，不断提升教师的教育教学水平、教育科研能力和创新引领能力。

创新型教师培养需要创造激发教师创新创造活力的良好环境。新时代加强创新型教师队伍建设，要全面深化教师管理体制机制改革，激发教师队伍建设的新发展活力，破除教师发展方面的深

---

[1] 席梅红，汤贞敏. 面向2035：建设广东高素质专业化创新型教师队伍. 广东教育·综合，2020（9）：6-8.

[2] 陆风. 打造高素质专业化创新型教师队伍. 陕西日报，2020-10-09.

层次体制机制障碍，推动教师队伍从专项管理向现代治理转变，开启全面建设高素质专业化创新型教师队伍的新征程①。2020年，教育部部长陈宝生在全国教师发展大会上强调：教师资源配置要"更均衡"，教师职业发展要"更通畅"，教师考核评价要"破五唯"。广大教师要解放思想、大胆创新、专心教学、潜心科研。各级政府、学校要为教师创新提供基本条件，破除教师发展方面的深层次体制机制障碍，为教师创新创造一个宽松可靠、安全稳定、逐步推进的良好的制度环境。新时代加强创新型教师队伍建设，要不断提升教师地位待遇，要重投入、轻负担、强宣传，让尊师重教蔚然成风，为教师创设能够激发创新潜能和创新行动的平台与环境。

3. 建立教师教育一体化的培养机制

教师教育一体化，是指按照教师专业发展的不同阶段，把教师的职前教育、入职教育和职后教育整体设计、统筹规划的教师教育体系。教师教育一体化，是在终身教育思想和教师专业发展理论的影响下发展和完善的，也是世界范围内教师教育改革的基本趋势。教师教育一体化凸显教师教育的专业性，坚持教师发展的终身性，突出教师培养的连续性，强调教师素质的整体性，在实践过程中需要基于一体化的视域，建构连续性的目标体系，设置层级式的课程结构，创新协同型的培养机制，建立整合化的保障系统②。

2018年，教育部等部门提出加强教师教育体系建设，基本形成开放、协同、联动的现代教师教育体系。教师教育一体化，一

---

① 中共教育部党组. 开启全面建设高素质专业化创新型教师队伍新征程. 光明日报，2020-10-09.
② 陈时见，李培彤. 教师教育一体化的时代内涵和培养路径. 教师教育研究，2020（2）：1-6.

是要根据教师职前、入职和职后的特点和需求，制定不同阶段相互支持的、清晰连贯具体的培养目标体系。二是要构建高校与地方政府、中小学幼儿园联合培养的教师培养机制，明确高校、地方政府、中小学幼儿园在职前教师培养、入职教育和职后教师发展中的任务，形成协同育人的培养机制。三是要依据教师专业成长和发展的规律，按照教师教育一体化的培养目标，统筹衔接教师教育职前、入职与职后培养的课程体系，设置层级式的课程结构，构建学科专业课程和教育专业课程、理论课程和实践课程并重且相互融合的课程体系，引导学生开展主动性、独立性、反思式、开放式学习从而形成创新型教师必需的反思、探究、创新能力。四是探索分层统整、相互交流的教师教育队伍建设体制机制，建设"大学—政府—区域教研机构—中小学幼儿园"职前与职后有机衔接的教师教育者专业发展平台[①]，培养胜任教师教育一体化的师资队伍。五是要建立教师教育一体化的管理体制机制，为教师教育一体化提供制度保障。教师教育一体化是涉及不同的办学机构和管理部门的一个庞大复杂的体系，确立一套行之有效的管理和评价的体制机制至关重要，这是保障教师教育一体化有序有效开展的重要前提。

三、大力振兴教师教育

大力振兴教师教育，是建设一支宏大的高素质专业化教师队伍的重要基础，要从吸引优秀人才从教、构建开放灵活的教师培养体系、实施乡村教师素质提升计划等多方面入手。

---

① 李琼，裴丽. 建设高素质专业化创新型教师队伍：基于《中国教育现代化 2035》的政策解读. 中国电化教育，2020（1）：17-24.

(一) 进一步拓展教师补充渠道

"补充"不仅仅指数量上的吸纳补充,而是注重质量的纳新,其目的是吸引更加优质的人才任教。教师补充渠道应该注重教师队伍建设过程中对优秀人才的吸引而不仅仅是制定一系列的"准入标准"。"补充"的主要形式有强制补充和自愿补充。如:美国教师的补充人员包括通过各种教师资格认定、有志于从事教育事业的教育和非教育专业毕业生、退伍军人等;法国教师补充人员主要是通过各种教师考试和岗前培训的优秀人才[1]。我国学者指出教师补充要"进得来"和"愿意来"。与"补充"相对应的为"退出"。"退出"主要指强制退出,不仅仅指不合格人员的退出,还包括不合格机构的退出。在美国,退出的是不合格的教师教育机构、教师候选人与教师,退出的教师主要是那些获得教师资格之后不思进取,没有继续学习动力的教师;在英国,侧重于退出不合格的教师培养机构、课程和教师候选人;在法国,主要退出那些不安心教师职业导致教学质量下降的教师和一些没有经过任何训练也没有获得教师资格证的教师助手(辅助者)[2]。"退出"是"补充"的前提,目前我国教师队伍建设中"退出"机制不够完善在一定程度上是"补充"难的原因之一,因此研究教师的"退出"机制,是补充渠道研究必不可少的一个方面。

1. 发挥政府主导的补充渠道

政府在教师补充渠道中发挥着主导作用,通过对相关政策的制定来补充教师队伍。早在 1997 年,英国政府就把教育的头等大事确定为如何吸引更多的人从事教职,并制定了一系列措施提升

---

[1] 唐松林. 中国农村教师发展研究. 杭州:浙江大学出版社,2005:241-260.
[2] 张世辉,周鸿. 农村教师补充与退出机制的研究综述. 教育学术月刊,2009 (10):69-71.

教师职业待遇、地位和职业标准。如为减轻中小学教师的工作负荷，使教师专注于教学工作，英国政府为每一位教师提供一名助手[①]。美国订立了"向教学过渡计划"，该计划通过吸收其他专业和学科领域优秀人才进入教学领域，以弥补中小学教师数量短缺及教师结构失调等问题。2018年我国发布的《改革的意见》针对新时期我国教师队伍的补充提出："完善中小学教师准入和招聘制度。完善教师资格考试政策，逐步将修习教师教育课程、参加教育教学实践作为认定教育教学能力、取得教师资格的必备条件。新入职教师必须取得教师资格。严格教师准入，提高入职标准，重视思想政治素质和业务能力，根据教育行业特点，分区域规划，分类别指导，结合实际，逐步将幼儿园教师学历提升至专科，小学教师学历提升至师范专业专科和非师范专业本科，初中教师学历提升至本科，有条件的地方将普通高中教师学历提升至研究生。建立符合教育行业特点的中小学、幼儿园教师招聘办法，遴选乐教适教善教的优秀人才进入教师队伍。按照中小学校领导人员管理暂行办法，明确任职条件和资格，规范选拔任用工作，激发办学治校活力。"

  我们需要加强教师补充政策的弹性。我国不同地区之间的差异较大，即便同一地区的城镇地区与农村地区的教育水平也存在很大的差异，政府基于统一的标准制定教师补充政策，难以照顾到各地区的差异，政策弹性较小，容易导致政策在实施过程中出现失真，不利于各个地方根据本地实际情况建立相应的教师补充政策，从而降低政策的实际效用。因此，政府在制定教师补充政策时应该充分考虑政策的弹性，特别是应该充分调动地方政府根

---

① 郭勉成. 英国政府将为每位教师配备助手. 比较教育研究，2003（1）：92.

据国家统一的政策制定适应地方特色的教师补充政策的积极性，充分发挥地方政府在教师补充政策方面的自主性，从而探索出适应当地的教师补充政策。

我们还需要科学运用政策工具。政策工具是政府赖以推行政策的手段，也是政府在部署和实施政策时拥有的实际方法和手段①。教育政策取得预期效果的前提是各类政策工具需要根据不同的事情和条件进行合理的配置和不断的调整②。不同的政策工具因其各自的特点发挥着各自的作用，我国教师补充政策呈现出以命令性工具为主，激励性工具、能力建设工具、系统变革工具、劝告告知工具使用较少的现状。命令性工具能够在短期内取得一定的效果，但是其缺点也相对明显，容易造成矛盾关系，不利于长期的教师补充机制。对于政策工具的运用要针对具体的政策内容，综合考量政策目标、政策资源和政策环境，从而科学地组合、运用相应的政策工具，以建立科学合理的教师补充政策。

2. 发挥社会组织的补充渠道

社会组织力量是志愿者教师补充的重要渠道。如美国的"为美国而教"（Teach for America，TFA），其以缩小贫富地区之间教育不平等差距为目标，招募并选拔美国一流高校的优秀大学生对其进行培训，之后派遣这些志愿者教师到师资短缺的公立学校进行两到三年的教学活动。该组织将其发展立足于服务社会现实需求，并根据社会发展需要对组织发展规划及时进行调整，充分考虑社会对教师补充需求在不同地区、学科和族群等方面的差异性，根据社会发展的需求发展自身的教师补充机制，并且定期请

---

① 豪利特，拉米什. 公共政策研究：政策循环与政策子系统. 庞诗，等译. 北京：生活·读书·新知三联书店，2000：141.

② 顾建光. 公共政策工具研究的意义、基础与层面. 公共管理学报，2006（4）：58-61.

专业团队进行调研与评估，在研究基础上对组织的定位、规模、机构和运作性能等及时调整，通过组织与社会共同发展的有效方式，实现其长足发展。其原先的核心价值观为"责任、不间断的学习、成就、效率、正直、洞察力、灵敏性"，而经过 2005 年与 2010 年的两次调整，该组织目前的核心价值观为"转型变革、团队、领导力、尊重与谦虚、多样性"。自 1990 年成立以来，它通过自身的教师补充机制，向美国最需要地区的中小学输送教师超过 5 万名，全部受益学生近 300 万人。

自 20 世纪 80 年代末我国从事教育的社会组织起步发展，到目前为止也形成了一定规模和影响，但是这些社会组织还处于发展的初级阶段，对教育还不能起到像美国 TFA 那样大的影响，尤其是在吸引志愿者教师方面。以 2014 年为例，中国的"为中国而教"组织为中国农村地区新输送 200 名志愿者教师，占当年中国补充教师总数的 0.06%。在同一年，TFA 新招募教师 4 500 名，占当年美国新招募教师总数的 2.6%。根据 21 世纪教育研究院和北京西部阳光农村发展基金会的调查，目前在民政部门注册的教育公益组织达 3 000 多个，在从业者学历构成上，本科毕业者比例最高（59%）。从事教育的社会组织应该成为教师补充重要渠道之一，可以通过制定对社会组织实施倾斜性的国家教育政策，调动社会组织参与建设教师补充机制的主动性；树立有影响力的个人和团体典型，借助主流媒体突显个人参与教师补充机制建设的意义，最终逐渐在社会上形成投身公益、服务社会的良好风气。

3. 发挥退出机制的补充渠道

"退出"不等于退休等形式的自动退出，它是一种强行退出，退出的是那些不能适应教育要求而且专业水平低下难以提高自身水平的不合格教师。教师质量保证的规则能够有效地退出不合格的教师教育机构、教师候选人与教师。如美国的"四位控制"规则即教师教育机构的资格认定、初任教师的资格认定、优秀教师的资格认定和教师教育课程设置的认定，英国的"四骑马手"规则即指教师教育机构的资格认证、教师教育质量检查、教师教育课程审定和教师资格证书颁发等四项制度，都是从教师教育机构、教师在岗资格、教师教育课程的合理性几方面来保障中小学教师的质量[①]。

我国《国家中长期教育改革和发展规划纲要（2010—2020年）》明确提出："加强教师管理，完善教师退出机制。"第一次以政策文件的形式明确提出了教师"退出机制"的概念。2018年发布的《改革的意见》也明确提出："实行定期注册制度，建立完善教师退出机制，提升教师队伍整体活力。"教师退出机制已经成为教师队伍建设中的重要主题。有学者提出，退出规则需要从以下几个方面着手：细化教师教育机构资格认定制度、建立教师教育机构质量的评价制度、建立教师教育课程的鉴定制度、以省或地区为单位建立教师资格证书认证制度、废除教师资格证书终身制、实施中小学教师资格证书更新制度、实行招聘权与选择权分离制度。具体而言，教师退出机制作为教师补充的一个渠道，应该从以下几个方面着手：

（1）明确统一的教师标准。劳伦斯等人把不合格教师界定为：1）对学生和教学缺乏热情；2）与学生的关系处理不当；3）教育教学技能欠缺；4）缺乏组织性的课堂教学；5）课程知识的缺失[②]。可以根据上述标准分别对中小学教师的教师职业道德、教育教学能力、教学态度等制定详细的标准，以此来衡量教师是否达到标

---

① 景小涛，余龙. 农村义务教育教师补充机制探析. 外国中小学教育，2013（12）：33-38.
② 徐祖胜. 美国公立中小学不合格教师的解聘机制及启示. 青年教师，2007（7）：33-35.

准，特别是在师德方面，对于存在师德方面问题的教师零容忍。

（2）完善退出程序。对于不合格的教师应该秉承"及时发现、及时补救"的原则，对他们进行专门的辅导和培训，经过辅导期的训练和考核，达到合格标准的教师可以重新回到教师岗位，依旧不胜任的教师进入审议阶段，由专门的行政管理部门进行审议，教师有权对此进行辩论和反驳。仍有异议的可先由上级主管部门进行调解，不愿意调解或者调解不成的，再按照有关规定向仲裁机构申请仲裁，对仲裁坚决不服的，还可以向法院提起诉讼，经由司法程序加以判决[①]。

（3）建立退出保障机制。对于退出之后的教师的再就业、生活等方面需要制定一定的保障机制，以确保他们能够接受退出，可以从物质层面和精神层面给予相应的补助，并在心理上进行疏导，以减轻他们对退出机制的抵制。完善的教师退出保障机制，能够保证退出教师最基本的生活所需，对退出后的教师也可以进行培训再就业。合理有效地退出才能确保教师队伍的不断补充，才能吸引优秀的人从教。

（二）构建开放灵活的教师培养体系

教师培训是教师教育的重要内容之一，也是提高教师队伍建设的有效途径。国外发达国家的教师培训经历了由注重专业知识的学术理性主义取向，到注重专业技能、联系实践的认知过程取向，再到注重教师专业发展和社会需求的人本主义取向和社会重建主义取向[②]。我国学者在对中小学教师培训现状进行调查后指

---

① 张彩云. 我国中小学不合格教师退出机制研究. 教育科学研究，2017（3）：93-96.
② 关松林. 发达国家中小学教师培训的经验与启示：以美国、英国、日本为例. 教育研究，2015（12）：124-128.

出：目前国内教师培训还存在着大学本位培训模式并不能完全满足中小学教师专业发展的内在需求，培训主体和参训主体的培训动机存在错位现象，不同层级培训内容之间缺少关联，对处于不同专业发展阶段教师的关照缺少针对性，培训方式缺乏创新等方面的问题[①]。我们应从以下几方面建构我国教师培训体系：

1. 设置全方位的培训目标

在教师培训目标的设置方面，美国将中小学教师培养的目标设置为"多角色"型，即通过培训使教师真正成为教育专业的学者，成为能够运用深厚的知识储备与人生经验为学生的学习生活作出良好判断的决策者，成为言行举止、思想品德都可以引领学生的示范者；英国将教学目标放置在培养"完整型"的教师上，"完整"的含义包括三个方面：优良的个人品质、精湛的教育教学技能和较强的学习能力，三者和谐统一于一身，就是英国期望的教师模范[②]；日本提出中小学教师培训不能仅仅局限在积累专业知识、提高专业技能上，更要注重教师在教育科研上的探索与研究，还要注重个人的思想品德教育，尤其是良好的个人修养、积极的工作态度与科学的教学理念[③]。我国不能一味地照搬发达国家的经验，应该根据国情按照国家发布的教师培训指导方针，结合地区的差异，有针对性地设置中小学教师培训目标。《国家中长期教育改革和发展规划纲要（2010—2020年）》提出：完善教师培训制度，将教师培训经费列入政府预算。扩大了培训范围，并

---

① 郑珍珍，张恩仁. 中小学教师培训：现状、问题及对策. 河北师范大学学报（教育科学版），2017（2）：120-124.
② 杜静. 行与知的审视：英国教师培训的实践取向. 比较教育研究，2012（12）：30-34.
③ 关松林. 发达国家中小学教师培训的经验与启示：以美国、英国、日本为例. 教育研究，2015（12）：124-128.

对教师设置了培训年限。《国务院关于深入推进义务教育均衡发展的意见》强调,深入推进义务教育均衡发展,着力提升农村学校和薄弱学校办学水平,全面提高义务教育质量。教师培训的目标设置应该根据这些政策,从学生、社会和学科发展的需求出发,在培训的内容、形式、监管、评价等方面设置清晰明确的具体目标,以实现这些政策所设定的目标。

2. 确定实践性知识的培训内容

实践性知识是由教师的教育信念、自我知识、人际知识、情景知识、策略知识和批判反思性知识等综合作用、融合之后形成的教育智慧,是实践化了的学问知识。因此,中小学教师培训内容的选择和设置应注重教师实践性知识的转化与提升,一方面充分挖掘教师既有的实践性知识,使其显性化,通过显性化升华教师的实践性知识;另一方面把个体实践性知识与其他参培教师共享,从而不断推动教师实践性知识的重组、优化和创新[①]。如日本的新任教师培训内容在结构上主要包括校内研修和校外研修两个部分,其中校内研修包括师德、教材教法、学生指导、课外活动、班级管理等专题,校外研修主要包括海上进修、合宿进修和在教育中心接受指导。海上进修内容由两部分组成,一部分是船上活动,主要有讲课、分班研讨和娱乐活动;另一部分是每到港口下船视察当地的生产、生活、民俗与地理情况,参观当地的文化设施和生产基地,开阔新教师视野[②]。

中小学教师培训课程内容应贴近教师教学实际,反映和解决教师日常教学中遇到的困难和问题。在培训内容确定之前,应该

---

① 黄晓娜. 发达国家中小学教师培训课程的经验与启示. 东北师大学报(哲学社会科学版), 2019(3): 164-169.

② 李江源. 日本新任教师的培训形式及特点. 中小学教师培训, 1994(5): 56-57.

针对培训对象进行预调查，了解他们的学习需求，根据教师的真实反馈增强培训内容的针对性，调动教师参与培训的积极性。针对不同的培训对象确定不同的培训内容，如对于新任教师而言，培训应该主要聚焦于帮助教师尽快适应由学生向教师角色身份的转化，重在提高他们的课堂教学管理方面的实践能力。除具有针对性的培训内容之外，教师培训还应该包括通识方面的培训，如教育理论知识培训、学科专业知识培训和现代化教学知识运用方面的培训。教师发展，并不仅仅是技术的维度的发展，如知识和教学技能的发展，而主要是一种道德和情感的维度的发展。情感并不是与知识、理性对立的，情感与知识是内在交织的，知识以情感为前提，认知建立在情感偏好的基础上，情感又以知识为基础，情感离不开认知的诠释[①]。因此，教师的道德和情感也应该成为教师培训的重要内容之一。

3. 创新教师培训形式

教师培训形式的创新不仅能够活跃培训气氛、增强教师参与的积极性，也有助于提升教师的整体质量。国外发达国家的教师培训形式多样，如美国中小学教师培训有必修课程、学位课程、假期课程等；英国曼彻斯特大学通过设立多种不同形式的课程，利用晚间和周末时间帮助在职教师在短期内迅速提升教师的专业水平；日本的海上研修特色培训，可以实现时间、地域上的零距离，拓宽了教师的专业视野[②]。目前我国教师培训形式大多采取传统的集中授课式，虽然出现了分组互动、观摩交流等一些培训

---

① 姜勇，高维华，朱文佳. 教师教育转型研究"虚拟现场"与教师成长. 全球教育展望，2006（6）：56-59.
② 荣震，李双雄. 日本教师在职培训体系的特色及其启示. 世界教育信息，2009（7）：53-56.

形式，但是整体而言还需要进一步创新。比如观摩研讨式，把理念、知识、技能融于具有鲜活视觉效果的真实现场。观摩研讨式视情况从主题到内容、程序到形式、集中到分散、时间到空间做灵活变通，最普遍的是对课堂教学的观摩及研讨，一般在培训班培训课程进行到一定程度之后进行。如围绕语文教学的"文本解读"培训专题，先组织学员进行有关材料的学习，继而安排专家做辅导讲座或安排一线优秀教师做经验介绍，辅以一定的讨论，使大家对相关理论及实践路径有初步的了解。所观摩的课，有名优教师示范课，也有学员试教课（也称诊断课）。整个观摩研讨均在专家组织指导下进行。观摩后，先安排学员独立整理听课记录，或分组研讨，再全班研讨，然后由专家点评[1]。

创新培训模式需要充分发挥培训者的能动性，教师培训是专业性的活动，这种"专业性"，不仅体现在有新的培训理念、开放的培训意识、高超的培训技能，而且体现在有责任担当、不畏艰难困苦、善于做好教师培训需求的调研，积极地创造性地在培训教学模式创新方面作出有效的努力；不仅需要做有创意培训的设计者、创新培训模式资源的调动者，而且需要成为现场培训的好"导演"。富有创意的培训，无论学员中可用经验的发现、挖掘及利用，还是专家或主持人的聘请，以及培训场地的布置、环境的营造和资料的准备，都需要培训者奉献智慧、付出辛劳；创新培训方式还需要考虑学员的参与性和体验性。教师培训的本质是教师的学习，而教师学习的本质又是成人的学习。成人学习的特点是，以问题为中心，以实践为指向，以相互的合作与交流为主要方式[2]，他们是带着实践中的问题来的，他们的参与和互动有助

---

[1] 汤有根. 中小学教师培训模式创新的思考. 中小学教师培训，2015（11）：23-26.
[2] 李瑾瑜. 有效教师培训须多方关注务实操作. 中国教育报，2010-04-09.

于解决他们的真实问题和困惑。

4. 全面评价培训质量

评价主要指培训管理者依据某种评价模式理论、评价思想或者特定的评价目标，选取一种或几种评价方式方法建立起来的相对稳定、相对完整的评价体系。国外评价理论的研究较多，如斯塔弗尔比姆及其同事于20世纪60年代末70年代初提出CIPP模式，基本框架是背景评价（context）、输入评价（input）、过程评价（process）和成果评价（product）。21世纪初，斯塔弗尔比姆对四步骤的CIPP模式作了补充和完善，把成果评价分解为影响评价（impact）、成效评价（effectiveness）、可持续性评价（sustainability）和可应用性评价（transportability）四个阶段，由此构成了七个步骤的评价模式。柯克帕特里克于1959年提出来的柯氏四级培训评价模式，其评估内容限定在四个层次上，即"反应评估""学习评估""行为评估""成果评估"。第一层是反应层，即一级评估，是指学员对项目的主观感受，如对培训的课程、培训方式、培训师授课情况的看法和满意度，评估通常采用调查问卷的形式。第二层是学习层，即二级评估，是测量学员从培训中学到的理论知识、教学技能、教育技术等方面的获得程度。该层次的评估采用书面测试、操作测试、等级情景模拟测试等方法。第三层是行为层，即三级评估，是指学员在日常工作中是否自觉运用了培训所学到的知识和技能，使教育教学行为发生变化。评估主要依靠上下级、同事等对学员的行为改变进行。第四层是成果层，即四级评估，是指培训后学员在工作业绩上的提高程度，计算培训产生的效益。柯克帕特里克四级培训评价模式中，前两个层次主要是对培训的过程进行评价，后两个层次主要是对培训的结果进行评价。

国内关于评价模式理论的研究较少，理论是指导实践的基础，只有完善的理论研究才能为实践指导打下坚实的基础。因此，国内教师培训评价首先就是要加强评价理论方面的研究，在借鉴国外评价理论的基础上，结合国内教师培训的特点开发适合国内实际情况的理论模型，并通过实践不断地修正改进，以丰富国内该领域的理论研究。其次，需要根据不同的培训内容设置不同的评价指标，要全面考虑影响培训的因素，使指标既能体现中小学教师培训的最终质量要求，又能最大限度地反映出培训的过程信息，利用指标激发和调动培训机构与参训教师的积极性。最后，要尽可能地引入多元化评价主体，如引入包括教育行政管理部门、培训机构以及参训教师的同行、第三方专业评估机构等相关主体对培训进行全方位的评价，特别要重视第三方培训机构在教师培训中的作用，打造管、办、评相分离的培训工作机制，对培训质量进行把控，以提升教师培训的整体质量。

（三）实施乡村教师素质提升计划

乡村教师作为教师队伍中重要组成部分一直以来备受党和政府的关注。2015年国务院发布《乡村教师支持计划（2015—2020年）》（简称《支持计划》），围绕乡村教师"下不去、留不住、教不好"这三个核心问题，提出了乡村教师思想政治素质和师德建设、乡村教师补充渠道、生活待遇、编制标准、职称评定、交流制度等多项重要举措。2017年教育部部长陈宝生在全国教育工作会议上明确指出要缩小城乡师资差距。有研究表明，应加强对乡村教师乡村特质的关注，一些政策并不能很好地满足他们的诉求，要增强他们的话语权。乡村教育支持性资源匮乏阻碍了乡村教师专业发展，乡村教师观念落后、乡村教师培训实效性低等方面的问题依然存在①。自《支持计划》颁布以来，各省市相继根据地方特点出台了相应的实施方案，在对乡村教师素质提升的相关规定中对师德的要求不断提高，为使乡村教师"下得去"调整了乡村教师的交流制度，为乡村教师补充了新鲜的血液；为使乡村教师"留得住"改善乡村教师的生活待遇、编制、职称（职务）、荣誉等方面情况；为使乡村教师"教得好"不断加强乡村教师专业发展②。具体来说，新时代乡村教师素质提升应该从以下几方面着手：

1. 政策引导：乡村教师"下得去"

建立和完善相关的乡村教师政策法规能够在宏观层面引导优秀人才到乡村任教。城乡教师交流政策是统筹城乡教育均衡、充分发展的良好措施。党的十九大报告提出，要"推进教育公平"，"推动城乡义务教育一体化发展，高度重视农村义务教育"。落实新时代"优先发展教育事业"的基本方略，需要高度重视农村教师队伍建设问题，制定符合新时代特点并体现人民正当需要的城乡教师交流政策③。各地区需要根据本地区的实际特点，推进义务教育教师队伍"县管校聘"管理体制改革，组织城市教师到乡村学校任教，采取定期交流、跨校竞聘、学区一体化管理、学校联盟、对口支援、乡镇中心学校教师走教等多种途径和方式，重点引导优秀校长和骨干教师向乡村学校流动。县域内重点推动县城学校教师到乡村学校交流轮岗，乡镇范围内重点推动中心学校教师到村小学、教学点交流轮岗，多种方式引导乡村教师"下得去"。

---

① 唐松林. 理想的寂灭与复燃：重新发现乡村教师. 中国教育学刊, 2012 (7)：28 - 31.
② 张晓文, 张旭. 从颁布到落地：32 份《乡村教师支持计划》文本分析. 现代教育管理, 2017 (2)：69 - 78.
③ 周国斌, 杨兆山. 论城乡教师交流政策的完善与落实. 教育研究, 2017 (11)：100 - 104.

2. 全面保障：乡村教师"留得住"

目前乡村教师流失率较高，虽然通过政策引导可以吸引一些优秀人才到乡村任教，但是这些政策举措只起到暂时性的作用，针对受到城镇化的影响，农村生源逐步减少、教师流失严重的问题，这些举措并非像预期中的那样标本兼治[①]。要想让乡村教师"留得住"，就应该为乡村教师提供全面保障。

首先，精确地核算乡村教师编制。《支持计划》中明确提出要按照城乡一个标准核定乡村学校教师编制，同时乡村教师编制核定要结合班师比与生师比。虽然各省市的乡村教师支持计划都普遍提出了统一城乡标准，但是几乎没有对乡村教师编制核定要结合班师比、生师比的方式进行明文规定。各省市的乡村教师支持计划在城乡一个标准的基础上，明确了小学、初中、高中的教师配置比例，如福建省提出统一城市、县镇和农村中小学校教职工编制标准：高中、初中、小学教职工与学生比分别为 1∶12.5，1∶13.5，1∶19。新疆生产建设兵团也是按照此比例核定团场中小学教职工编制。福建省提出农村小规模义务教育学校编制按照生师比和班师比相结合的方式核定[②]。

其次，制定差异化补助标准。东北师范大学农村教育研究所的调查结果显示：工资水平是影响乡村教师工作稳定性的最大因素，当月薪达到 4 000 元时会有 79.4% 的师范生愿意直接去农村任教，月薪达到 5 000 元时会有 88.1% 的师范生愿意直接到农村任教[③]。各地方应根据本地的实际情况制定"越往基层、越是边

---

① 刘秀峰. 城镇化背景下农村教育发展的路径选择. 现代教育管理，2016 (5)：39-42.
② 张晓文，张旭. 从颁布到落地：32 份《乡村教师支持计划》文本分析. 现代教育管理，2017 (2)：69-78.
③ 刘奕湛，吴晶，袁汝婷，等. 给光辉的职业一个坚实支点：聚焦乡村教师支持计划 (2015—2020 年). 当代广西，2015 (14)：46-47.

远、越是艰苦，地位待遇越高"的补贴机制，建立本市标准统一、区县差别实施、督导跟进落实的乡村教师补助方案。地方政府切实做好调研工作，深入乡村学校中，了解乡村教师的基本生活情况，根据实际调研情况制定相应的补助政策。同时，地方政府需要成立督导组，对补助发放的实际情况进行监督，做到严格按照标准、发放程序公开透明，以确保乡村教师的基本权益。

最后，加大乡村教师的精神奖励。一方面在荣誉评定中要向乡村教师倾斜，根据《支持计划》按照国家、省（市）、县（区、旗）三级对乡村学校从教30年、20年和10年的教师颁发荣誉证书，在特级教师、优秀教师等荣誉称号的评定中也要按照一定比例向乡村教师倾斜。另外每年举行比如最美乡村教师等相关的表彰优秀乡村教师的活动，以提升乡村教师的荣誉满足感。另一方面要加强对乡村教师心灵和精神层面的关照，关注乡村教师个人的情感历程，注重乡村教师个人情感、价值追求的变化，增强情感因素的作用，提高他们的存在感。教育管理者要动员社会力量，开展"关爱乡村教师生命行动"活动，让乡村教师真正体会到作为乡村教师的尊严感和荣誉感。开展乡村教师身心健康状况研究，了解乡村教师的身心健康存在的问题，以乡为单位建立乡村教师活动中心，设立乡村教师心理健康教育室，解决其精神及心理方面的问题及困惑。关注乡村教师作为"人"的个体在职业生涯中持续的生命成长。鼓励乡村教师学会关心自我，理解和接受自己的潜力与局限，学会关心自我的精神生活和情感需要，能从知识传递的工具性价值中解放出来，关注自我建设，关注本体生命的存在[1]。

---

[1] 席梅红. 论乡村教师专业发展的政策支持. 中国教育学刊，2018（4）：81-85.

3. 专业发展：乡村教师"教得好"

目前的政策较为重视乡村教师的专业发展，对乡村教师的培训也给予了一定的经费支持，但是乡村教师培训在真正地满足乡村教师的需求方面还有空间，还存在诸多问题，如参加培训的基本上都是县城及乡镇中心校的老师，而村小和教学点的教师极少有机会参加，他们的培训权利没有得到充分保障。其主要原因是工作与学习的矛盾，大部分农村学校编制少，教师数量不足，同时留守学生人数增加，导致乡村教师工作繁重，根本没有时间外出进修；有些培训内容与乡村教师需求脱节，不符合农村学校实际，过于理论化、城市化，无法为他们的教学提供示范性、可操作性的指导，对乡村教师的教学改进作用甚微等[1]。相对于城市教师而言，乡村教师大多处在经济落后、社会资源缺乏、教育资源配置不均衡的农村地区，在乡村执教必然对培训有独特需求。在乡村开展教师培训，我们必然要面对诸如乡村教师生存状态堪忧，教师职业倦怠，心理亚健康，班级管理困惑，家校合作矛盾，计算机能力水平低，对外界信息资源的恐惧、排斥等现实问题[2]。促进乡村教师的专业发展应该根据乡村教师的特点有针对性地实施，才能让乡村教师在乡村学校"教得好"，具体来说可以从以下几方面着手：

首先，理解乡村教师是前提。理解乡村教师是有针对性地促进他们专业发展的基础，需要将他们置于其生活场景和制度环境中，要考虑乡村教师作为普通人，长期面临收入低、工作压力大

---

[1] 孙兴华，马云鹏. 乡村教师能力素质提升的检视与思考. 教育研究，2015（5）：105-113.

[2] 石义堂，李瑾瑜，吕世虎. 创新培训模式提升西部农村教师素质. 人民教育，2008（5）：23-26.

及发展机会稀缺的困境,不能脱离乡村教师的实际工作状况空谈他们的专业性。乡村教师既属于教师集体,又属于农村人集体。"'个人的'同一性,准确地理解,不多不少正好代表了集体的个性。"这就意味着乡村教师是一个关系的存在。"完全孤立个体的自我实现是不存在的。因为个体总是要从外部接受自身所需要的事物,在个体自我实现的同时,超越个体体系的外部系统也被实现。"[1] 乡村教师处于乡村环境,既依赖乡土历史文化之根基,又吸取现代科技文明之甘露,回归自己曾经具有的智慧、道德、勇敢、自信、清醒、责任的品性[2],只有充分理解乡村教师的处境才能为其提供适用的专业发展内容。

其次,多元培训形式是手段。针对乡村教师开展多元培训形式,以"走出去、请进来"及线上培训相结合的形式为乡村教师提供专业发展机会。一方面为乡村教师提供机会"走出去"到城区学习,另一方面将城区专家"请进来"到乡村学校中来,同时以线上培训作为补充,为乡村教师提供多种机会参与培训。如北京市在近两年实施了脱产培训、网约进城、送教下乡、线上培训等助力乡村教师素质提升计划。2016年和2017年分别有36名和59名乡村教师参与了跟岗脱产培训,偏远地区的乡村教师到城六区参加网约进城的教学实践活动每次给予530元的综合补助,自2016年5月到2017年12月共有8 874名乡村教师完成活动,计16 238人次,其中8 004人次赴城区参加活动[3]。

---

[1] 王凯. 教师学习的生态转向及其特征. 教师教育研究,2012 (11):84-88.
[2] 唐松林,邹芳. 语境视阈与乡村教师:乡村教师素质分析. 湖南师范大学教育科学学报,2013 (9):55-58.
[3] 首都师范大学教师教育学院. 首都基础教育发展报告·2017. 北京:首都师范大学出版社,2018:232.

最后，整合资源是保障。在供给侧结构性改革背景下，教育领域供给侧改革必须针对需求侧吁求，考虑供给侧阻滞因素，整合信息资源结构，推动教育领域"新常态"的构建，实现方向与路径、目标与方法、整体与局部的有机统一[①]。一方面要统筹资金支持，在精准扶贫的基础上，切实保障乡村教育领域的财政经费，民族地区特别是贫困地区投入应首先得到保障。教育是一项静待花开、基业长青的事业，对教育的投入需要在多年以后才能显现成效，这考验着政府部门的政治眼光和施政策略[②]。另一方面需要整合和优化教育资源，可以整合高等学校、县级发展中心和中小学的优质资源，解决乡村教师专业发展优质资源短缺的困难，支持乡村学校返聘教学名师，邀请教学名师到学校讲学、进行优质课示范，帮助和引领乡村教师专业发展，提升乡村教师素养。

四、深化教师管理综合改革

深化教师管理综合改革，关键是要了解我国教师管理的现状和问题，厘清改革思路和对策。

（一）我国教师管理的现状和问题

本部分将从义务教育教师资源配置、中小学教师编制配备、中小学教师准入和招聘制度、中小学教师职称管理制度、职业院校教师管理、高等学校教师管理等方面展开论述。

---

① 姜朝晖. 以供给侧改革引领高等教育发展. 重庆高教研究，2016（4）：123-127.
② 周昆. 关于以教育领域供给侧改革助推乡村教师专业发展的思考. 课程·教材·教法，2017（12）：91-96.

1. 义务教育教师资源配置

改革开放 40 多年来,我国义务教育阶段的教师队伍在数量和质量上都有了大幅的增加和提高。2017 年,我国普通小学(不包括成人小学和扫盲班)专任教师达到了 5 944 910 人[1],普通初中(不包括成人初中)专任教师有 3 548 688 人[2];1981 年,全国小学教师学历合格率为 51.80%,初中教师学历合格率为 14.33%[3],而到了 2017 年,全国小学教师高中及以上学历比例为 99.96%[4],初中教师专科及以上学历比例为 99.83%[5]。

但是,在我国义务教育阶段教师数量和质量大幅度增加和提高的大背景下,城乡教师水平的差距仍然很大。例如,在高学历教师比例上,2017 年,全国小学教师专科及以上学历(即小学教师高学历)比例为 95.26%[6],而这一比例在农村为 91.68%[7];同年,全国初中教师本科及以上学历(即初中教师高学历)比例为 84.63%[8],而这一比例在农村为 78.38%[9]。这只是差距的一个方面,这个差距还体现在教师职称水平、年龄结构和学科结构等诸多方面。

2. 中小学教师编制配备

关于我国中小学教师编制的政策文件,主要是 1984 年的《教育部关于中等师范学校和全日制中小学教职工编制标准的意见》

---

[1] 中华人民共和国教育部发展规划司. 中国教育统计年鉴2017. 北京:人民教育出版社,2018:162.
[2] 同[1]146.
[3] 同[1]278.
[4] 同[1]164.
[5] 同[1]142.
[6] 同[1]164.
[7] 同[1]576.
[8] 同[1]142.
[9] 同[1]504.

（简称《编制意见》）和 2001 年的《国务院办公厅转发中央编办、教育部、财政部关于制定中小学教职工编制标准意见的通知》（简称《意见的通知》）。《编制意见》最先对中小学教师编制做了如下规定："全日制中小学教职工编制，以校为单位按班计算（包括单设和合设），其编制标准参看《中等师范学校和全日制中小学教职工编制标准参考表》。规模大、条件好的学校要适当紧些；规模小、条件差的学校要适当宽些。"提出了被称为"班师比"的指标，为了达成它，各地纷纷使用合班和大量聘用代课教师等方法，最终导致了"大班额"和超编严重的现象，在中西部地区和农村地区尤为显著。

为了解决这些问题，《意见的通知》分别做了如下规定："中小学教职工编制根据高中、初中、小学等不同教育层次和城市、县镇、农村等不同地域，按照学生数的一定比例核定。""中小学校的管理工作尽可能由教师兼职，后勤服务工作应逐步实行社会化。确实需要配备职员、教学辅助人员和工勤人员的，其占教职工的比例，高中一般不超过 16％、初中一般不超过 15％、小学一般不超过 9％。"

《意见的通知》将《编制意见》中的"班师比"改变为"师生比"，以解决班额大和教师超编等问题。但是这种标准同样存在不合理性，因为就农村学校而言，由于人口居住分散，加上交通不便等因素，农村学校，尤其是小学，其规模大多是十分有限的，因此，师生比例是更小而不是更大[①]，从而加剧了城乡间义务教育机会和质量的不平等；然后，关于限定非教学人员编制比例的规定，显然会触动一部分人的利益，地方上实施起来存在监管不

---

① 鲍传友. 中国城乡义务教育差距的政策审视. 北京师范大学学报（社会科学版），2005(3)：16-24.

严的问题,"占编""压编""有编不补"等乱象层出不穷[①]。

3. 中小学教师准入和招聘制度

20世纪以来,世界各国尤其是发达国家掀起一场声势浩大的教师专业化浪潮,教师职业准入制度已经成为世界性的发展趋势。在我国,长期以来是在以中等和高等师范类学校为代表的独立建制的师范教育机构中培养中小学教师。经过长期的讨论和试点,2000年颁布的《〈教师资格条例〉实施办法》和2012年纳入统考试点的教师资格证考试(简称统考)揭开了我国教师资格证书制度的全新篇章。然而,改革下依然存在问题,值得我们反思。

(1) 考试难度的增加,导致无证上岗现象出现。

自统考实施以来,准入制度对于师范生和非师范生实行了统一标准。师范生没有了毕业就发证的便利,对于文化基础好的师范生,国考难度相对不大,不会对他们取得教师准入资格造成很大影响。但对于音、体、美等专业师范生而言,由于自身文化基础薄弱,在统考中处于相对弱势,统考也就成为制约其从事教师职业的壁垒[②]。由于这些专业的专任教师缺口较大,有些学校为了填补空缺,可能会冒险聘用尚未考取教师资格证的教师。

目前我国的中小学教师队伍每年依旧会大量吸纳非师范生。相对师范生而言,绝大多数的非师范生由于在上学期间没有学习过"教育学""心理学"之类与统考相关的专业课程,导致取得教师准入资格的难度相对较大。而统考涉及的知识,实属作为一名合格的人民教师最起码要掌握的基本教育规律和理论,让未通过统考的非师范生贸然上岗,其风险之大,不言自明。

---

① 韩小雨, 庞丽娟, 谢云丽. 中小学教师编制标准和编制管理制度研究:基于全国及部分省区现行相关政策的分析. 教育发展研究, 2010, 30 (8): 15-19.

② 王强. 差异与公正:国家教师资格证考试的反思. 当代教育科学, 2018 (11): 80-83.

（2）教师资格伦理性要求被忽视。

专业理想和师德是教师自我专业意识及专业理念培养的内在动力和基本前提，虽然统考的笔试部分对此问题涉及不少，但通过这种主要依靠短时记忆的考试方式并不能完全科学地对准入教师的专业理想和师德进行考量，难免会存在一些准入教师虽然通过了考试，但其持有的教学观、学生观以及评价观仍然处于非常狭隘的水平，没有树立学生为主、教师为辅的教育新理念，没有将学生的全面发展和长远发展作为实施素质教育的落脚点，也没有清楚地认识到学生德智体美劳各方面的健康协调发展才是最重要的教育目标。

4. 中小学教师职称管理制度

我国中小学教师职称管理制度经历 30 多年的发展，逐步趋于完善。1986 年，中央职称改革工作会议召开，组建了中央职称改革领导小组，各领域职称改革全面启动。同年，国家教育委员会印发、中央职称改革领导小组转发《中小学教师职务试行条例》，标志着中小学教师职称制度的正式确立。文件对中小学教师的职务类别、评审办法进行了详细的规定，实施了专业技术职务聘任制，为各类学校开展教师评价和考核提供了法律和制度依据。2015 年 9 月，人力资源和社会保障部、教育部联合印发《关于深化中小学教师职称制度改革的指导意见》，以健全制度体系、完善评价标准、创新评价机制、实现评聘衔接为核心举措，在全国范围内推动中小学教师职称制度改革。2016 年和 2017 年，全国各地区按照新的政策要求开展了职称评审工作[①]。

2018 年，《改革的意见》明确提出，深化教师管理综合改革，

---

① 李廷洲，陆莎，金志. 我国中小学教师职称改革：发展历程、关键问题与政策建议. 中国教育学刊，2017（12）：66-78.

让教师成为令人羡慕的职业。但在学校里面，能够晋升的岗位数比较少，符合申报条件的老师比较多，这就会造成"僧多粥少"的矛盾。不少学校每年符合高级教师岗位申报条件的教师往往超过十几人，可是名额只有一两个。现实中，职称评定往往与工资待遇挂钩，不少学校将教师的"职称级别"作为"职称岗位"，即按职称级别定工资，这就造成了处于同样岗位的教师由于职称不同收入差距较大的现象。

安徽省人大代表焦玉兰在接受记者采访时说："评过职称的老师都知道，评职称是需要花很多时间准备材料的。不少教师为了评上职称，花大量的时间去拿证书、写论文、弄课题，把自己武装成科研能手，而没有将更多精力放在教学本身。特别是在一些中小学，有的教师职称评定之后，就开始转入行政岗位，或者不再担任主课，无形中会挫伤很多潜心教学的优秀教师，干扰了正常教学秩序。"

教师应是一个受人尊敬、令人羡慕的职业。但现实中，很多公办学校教师在职业规划和职业发展过程中存在不少烦恼，从事教育工作的成就感不高。排队等待晋升的教师大量"积压"，部分教师特别是一批年轻教师感觉职称晋升希望渺茫，于是缺乏了积极进取的动力。长远来看，这种状况对教师队伍建设影响不利。

5. 职业院校教师管理

我国是世界第二大经济体，制造业第一大国。制造业大国离不开职业教育，职业教育不仅能够使无业者有业，使有业者乐业，而且能为我国产业结构调整培养大批"大国工匠"。培养多样化、高素质技术技能人才的需求对职业教育教师队伍的能力和素质提出了前所未有的新要求与新挑战。面对复杂多变的教育发展环境，面对快速发展的职业教育，教师队伍建设还不适应，还存在一些亟待解决的问题。"双师型"教师短缺，教师的专业技能水平普遍较低，大多数教师缺少企业生产实践经验，开展实践教学的能力不强；教师培养与补充机制不完善，难以从社会和企业吸引优秀人才到职业院校任教。总的来看，职业教育师资队伍建设已然成为当前制约职业教育发展、影响职业教育质量的一个薄弱环节。提高职业教育质量的关键在教师，抓职业教育教师队伍建设，就抓住了职业教育发展的根本环节。职业院校是"大国工匠"的摇篮，职业教育教师是"大国工匠"的塑造者，是"工匠之师"。没有一支高素质的"双师型"教师队伍，就不可能有高质量的职业教育，也不可能培养出受社会、企业欢迎的技术技能人才。职业教育教师要集教师与师傅于一身，既要懂教育，又要有技术，在某一领域有专门的造诣，成为某一行业的大师。同时，还应该具备一定的科学素养、人文素养和艺术修养，要具有一丝不苟的认真态度、精益求精的完美精神、持之以恒的执着精神、不因循守旧的创新精神。

我国中等职业学校教师队伍建设目前存在"专业教师数量不足"和"师资结构不够合理"两大问题，成为制约中职教育发展的最大瓶颈。专业教师数量不足的原因主要是目前公办学校师资配备薄弱，教师编制不合理，仍然沿用普通高中标准。由于职业学校班额比普通高中小，实际操作课程较多，教师配置比例应高于普通高中。专业师资结构不够合理，理论课程教师多，实际操作课程教师偏少，"双师型"教师（既具有担任专业理论课的教学资格，又具有担任专业技能课的教学资格的教师）比例更少。有些职教岗位教师是从普通中学转入的，这部分教师从事职业教育是新手，缺乏相应的经验，对于培养学生的实际技能显得力不从心。最近几年从普通高校本科毕业生中补充的职教教师，虽然他们的学历层次高,但所学专业与现在从事的专业不挂钩,经验明显不足,且有相当数量的人思想还不够稳定。专业课和文化课师资结构不合理,文化课教师比重偏大的问题还普遍存在。教师年龄结构也不尽合理,骨干教师、专业带头人少。年轻教师的知识结构与职业教育所要求的知识结构不相适应,缺乏必要的工作实践能力和专业实践技能。由于职业学校主要以行动为导向来组织开展教学,如果缺少教学一线的"双师型"专业教师,不能实现学生在做中学,教师在做中教,势必影响职业学校的办学质量①。

6. 高等学校教师管理

2018年,新时代全国高等学校本科教育工作会议、全国教育大会、全国教育工作会议等会议召开,"新时代高教40条""六卓越一拔尖2.0"等系列文件陆续出台,为高等教育发展带来了前所未有的历史机遇,为新时代本科教育发展确立了基本方针和发展道路。强化立德树人,坚持"以本为本",推进"四个回归",着力打造一流本科教育,已在高等学校中形成广泛共识并落实为自觉行动②。高校的教师队伍建设是打造一流本科教育的前提和着力点。严把高等学校教师选聘入口关和健全外籍教师资格认证制度是严控教师队伍建设的入口管理。目前在高校教师队伍建设中,仍存在一些问题。

一方面,职称评聘中重科研轻教学。衡量被评审者的主要标准是专业理论水平、教学质量、科研成果。部分高校职称评审对论文的数量、主持科研的项目都有明确规定,但对教学态度、教

---

① 郭忠玲. 我国中职教育现状分析及其发展策略探索. 河南社会科学,2011,19(4):206-207.

② 提质增效:高校育人模式新变革. 中国教师报,2019-03-04.

学效果、学生评教等项目却没有要求①。这种高校职称评定的导向不可避免地使得教师认为教学不重要，只专注搞科研写论文，而在教书育人方面用的精力却非常有限。教师工作的重点不放在教学上，教学的质量工程就不可能落到实处。仅仅依靠"评聘分离"并不能彻底解决高校教师的价值取向和职业追求问题，唯有在职称评定这个源头纠正高校教师的定位，才能使教师回归教育工作的本质。

另一方面，师德问题突出。"学高为师，身正为范。"教师工作的示范性，使得教师日常的一言一行都对学生起着潜移默化的导向作用。但少部分高校教师为人师表意识淡薄，对自身没有自律感，难以起到表率作用。个别教师上课不注意言论导向性，还有个别教师作风轻浮，在学生中造成了不良影响，严重破坏了教师在学生心目中的形象。少部分教师社会责任感不强，对学术发展缺少使命感，受功利思想的驱动，学术心态浮躁，不求甚解，一心只想把科研量提上去，导致部分科研成果经不起推敲，甚至出现抄袭剽窃等现象，严重污染了学术环境。

（二）我国教师管理综合改革思路和对策

1. 优化义务教育教师资源配置

（1）深入推进教师、校长交流轮岗制度。

教师、校长交流轮岗是加强农村学校、薄弱学校教师、校长补充配备，破解择校难题，促进教育公平，推进义务教育均衡发展的重要举措。

第一，教师交流轮岗。教师交流轮岗的人员范围为义务教育

---

① 汪建华. 高校教师职称评聘现状分析与对策探究. 教师教育研究，2013，25（5）：18-22.

阶段公办学校在编在岗教师。城镇学校、优质学校每学年教师交流轮岗的比例不低于符合交流条件教师总数的10%，其中骨干教师交流轮岗应不低于交流总数的20%。教师每次参加交流轮岗的具体年限由各地根据实际情况确定，教师在农村学校、薄弱学校连续任教时间可根据工作需要予以延长。

第二，校长交流轮岗。校长交流轮岗的人员范围为义务教育阶段公办学校校长、副校长，在同一所学校连续任满两届后，原则上应轮岗。每次交流轮岗的年限按照校长管理权限，由主管部门确定。校长、副校长在农村学校、薄弱学校连续任职时间可根据工作需要予以延长。

第三，因地制宜，灵活施行。根据各地经验和做法，校长教师交流轮岗可采取定期交流、跨校竞聘、学区一体化管理、学校联盟、名校办分校、集团化办学、对口支援、乡镇中心学校教师走教等多种途径和方式。各地也可结合本地实际，创新其他方式方法。校长教师交流轮岗的重点是推动优秀校长和骨干教师到农村学校、薄弱学校任职任教并发挥示范带动作用。有镇区和乡村学校的县（区），重点推动城镇学校与乡村学校交流轮岗；没有乡村学校的市辖区，重点推动优质学校与薄弱学校交流轮岗；乡镇范围内，重点推动中心学校与村小学、教学点交流轮岗。

各地可采取设立名师名校长交流特聘岗等形式，支持优秀校长、特级教师和省级教学名师到中西部边远贫困地区农村学校任职任教，引导优秀校长和骨干教师向农村学校、薄弱学校有序流动。各地要继续实施好"农村教师特岗计划""'三支一扶'计划""'三区'人才支持计划教师专项计划"等国家级专项计划，加强边远贫困地区乡村学校骨干教师配备。

（2）落实"农村教师特岗计划"。

第一，要提高特岗教师素质。此项工作要从招聘和培训两方面入手：一方面，各地须按照核定的岗位数量，结合当地实际情况，加强对本地招聘计划的统筹工作，确保新录用特岗教师按时上岗；另一方面，要采取切实措施加强特岗教师培训，尤其是针对非师范专业毕业生，做好入职前的师德教育与教学培训工作。要在"国培计划"实施中统筹安排，加强特岗教师培训，帮助特岗教师尽快成长。

第二，保障特岗教师待遇。一方面，要按照《关于实施农村义务教育阶段学校教师特设岗位计划的通知》要求，确保按时足额发放特岗教师工资，与当地公办学校教师同等待遇。

第三，加强特岗教师跟踪管理服务。建立特岗教师数据库，及时掌握特岗教师的基本信息，加强特岗计划实施工作的动态管理。做好在岗特岗教师的数据统计、更新，教师服务证书信息统计和岗位需求预测。

第四，加大对特岗计划实施工作督查力度。对于特岗计划实施管理不到位，特别是招聘计划完成不好，特岗教师待遇保障和入编入岗政策落实不到位的，要严肃查处，并要求立即整改。对整改不力的，予以通报批评，并在下一年度不再增加或适当核减其特岗名额。

第五，解决好特岗教师出路问题。一方面，严格按照国家政策规定，确保三年服务期满、考核合格且愿意留任的特岗教师全部入编，落实工作岗位，做好人事、工资关系等接转工作；另一方面，贯彻落实"农村学校教育硕士师资培养计划"，鼓励优秀特岗教师攻读教育硕士，鼓励地方政府和相关院校因地制宜采取定向招生、定向培养、定期服务等方式，为乡村学校及教学点培养

"一专多能"教师，优先满足老少边穷地区的教师补充需要。

（3）实施银龄讲学计划。

为充分利用退休教师优势资源，教育部、财政部研究制定《银龄讲学计划实施方案》并于2018年7月4日对社会公布，面向社会公开招募一批优秀退休校长、教研员、特级教师、高级教师等到农村义务教育学校讲学，发挥优秀退休教师引领示范作用，促进城乡义务教育均衡发展。

2. 规范中小学教师编制配备

第一，统一编制标准。根据相关文件规定，应将县镇、农村中小学教职工编制标准统一到城市标准，即高中教职工与学生比为1∶12.5，初中为1∶13.5，小学为1∶19。对此，山东省和内蒙古不约而同引用了"班师比"标准。其中，山东省针对学生数达不到标准班额数的年级，实行小学、初中分别按照每教学班配备2.4名、3.7名核定教职工编制；内蒙古实行了双重标准——既可以按照学生与教职工之比即小学19∶1、初中13.5∶1、高中12.5∶1核定编制，也可以按照小学2.4∶1、初中3.7∶1、高中4∶1的班师比核定编制。

第二，严格控制编制总量。按照严控总量、盘活存量、优化结构、增减平衡的要求，由省级政府负总责，实行总量控制，确保核定后的中小学教职工编制不突破现有编制总量。例如，山东省实行"县管校聘"制度，自2016年起，不再申报用编进人计划，对于任课教师缺编问题，首先利用精简压缩和事业单位改革等方式收回的编制，建立中小学教师临时周转编制专户，对满编超编的中小学确需补充专任教师的，使用临时专户编制予以补充；其次，进行县域内中小学教师交流，现有教职工超出规定编制的，管理、教学辅助和工勤人员超过规定比例的，予以调配分流；最后，针对短缺学科，实行教师走教，以达到学区优质师资共享。

第三，开齐开足国家规定课程。在县域范围内统筹中小学教师资源，确保基本开齐开足国家规定课程，特别是体育、音乐、美术、科学技术等课程，以保障基础教育发展需要和素质教育全面实施。例如，内蒙古采取了提高附加编制核定比例的方法，在充分考虑了蒙古语授课、现代教学设备应用、班主任工作量折算、教职工进修或休产病假、校医、心理辅导、宿舍管理等各类新增因素的基础上，为确保中小学校开齐开足课程，按照该省各地教职工基本编制的 25% 核定附加编制，与基础编制一并下达各盟市。

第四，严格规范编制管理。各地要严禁挤占、挪用和截留中小学教职工编制，严禁在有合格教师来源的情况下"有编不补"、长期聘用代课教师，严禁以各种形式"吃空饷"，严禁管理部门与中小学校混编混岗占用教职工编制。

2016 年 1 月，山东省教育厅组织开展教师管理逐校专项清查工作，对挤占、挪用和截留中小学教职工编制，在有合格教师来源的情况下"有编不补"、长期聘用代课教师，以各种形式"吃空饷"，管理部门与中小学校混编混岗占用教职工编制情况进行全面排查整顿。内蒙古严格落实中小学教职工编制标准，科学核定中小学教职工编制，完善管理体制，禁止大量聘用编外教师；针对因教师脱产进修、产假、病假以及流动人口子女就学增加等原因出现的教师临时短缺，规定首先由学校主管部门在现有教师中调剂交流解决，难以调剂的，可以通过政府购买服务方式临时聘用教师，临聘教师要优先考虑安排身体健康的退休教师，同时要按照同工同酬原则依法依规实行合同管理，且不作长期聘用。

3. 完善教师准入和招聘制度

首先要完善教师资格考试政策。严格贯彻落实《中小学教师资格考试暂行办法》《中小学教师资格定期注册暂行办法》《关于港澳台居民在内地（大陆）申请中小学教师资格有关问题的通知》等相关政策，规范教师资格证的考试、认定和注册等重要环节，将取得教师资格证作为教师入职的硬性条件。

其次要注重选聘优秀管理人才。按照《中小学校领导人员管理暂行办法》，充分发挥主管部门党委（党组）的领导和把关作用，坚持正确选人用人导向，严格标准条件和程序，按照核定或者批准的领导职责和岗位设置方案，精准科学选人用人；严格执行考察制度，依据任职资格条件和岗位职责要求，全面了解考察对象的德、能、勤、绩、廉表现，着重了解政治品格、作风品行、廉洁自律等情况，深入了解教学教研水平、学校管理能力、师德师风和工作实绩等情况，实事求是、客观准确地作出评价；任用中小学校领导人员，区别不同情况实行选任制、委任制、聘任制[①]。

第三，加强师德师风建设。严格贯彻落实《新时代中小学教师职业行为十项准则》（简称《准则》）。首先，立足本地区、本学校实际学习《准则》，制定具体化的教师职业行为负面清单及失范行为处理办法，提高针对性、可操作性；其次，要将《准则》要求体现在教师聘用、聘任合同中，明确有关责任，要强化考核，在教师年度考核、职称评聘、推优评先、表彰奖励等工作中必须进行师德考核，实行师德失范"一票否决"；最后，对于发生《准则》中禁止行为的，要态度坚决，一查到底，依法依规严肃惩处，绝不姑息。

---

① 中共中央组织部 教育部 关于印发《中小学校领导人员管理暂行办法》的通知. (2017-01-23). http://www.moe.gov.cn/jyb_xwfb/s6319/zb_2017n/2017_zb02/17zb02_wj/201701/t20170123_295587.html.

4. 深化中小学教师职称和考核评价制度改革

第一，要完善评价标准。中小学教师专业技术水平评价标准，是中小学教师职称评审的重要基础和主要依据。中小学教师专业技术水平评价标准，要适应实施素质教育和课程改革的新要求，充分体现中小学教师职业特点，着眼于中小学教师队伍长远发展，并在实践中不断完善。要充分考虑教书育人工作的专业性、实践性、长期性，坚持育人为本、德育为先，注重师德素养，注重教育教学工作业绩，注重教育教学方法，注重教育教学一线实践经历，切实改变过分强调论文、学历的倾向，引导教师立德树人，爱岗敬业，积极进取，不断提高实施素质教育的能力和水平。

具体评价标准要综合考虑乡村小学和教学点的实际情况，向农村教师予以适当倾斜，以吸引优秀教师在边远贫困地区乡村小学和教学点任教。中小学正高级教师、高级教师的具体评价标准要体现中学、小学的不同特点和要求，有所区别。对于少数特别优秀的教师，可制定相应的破格评审政策。

第二，要创新评价机制。建立以同行专家评审为基础的业内评价机制，建立健全同行专家评审制度。各省要加强对中小学教师职称评审工作的领导和指导，完善评委会的组织管理制度，扩大评委会组成人员的范围，注重遴选高水平的教育教学专家和经验丰富的一线教师，健全评委会工作程序和评审规则，建立评审专家责任制。

改革和创新评价办法。认真总结推广同行专家评审在中小学教师专业技术水平评价中的成功经验，继续探索社会和业内认可的实现形式，采取说课讲课、面试答辩、专家评议等多种评价方式，对中小学教师的业绩、能力进行有效评价，确保评价结果的客观公正，增强同行专家评审的公信力。要在水平评价中全面推行评价结果公示制度，增加评审工作的透明度。

第三，要健全完善评聘监督机制。在评聘中小学教师职称时，充分发挥有关纪检监察部门和广大教师的监督作用，确保评聘程序公正规范，评聘过程公开透明。评聘工作按照个人申报、考核推荐、专家评审、学校聘用的基本程序进行。

先是个人申报。中小学教师竞聘相应岗位，要按照不低于国家和当地制定的评价标准条件，按规定程序向聘用学校提出申报。学校对参加竞聘的教师，要结合其任现职以来各学年度的考核情况，通过多种方式进行全面考核。根据考核结果，经集体研究，由学校在核定的教师岗位结构比例内按照一定比例差额推荐拟聘人选参加评审。接着是专家评审。由同行专家组成评委会，按照评价标准和办法，对学校推荐的拟聘人选进行专业技术水平评价。评审结果经公示后，由人力资源和社会保障部门审核确认。最后是学校聘用。中小学根据聘用制度的有关规定，将通过评审的教师聘用到相应岗位。

5. 健全职业院校教师管理制度

第一，完善职业院校"双师型"教师管理。加强职业技术师范院校建设，优化结构布局，引导一批高水平工科学校举办职业技术师范教育。实施职业院校教师素质提高计划，建立100个"双师型"教师培养培训基地，保证职业院校、应用型本科高校教师每年至少1个月在企业或实训基地实训，落实教师5年一周期的全员轮训制度。探索组建高水平、结构化教师教学创新团队，教师分工协作进行模块化教学。定期组织选派职业院校专业骨干教师赴国外研修访学。在职业院校实行高层次、高技能人才以直接考察的方式公开招聘。建立健全职业院校自主聘任兼职教师的办法，推动企业工程技术人员、高技能人才和职业院校教师双向流动。职业院校通过校企合作、技术服务、社会培训、自办企业等所得收入，可按一定比例作为绩效工资来源。

第二，要提高职业院校教师信息化水平。加快信息化管理平台建设，加强现代信息技术应用能力培训，将现代信息技术应用能力作为教师评聘考核的重要依据。构建利用信息化手段扩大优质教育资源覆盖面的有效机制，推进职业教育资源跨区域、跨行业共建共享，逐步实现所有专业的优质数字教育资源全覆盖。支持与专业课程配套的虚拟仿真实训系统的开发与应用，推广教学过程与生产过程实时互动的远程教学。

6. 深化高等学校教师人事制度改革

第一，要将师德考核摆在选聘录用和职称评聘的首要位置。一方面，严把选聘考核思想政治素质关。把思想政治素质作为教师选聘考核的基本要求，贯穿到教师管理和职业发展全过程。在教师招聘过程中，坚持思想政治素质和业务能力双重考察。严格聘用程序，规范聘用合同，将思想政治要求纳入教师聘用合同，并作为教师职称（职务）评聘、岗位聘用和聘期考核的重要内容。另一方面，完善师德考核办法，健全师德建设长效机制，将师德考核贯穿于日常教育教学、科学研究和社会服务的全过程。推行师德考核负面清单制度，建立教师师德档案。将师德表现作为教师绩效考核、职称（职务）评聘、岗位聘用和奖惩的首要内容。高校教师有师德禁止行为的，师德考核记不合格，并依法依规分别给予相应处分，实行师德"一票否决"。

第二，规范职称评聘过程。高校领导应对职称评审工作高度重视，并纳入重要议事日程，同时设立师资管理机构，组建考核组织，健全和完善教师职务聘任办法。坚持按政策规定办事，强化聘后管理工作，认真审核任职资历，及时兑现职务工资。公开岗位数额，明确岗位职责、任职条件和聘任程序，做到公开、平等、竞争、择优聘任。

对评定不同职务等级的教师在学历、资历、业绩、教学水平、教学工作量、发表论文、科研成果、外语水平、计算机能力诸多方面都应有明文规定，从根本上改变在职称评审方面无章可循的现象，使职称评审工作章法有序，开展顺畅。在参评条件中要强调思想政治条件与职业道德要求，重视教师的教学实绩和科研水平，使职称评审工作有利于调动教师的积极性，有利于教师教书育人。

加强教师职称评审中的考试、听课、答辩等考核方面的工作，注重审查平时考核的原始资料和评价结果，并制定相应的考核工作条例及细则，为考核工作提供重要依据。对任职期内考核不合格人员，不准予参评高一级教师职务，真正发挥考核在职称评审中的重要作用。

第三，突出教学业绩，完善科研导向。严格实行教育教学工作量考核。所有教师都必须承担教育教学工作，都负有关爱学生健康成长的重要责任，要将人才培养的中心任务落到实处。建立健全教学工作量评价标准，把教授为本专科生上课作为基本要求，明确教授、副教授等各类教师承担本专科生课程、研究生公共基础课程的教学课时要求。教师担任班主任、辅导员，解答学生问题，指导学生就业、创新创业、社会实践、各类竞赛以及老中青教师"传帮带"等工作，应计入教育教学工作量，并纳入年度考核内容。

第四，完善教学与科研质量评价制度。要多维度考评教学规范、教学运行、课堂教学效果、教学改革与研究、教学获奖等教学工作实绩。提高教师教学业绩在校内绩效分配、职称（职务）

评聘、岗位晋级考核中的比重，充分调动教师从事教育教学工作的积极性。除访学、进修、培训、组织派遣、产假等原因外，教学工作量不能达到学校规定要求或教学质量综合评价不合格的教师，其年度或聘期考核应为不合格。

探索建立"代表性成果"评价机制。扭转重数量轻质量的科研评价倾向，鼓励潜心研究、长期积累，遏制急功近利的短期行为。完善同行专家评价机制，积极探索建立以"代表性成果"和实际贡献为主要内容的评价方式，将具有创新性和显示度的学术成果作为评价教师科研工作的重要依据。

实行科学合理的分类评价。针对不同类型、层次的教师，按照哲学社会科学、自然科学等不同学科领域，基础研究、应用研究等不同研究类型，建立科学合理的分类评价标准。对从事基础研究的教师主要考察学术贡献、理论水平和学术影响力。对从事应用研究的教师主要考察经济社会效益和实际贡献。对科研团队实行以解决重大科研问题与建立合作机制为重点的整体性评价，注重个体评价与团队评价的结合。

努力提高教师政治地位、社会地位、职业地位

"百年大计，教育为本；教育大计，教师为本。"党的十八大以来，以习近平同志为核心的党中央高度重视教师队伍建设问题，在不同场合多次强调教师工作的重要意义。习近平总书记在全国教育大会上指出，全党全社会要弘扬尊师重教的社会风尚，努力提高教师政治地位、社会地位、职业地位，让广大教师享有应有的社会声望，在教书育人岗位上为党和人民事业作出新的更大的贡献。《中国教育现代化2035》将"努力提高教师政治地位、社会地位、职业地位"作为建设高素质专业化创新型教师队伍的重要内容。本部分从专业地位、经济地位和法律地位三个方面来论述提高教师地位。

一、提升教师专业地位

（一）教师专业地位的内涵

教师职业以其特殊性、复杂性及不可替代性而具有专业地位。对于教师而言，他们不仅需要得到受社会尊重的社会地位，需要提高工资、福利待遇等方面的经济地位，而且需要获得像医生、律师一样具有不可替代性的专业地位。三种地位，专业地位是最关乎他们自身利益和地位的问题。任何一种职业，越具有不可替代性的职业特点，它的社会地位就越高。

教师的专业地位的确立一方面源自教师职业本身的专业特性，另一方面是由我国政策法规所赋予的。专业人员通过持续的、深入的探究，获得可能与职业实践、专业服务相关的专业知识。专业知识关涉一个职业能否成为专业性职业，一个职业是否专业化关乎职业的专业地位。专业性职业就其核心特质而言，包括以下几个方面：有一套共享的专业知识或技术文化，有一种专业自主权，有一套专业伦理规范或理想。在众多的特性或标准中，专业知识技术处于基础性地位。由此，从职业专业性层面看，教师是一种专业性职业，教师的劳动是一种创造性劳动，教师被赋予专业地位。

1966年，联合国教科文组织和国际劳工组织发布的《关于教师地位的建议》提出：教学应被看作是一专业；它是一种公共服务，要求教师经由严格且持续的学习获得并保持专业知识与特别技能；它还要求教师对所教导学生的教育与福祉具有个人和团体的责任感。强调教学是一种专门的职业，也唯有专业的人员才可以促进教育的进步。在此之后，教师的专业地位逐渐深入人心，并在很多国家和地区的立法中得到确认。我国《教师法》第三条，确立了教师是履行教育教学职责的专业人员，承担教书育人、培养社会主义事业建设者和接班人、提高民族素质的使命。《教师法》把教师确定为教育教学的专业人员，同时将这类专业人员的使命与民族素质的提高、国家建设者和接班人的培养联系在一起，可以说，它第一次从法律上确认了教师地位的专业性和神圣性[①]。

因此，教师专业地位是指基于教师专业性的教师地位，主要包括教师的专业精神、专业知识、专业能力、专业权利、自我发展意识等影响因素。教师专业地位具有个体和社会双重属性。个体属性是指教师专业地位是由教师个体通过开展专业学习，培育

[①] 郑新蓉. 论教师社会地位及法律地位. 教育研究与实验，1998（1）：37.

专业精神，提升专业能力，掌握专业技能，来获得提升；社会属性是指教师专业地位由政府、教育行政部门、相关政策法规等其他社会主体所支持。

（二）提升教师专业地位的价值

"教育是国之大计、党之大计。"在不同的历史发展阶段，影响社会发展的因素及其影响力的大小会发生变化。在知识经济时代，科学技术的作用越来越大，"人"的功能日益凸显，那些难以被人工智能所替代的职业对社会发展的影响力日益增强。教师作为这种职业之一，其地位自然会得到提高。

1. 提升教师专业地位有助于建构教师的专业身份

"身份"一词，具有很强的历史和文化属性，是哲学、社会学等学科共同的研究对象。教师的专业身份指教师个体或群体的某种独特品性特征，与自我认知密切相关，具有他赋和自赋的特性。教师专业身份具有以下特征：

首先，它是一个对自我经验进行解释与重释的过程，与教师发展永不停止这一观点相符，对其最佳的阐释即：教师专业身份是一个终身学习的过程，专业身份是一个"此刻我是谁"的问题，更是一个"我想成为谁"的问题；其次，教师专业身份既指向个人也指向其所处的背景，一个教师的专业身份并不是完全独特的；此外，教师专业身份包含着一系列与其协调一致或冲突的"子身份"；最后，专业身份不是教师拥有的某物，而是教师使自我作为教师有意义的东西。主观性是教师专业身份形成中的一个重要因素，这意味着教师在职业发展的过程中必须积极行动[①]。影响教

[①] ROSTOCK R. Developing a workable teacher identity: building and negotiating identity within a professional network. Philadelphia, PA: University of Pennsylvania, 2014.

师专业身份形成的因素有四种：宏观结构——社会文化层面（社会的多元化和国家政策），中观结构——学校和教师教育组织层面，微观结构——与同事、学生和家长的关系，个人经历——教师个人的价值观、信念和思想意识[①]。

教师专业身份的建构与教师这一职业的专业活动有关，教师专业身份的建构就是在不断追问"教师是谁？"的问题，既包含作为"教师"群体的"集体我"的身份建构，也包含作为"个体我"的"人"的教师个体身份建构，由外到内，形成完整的专业身份。教师专业地位的确立和提升能很好地形塑教师专业身份"集体我"，从社会文化层面肯定教师职业的专业性，深化教师对于自己知识领域的认知和信念，促使教师特别是新教师发展对于专业身份的感知，形成关于"教师"这一职业的身份感、使命感，完成从外部到内部，从集体到个人，从信念到实践的专业身份建构。

2. 提升教师专业地位有助于优化教师队伍建设

教师专业地位的提升是建设专门化、高素质教师队伍的重要保障。习近平总书记非常重视提高教师的地位，重视教师队伍的建设。2013年，在致全国广大教师的慰问信里，习近平总书记强调："教师是立教之本、兴教之源，承担着让每个孩子健康成长、办好人民满意教育的重任。"教师肩负重任，责任重大。习近平总书记在同北京师范大学师生代表座谈时指出："教师重要，就在于教师的工作是塑造灵魂、塑造生命、塑造人的工作。一个人遇到好老师是人生的幸运，一个学校拥有好老师是学校的光荣，一个

---

① DAY C, KINGTON A, STOBART G, et al. The personal and professional selves of teachers: stable and unstable identities. British educational research journal, 2006, 32 (4): 601-616.

民族源源不断涌现出一批又一批好老师则是民族的希望。"①

提升教师专业地位，敦促教师专业自我成长，优化教师队伍专业素质。专业地位由教师职业的专业性赋予，教师的专业性决定了教师应当把教育能力和专业水平作为核心素养，从而真正符合身份定位。专业性所蕴含的专业性知识、专业性技能是其他一般性职业所不能代替的。提升教师专业地位，为教师职业进行专业赋能，促使教师正视自己的专业价值，专注自身专业性提升，做到专业化成长中的自觉。教师的专业化成长是一个以理想状态为终点的连续体，是一个漫长的过程，是教师内在的专业性的提高，需要教师不断的自我学习、自我充实，扩充专业知识基础，夯实专业实践功底。通过积极的实践转化，促进专业发展与成长。教师既是专业成长的对象，也是自身专业成长的主人。在促进教师专业成长的过程中，教师专业地位在专业发展中起着不可小觑的作用。教师的专业成长不能是外在于自我的工具性发展和受他人规约的被动式发展，提升教师的专业地位，更加强调教师在专业成长中的主动、自觉。

提升教师专业地位，提高教师职业的吸引力、感召力，吸收更多专业化、高素质、创新型人才加入教师队伍，提升教师队伍专业质量。"今天的学生就是未来实现中华民族伟大复兴中国梦的主力军，广大教师就是打造这支中华民族'梦之队'的筑梦人。"原教育部部长陈宝生说："教育质量是'尊敬'出来的。没有对老师的尊敬、对学生的尊重，就没有教育质量。只有最优秀的人汇聚在教育战线，才能为中华民族培养出一代又一代优秀人才、合格建设者和可靠接班人。"只有数量充足、质量优异的高素质教师

---

① 习近平. 做党和人民满意的好老师：同北京师范大学师生代表座谈时的讲话. 北京：人民出版社，2014：4.

队伍才能扛起这样的历史重任,为办人民满意的教育打下坚实基础。教师专业地位的提升使得教师职业更受尊崇,教师的专业性不断提升,使教师队伍的整体素质不断提升,更多高素质人才愿意选择教师这份"天底下最光辉的职业",燃烧自己,照亮别人。

3. 提升教师专业地位有助于形成尊师重教的社会风尚

习近平总书记在党的十九大报告中指出:"加强师德师风建设,培养高素质教师队伍,倡导全社会尊师重教。"① 要始终坚持把教育放在优先发展的战略地位,大力营造尊师重教的社会氛围,努力让教师成为社会上最受尊敬、最令人向往的职业②。习近平总书记曾多次在讲话中提到"尊师重教",可见其对教师地位的重视。"国将兴,必贵师而重傅;贵师而重傅,则法度存。"教育是面向未来的神圣事业,尊敬教师,就是对国家和民族美好未来的希望与寄托。

提升教师专业地位,强调教师职业的特殊性与专业性,凸显教师职业的神圣与专业价值,不仅能够敦促教师自我发展专业素养和专业知识,促进教师挖掘自己的专业潜能,而且能够引导全社会了解、尊崇教师,营造良好的尊师重道的社会氛围,形成明道、信道的社会风尚。"一个优秀的老师,应该是'经师'和'人师'的统一,既要精于'授业'、'解惑',更要以'传道'为责任和使命。好老师心中要有国家和民族,要明确意识到肩负的国家使命和社会责任。"③ 教师不仅承担着传承知识与文化的重任,还肩负着培养民族未来的重担。教师的专业特质体现在对民族精神、

---

① 习近平. 决胜全面建成小康社会 夺取新时代中国特色社会主义伟大胜利. 北京:人民出版社,2017:46.
② 缪毅容. 要始终坚持把教育放在优先发展战略地位. 解放日报,2007-09-07.
③ 习近平. 做党和人民满意的好老师:同北京师范大学师生代表座谈时的讲话. 北京:人民出版社,2014:5.

家国薪火的传承中,"为学莫重于尊师""师道既尊,学风自善"。因此,进入新时代,更应当重视提升教师专业地位,凸显教师职业特质,保持优良传统,正本清源,努力营造全社会尊师、敬师、重师的良好风尚。

(三)确保教师专业地位的路径

1. 落实教师专业权利是确保教师专业地位的"入口关"

权利与义务是如影随形的统一体,既没有无权利的义务,也没有无义务的权利。教师专业地位的实质意义就是拥有专业人员的权利和义务,而教师专业地位的高低取决于教师权利和义务的保障与落实程度。

教师权利作为一种职业权利,与教师义务相适应,主要是由《教师法》予以规定和保证。我国《教师法》规定教师的权利有:"(一)进行教育教学活动,开展教育教学改革和实验;(二)从事科学研究、学术交流,参加专业的学术团体,在学术活动中充分发表意见;(三)指导学生的学习和发展,评定学生的品行和学业成绩;(四)按时获取工资报酬,享受国家规定的福利待遇以及寒暑假期的带薪休假;(五)对学校教育教学、管理工作和教育行政部门的工作提出意见和建议,通过教职工代表大会或者其他形式,参与学校的民主管理;(六)参加进修或者其他方式的培训。"

教师作为一种职业,其社会权利除了公民所享有的一般权利外,还有他的职业本身所赋予他的权利——专业权利。它包括教师在教育教学活动中所拥有的对课程和教学内容的决策权和选择权,教师在对于学生的评价中的决定权,以及教师在课堂教学活动中的组织权和控制权,等等。在实际的教育教学活动中,教师的这种权利往往不容易进行十分有效的限制,但它也常常得不到有效的保障，易于受到各种侵犯。

因此，要全面落实《教师法》所规定的教师专业权利，加强法制建设，树立教师权威，为教师专业权利的实现奠定良好的制度基础。教师还要学法、懂法，具备良好的法律素养，能够运用法律捍卫自己的合法权益。同时，教师要自觉提高专业素养，发挥专业精神，自觉履行义务，这样才能保证专业地位的落实。

2. 培育教师专业精神是保证教师专业地位的"指南针"

教师专业地位的落实需要教师专业精神引领与护航。教师的专业精神是教师应具有的理想追求、道德规范和伦理要求等基本理性价值取向，是指导教师献身于教育工作的精神动力。教师的专业精神具体包括教育理念、专业态度和师德。

教育理念是指教师在对教育工作理解和体验的基础上，形成的个人的教育观念和理性信念。一个教师的教育理念显现出个人的教育理想，奠定了教师基本的教育判断能力。一个教师是否具有对自己所从事教育职业的理念，往往是判断专业与非专业人员的一个重要依据[①]。2016年12月，习近平总书记在全国高校思想政治工作会议上强调，教师是传播知识、传播思想、传播真理的工作，是塑造灵魂、塑造生命、塑造人的工作。教师不能只做传授书本知识的教书匠，而要成为塑造学生品格、品行、品味的"大先生"。具体而言，教师应树立科学教育意识和人文教育情怀，适应终身学习的现代教育理念，在确定教育教学任务时要着眼于学生一生的发展，强调为学生的终身学习与发展打好基础，强调培养学生对未来社会的适应能力，树立个人的教育理想，坚守专业精神。

---

① 王攀峰. 论中小学教师的专业素养. 教学与管理，2008（11）：3.

专业态度是在一定专业意识支配下形成的对专业活动的特定对象的认识、评价与行为倾向，它能对教师的行为起到重要的指导与调节作用，对学生态度的形成与转化也产生着潜移默化的影响。教师在教育教学中要秉持奉献的态度。具体而言，好老师要有"捧着一颗心来，不带半根草去"的奉献精神，自觉坚守精神家园、坚守人格底线，带头弘扬社会主义道德和中华传统美德，以自己的模范行为影响和带动学生[1]。同时，教师应树立敬业精神和责任感，并将这种专业精神转化为个体生命的组成部分，体现出强烈的生命力；树立服务意识，明确教师不是公共权力的贯彻者，不是道德裁判，也不是真理的代言人，教师应为社会和个人发展提供精神和知识服务；不断改善和提高工作质量，提高自身的业务能力和专业素质，追求教师价值的最高实现，形成专业与生活相统一的发展取向，促进教师自身的个性品质的和谐发展[2]。

教师之本，在于师德。教师对学生的教育影响是潜移默化的，教师要为人师表、行为世范，在言论、行为、作风、思想意识方面起到表率和榜样作用，要以自己的风范、品德、才学去影响、熏陶和感染学生。2016年12月，习近平总书记在全国高校思想政治工作会议上强调，"要加强师德师风建设，坚持教书和育人相统一，坚持言传和身教相统一，坚持潜心问道和关注社会相统一，坚持学术自由和学术规范相统一"。教师要时刻铭记教书育人的使命，甘当人梯，甘当铺路石，以人格魅力引导学生心灵，以学术造诣开启学生的智慧之门。应增强教师的事业心，强化教师队伍

---

[1] 习近平. 做党和人民满意的好老师：同北京师范大学师生代表座谈时的讲话. 北京：人民出版社，2014：7.

[2] 王攀峰. 论中小学教师的专业素养. 教学与管理，2008（11）：4.

的职业责任感，提高他们的工作积极性，形成敬业乐业、勤奋进取、开拓创新、无私奉献的良好风尚；要不断丰富提高师德规范，突出育人功能，当好"人师"，优化教师形象。全国广大教师要做有理想信念、有道德情操、有扎实学识、有仁爱之心的好老师，为发展具有中国特色、世界水平的现代教育，培养社会主义事业建设者和接班人作出更大贡献。

3. 强化教师专业培养是提升教师专业地位的"保障线"

2013年教师节前夕，远在国外的习近平总书记通过书信表达对教师的慰问，对教师提出"三个牢固树立"，即牢固树立中国特色社会主义理想信念、牢固树立终身学习理念、牢固树立改革创新意识。这是教师专业培养所必须涵盖与践行的理念。提升教师专业地位，必须立住"专业"，凸显教师职业的专业化特性，大力发展教师教育，强化教师的专业培养。

良好的专业素质、扎实的专业功底是教师专业培养的最基本要求。良好的专业素质是赢得学生尊重的基础，也是培养民族未来人才的前提条件，是现代教师必备的核心素养之一。对此，习近平总书记有过专门的论述，他说："扎实的知识功底、过硬的教学能力、勤勉的教学态度、科学的教学方法是老师的基本素质，其中知识是根本基础。学生往往可以原谅老师严厉刻板，但不能原谅老师学识浅薄。'水之积也不厚，则其负大舟也无力。'知识储备不足、视野不够，教学中必然捉襟见肘，更谈不上游刃有余。"[①] 由此可见，教师不仅要具备专业的学科基础知识，更要有扎实的学识和见识，能够跨越学科界限将知识联系起来，形成自己丰厚的文化底蕴以影响学生。

---

① 习近平. 做党和人民满意的好老师：同北京师范大学师生代表座谈时的讲话. 北京：人民出版社，2014：8-9.

踏实的学习精神是教师专业培养所要求必备的品格。教师专业培养不仅要夯实教师的专业知识基础和专业功底,还要培养教师学无止境的精神和开放广博的胸怀。2014年习近平总书记在同北京师范大学师生代表座谈时引用过一位国外教育家的话:"为了使学生获得一点知识的亮光,教师应吸进整个光的海洋。"说明在信息时代做好老师,自己所了解的知识必须大大超过要教给学生的知识的范围,不仅要有胜任教学的专业知识,还要有广博的通用知识和宽阔的视野,需要不断开阔学术视野,积极进行跨领域学习,夯实专业知识,努力提高自己的教育教学水平和育人能力。对于教师的专业学习,习近平总书记引用陶行知的话说:"出世便是破蒙,进棺材才算毕业。"他要求老师"始终处于学习状态,站在知识发展前沿,刻苦钻研、严谨笃学,不断充实、拓展、提高自己。过去讲,要给学生一碗水,教师要有一桶水,现在看,这个要求已经不够了,应该是要有一潭水"[①]。信息时代,知识快速更新迭代,海量的、急速增长的知识对教师的培养和发展提出了更高的要求与目标,不仅要求具有扎实的专业基础,而且对新知识、新信息的筛选、判断能力提出了挑战。教师只有乐善好学、与时俱进,才能在专业水平上不断精进,为教师专业地位提供"专业"保障。

二、提高教师经济地位

我国高度重视教师群体,多次出台政策以提升教师群体经济地位。邓小平同志在提倡尊师重教的同时,十分关心和重视改善

---

① 习近平. 做党和人民满意的好老师:同北京师范大学师生代表座谈时的讲话. 北京:人民出版社,2014:9.

教师的工作条件和生活待遇。他说，要确实保证教师的教学活动时间，要关心他们的政治生活、工作条件和业务学习。对于在教学工作中作出突出贡献的教师，应该给予表扬和奖励①。要随着经济发展不断提高教师待遇，让广大教师安心从教，热心从教。要不断提高教师就业质量，在工资收入、就业稳定性、发展前景、工作环境等方面全面发力，吸引优秀人才进入教师队伍。提高教师待遇是提升教师经济地位最直接的路径。

（一）教师经济地位的内涵

教师的经济地位是教师其他地位的基础和保证。教师的经济地位也决定了教师的职业声望、职业吸引力以及教师从事这一职业的积极性。教师的经济地位不仅影响教师个体的生存和发展，也影响教师队伍的稳定和教师职业的专业化程度，它是教师社会地位的最直观表现，是决定教师职业是否有吸引力，能否吸引到高素质人才，保障教师队伍稳定，从而保证和提高教育质量的一个关键性因素。如果说教师的政治地位和社会地位是提高教师经济地位的保障，那么教师的经济地位就可以反过来提高教师的政治地位和社会地位。

从宏观角度来看，国家政策和工资制度是影响教师经济地位的主要因素，不同时期的国家劳动和工资政策变化是造成教师经济地位变化的最大原因。纵观我国历史上四次全国性工资制度改革，可以发现我国教师经济地位已得到显著提升。把各国中小学教师工资待遇与同等资历从事其他职业的人的工资加以比较，可以发现有三种类型：（1）高于型：中小学教师的平均工资高于类

---

① 邓小平. 邓小平文选：第2卷. 2版. 北京：人民出版社，1994：95.

似的或同等资历从事其他职业的人的平均工资；（2）持平型：中小学教师的平均工资和其他行业同学历、同工龄的人的平均工资大致相同；（3）低于型：中小学教师的平均工资低于其他行业同资格人员的平均工资[①]。目前，我国《教师法》第二十五条规定："教师的平均工资应当不低于或者高于国家公务员的平均工资水平，并逐步提高。建立正常晋级增薪制度，具体办法由国务院规定。"事实上，早在1995年10月，国家教育委员会就《教师法》专门出台了《关于〈中华人民共和国教师法〉若干问题的实施意见》，明确提出：《教师法》第二十五条所称"平均工资水平"是指按国家统计局规定的工资总额构成的口径统计的平均工资额。而在此之前，国家统计局在1990年就专门印发了《〈关于工资总额组成的规定〉若干问题的解答》，该文件明确规定了工资总额的主要内容，即计时工资、计件工资、奖金、津贴和补贴、加班加点工资和特殊情况下支付的工资六部分。不难发现，国家对教师经济地位的重视程度由来已久。2018年，《改革的意见》明确将提升教师地位待遇作为深化新时代教师队伍改革建设的重要指导意见之一。2019年，中共中央、国务院印发《中国教育现代化2035》，再次提出"提高教师社会地位，完善教师待遇保障制度，健全中小学教师工资长效联动机制，全面落实集中连片特困地区生活补助政策。加大教师表彰力度，努力提高教师政治地位、社会地位、职业地位"。由此可见，提升教师经济地位势在必行。

（二）提升教师经济地位的价值

教师的经济地位反映了一个国家和社会对教师群体、教育事

[①] 国家教师资格统一考试规划教材编写组.国家教师资格统一考试规划教材面试实战演练.北京：现代教育出版社，2015：90.

业的重视程度。从教师的劳动复杂性、创造性和人力资本的角度来说，教师应具有较高的社会经济地位。同时，对教师经济地位的科学评估和长效保障有利于吸引高素质人才进入教师行业，打破教育水平地区不均衡现状，稳定学校教学质量，是教育改革中非常关键的部分。

1. 提升教师的经济地位是保障教育现代化发展的切实需要

研究表明，推动未来社会发展的生产要素既不是资本和土地，也不是劳动力，而是知识，是人的素质。而知识的获取要靠教育，因此教育是建设未来的重要手段，是使社会持续发展的决定性因素。习近平总书记始终把教育事业摆在重中之重的地位，他指出："各级党委和政府要坚持把教育放在优先发展的战略位置，……深化人才培养模式、教学内容及方式方法等方面的改革，使各级各类教育更加符合教育规律、更加符合人才成长规律。"[①] 现代化教育的目的是培养具有一定知识水平的、具有特殊劳动能力的高素质人才。高素质人才是促进科技成果转化为生产力的载体，是发挥和挖掘科技潜力的原动力，是科技生产力发展的智力基础。教育现代化发展使得教育与其他产业相比具有先行性和导向性[②]。

提升教师经济地位，确保教师职业享有较高的收入水平，是现代化教育的先导性所派生的现实要求。教育的先导性从专业上要求教师队伍更加注重以德为先，全面落实立德树人的根本任务；更加注重因材施教，满足学习者个性化、多样化学习和发展的需求；更加注重知行合一，将教育与生产劳动和社会实践紧密结合

---

① 中共中央文献研究室. 习近平关于社会主义社会建设论述摘编. 北京：中央文献出版社，2017：60.

② 胡求光，过国忠. 解读高等教育的基础性、全局性和先导性. 黑龙江高教研究，2004（6）：7-9.

起来，提高学生的创新能力。教师经济地位的稳固和提升能够有效影响国家各阶段的教育水平的稳固和提升，使教育的先导性在科学研究、社会生产中持续发挥作用。在 2018 年全国教育大会上，习近平总书记强调："全党全社会要弘扬尊师重教的社会风尚，努力提高教师政治地位、社会地位、职业地位，让广大教师享有应有的社会声望，在教书育人岗位上为党和人民事业作出新的更大的贡献。"提升作为教师社会地位最重要组成部分的教师经济地位，对推进教育现代化，提高教育质量和教师队伍建设具有重要作用。

2. 提升教师经济地位是全面依法治国的重要环节

《教师法》规定："教师的平均工资水平应当不低于或者高于国家公务员的平均工资水平，并逐步提高。"然而当前我国教师群体平均工资仍有大面积低于公务员平均工资的情况存在，我国《教师法》和《义务教育法》的规定未能实现[①]。因此，按照法律规定，有计划、有目标地提升教师的经济地位，成了全面推进依法治国的一环。

提升教师经济地位，是全面依法治国的迫切要求。全面依法治国，是中国特色社会主义国家制度和国家治理体系的显著优势。"法律的生命力在于实施。如果有了法律而不实施，或者实施不力，搞得有法不依、执法不严、违法不究，那制定再多法律也无济于事。"[②] 提升教师经济地位，做到依法保障教师队伍合法权益，同样是推动我国经济社会和谐稳定、确保党和国家长治久安

---

① 薛海平，唐一鹏. 理想与现实：我国中小学教师工资水平和结构研究. 北京大学教育评论，2017，15（2）：17-38.
② 中共中央文献研究室. 习近平关于全面依法治国论述摘编. 北京：中央文献出版社，2015：57.

的要素。

提升教师经济地位，是全面依法治国的工作方向。法治是国家治理体系和治理能力的重要依托。全面推进依法治国，是解决党和国家事业发展面临的一系列重大问题，解放和增强社会活力、促进社会公平正义的根本要求。教师队伍的经济地位稳定和科学提升，是我国法治体系建设必不可少的关键内容。科学比照国民经济其他行业工资变动情况，参考全国同水平学历人员工资，长期监控调整教师工资地位；建立教师工资与物价增长相适应核算机制，保证教师实际工资收入和经济地位；依据居民消费指数不断作出动态调整，维持教师工资在国民经济行业中的稳定地位，是新时代全面依法治国的现实要求。

3. 提升教师的经济地位有利于稳固和提升教师队伍建设水平

教师经济地位的提升是吸引优秀人才进入教育行业的有效方式。一个职业所处的社会位置通常由收入作为最有力的因素来决定。职业声望调查中，社会经济指数测量作为对职业收入的直观体现，占据职业社会地位评估的重要地位。这类研究表明，教师的工资水平直接反映了教师的经济地位，且教师工资与教师职业吸引力呈正相关关系，教师工资越高，教师职业吸引力越强，选择教师职业的大学毕业生就越多。故教师工资进一步影响教师职业吸引力，是衡量教师社会地位的有效指标[1]。同时，教师工资的提升也对教师队伍的建设质量有着显著正向作用，较高的工资水平能够有效吸引优秀学生积极报考师范院校，毕业生的生源质量将直接影响教师供给的质量。

提升教师经济地位，能够保障我国教师队伍基数稳定，实现

---

[1] 赖德信. 教师工资对中小学教师供给的影响分析：以北京市为例. 上海教育科研，2013(12)：9-13.

教师社会地位稳定。习近平总书记曾要求"把加强教师队伍建设作为基础工作来抓，满腔热情关心教师，改善教师待遇"①。当前我国大部分教师收入水平不高，教师群体的薪酬满意度也相对较低。中西部地区教师队伍还存在结构性缺编，教师流动性强、流失率高等现象。只有教师工作被充分认可，教师工资满意度到达较高水平，才能激发教师职业的优越感，发挥教师最大的热情和创造性，努力做好本职工作。否则，将严重挫伤教师工作的积极性、主动性，影响教师职业的吸引力，进而影响到教师队伍建设和整体教育水平。

（三）提升教师经济地位的路径

党的十八大以来，全国教师队伍整体面貌发生了根本性变化，教师队伍建设取得了历史性成就。教师工资由20世纪80年代之前在国民经济各行业排倒数后3位，提升到目前在全国19大行业排名第7位。根据教育部公布的全国教育事业基本情况，一系列政策正在让教师获得感落向实处。目前，提升教师经济地位需要从以下几方面入手：

1. 明确教师的特别地位

教师职业具有公共属性，公办中小学教师具有国家公职人员特殊的法律地位。各级党委和政府要切实担负起中小学教师保障责任，把提高教师地位待遇落到实处，着力提升教师的政治地位、社会地位、职业地位，吸引和稳定优秀人才从教。各级教育行政部门和各级各类学校要切实维护教师职业尊严与合法权益，落实教师知情权、参与权、表达权、监督权，引导广大教师强化国家

---

① 习近平. 做党和人民满意的好老师：同北京师范大学师生代表座谈时的讲话. 北京：人民出版社，2014：13.

责任、政治责任、社会责任和教育责任，克服职业倦怠、激发工作热情；支持教师和校长大胆探索，创新教育思想、教育模式、教育方法，形成教学特色和办学风格，努力营造教育家脱颖而出的制度环境。

落实中小学校长负责制和教职工代表大会等制度，建设现代学校制度，保障教师参与学校办学治校等决策的民主权利。建立健全教师人事争议处理制度，依法维护教师权益。关心教师身心健康，定期组织教师体检。支持乐于奉献、身体健康的优秀退休校长、特级教师、高级教师等到农村学校支教讲学，充分发挥优秀退休教师示范引领作用，为农村学校提供智力支持，缓解农村学校优秀师资总量不足和结构不合理等矛盾。鼓励支持符合条件的志愿者支教，积极探索志愿者在参与支教志愿服务连续3年及以上，且考核合格的，在"特岗计划"等教师公开招聘中同等条件下优先聘任。

2. 分类管理

提高教师地位待遇需要分类施策。根据各级各类教师的不同特点和发展实际，考虑区域、城乡、学校差异，采取有针对性的举措。从乡村教师到民办学校教师，从中小学教师到高等学校教师，让不同的教师群体都能看到希望。乡村教师是乡村教育的支柱，深入实施"乡村教师支持计划"，点燃乡村教师心系乡村教育事业的热情；民办教育是教育事业的重要组成部分，维护民办学校教师权益，为民办学校的教师带来实惠；提升中小学教师收入，将激发基础教育活力；推进高等学校教师薪酬制度改革，必将给高校教师带来科研和教学自信。

（1）完善中小学教师待遇。

健全中小学教师工资长效联动机制。各地核定绩效工资总量时要统筹考虑当地公务员实际收入水平,确保县域内中小学教师平均工资收入水平不低于或高于当地公务员平均工资收入水平,确保县域内农村中小学教师平均工资收入水平不低于或高于当地城镇教师平均工资收入水平。健全中小学教师工资正常增长机制,中小学教师绩效工资总量基数原则上比照当地公务员规范津贴补贴(地区附加津贴)与年终一次性奖金额度之和核定,并实行动态调整机制。

同时,完善教师收入分配激励机制,有效体现教师工作量和工作绩效,绩效工资分配向班主任和特殊教育教师倾斜。确保班主任人均奖励性绩效工资不低于校内中层管理干部。对作出突出贡献的特级教师及任期内的省级学科带头人、骨干教师给予表彰奖励。各级财政安排经费,保障中小学临聘教师工资收入待遇,缩小与在编教师的工资收入差距,逐步实现同工同酬。教师医疗同当地公务员享受同等待遇,各学校应当每年组织教师进行一次体检,公办学校教师体检经费由同级财政予以保障,民办学校教师体检经费由举办者予以保障。

(2)提升乡村教师待遇。

据教育部数据,2018年我国有290多万名乡村教师,占义务教育阶段教师总数的四分之一,这支庞大而特殊的教师队伍直接关涉数千万名乡村儿童的命运和未来。发展乡村教育,让每个乡村孩子都能接受公平、有质量的教育,阻止贫困现象代际传递,是功在当代、利在千秋的大事。要把乡村教师队伍建设摆在优先发展的战略位置,多措并举,定向施策,精准发力,通过全面提高乡村教师思想政治素质和师德水平、拓展乡村教师补充渠道、提高乡村教师生活待遇、统一城乡教职工编制标准、职称(职务)评聘向乡村学校倾斜、推动城市优秀教师向乡村学校流动、全面提升乡村教师能力素质、建立乡村教师荣誉制度等关键举措，努力造就一支素质优良、甘于奉献、扎根乡村的教师队伍。

大力提升乡村教师待遇，深入实施"乡村教师支持计划"，关心乡村教师生活。认真落实艰苦边远地区津贴等政策，依据学校艰苦边远程度实行差别化补助，鼓励有条件的地方提高补助标准，努力惠及更多乡村教师。加强乡村教师周转宿舍建设，按规定将符合条件的教师纳入当地住房保障范围，让乡村教师住有所居。拿出务实举措，帮助乡村青年教师解决困难，关心乡村青年教师工作生活，巩固乡村青年教师队伍。在培训、职称评聘、表彰奖励等方面向乡村青年教师倾斜，优化乡村青年教师发展环境，加快乡村青年教师成长步伐。为乡村教师配备相应设施，丰富精神文化生活。

比如江苏省在落实省乡镇工作人员补贴政策的基础上，按照不低于20%的比例提高村小、教学点教师的补贴发放标准，使乡村学校教师实际工资收入水平高于同职级城镇教师工资收入水平。鼓励县级人民政府和相关院校采取定向招生、定向培养、定期服务等方式，为乡村学校及教学点培养"一专多能"教师。省有关部门启动实施乡村教师培养与奖励计划，每年遴选100名在乡村学校工作5年以上的优秀青年教师，培养造就一批乡村青年领军教师，优化乡村青年教师发展环境；每年认定100名在乡村学校从教30年以上的优秀教师，按规定给予一定奖励。实施银龄讲学计划，鼓励支持身体健康的退休优秀教师到乡村学校支教讲学。

（3）维护民办学校教师权益。

健全民办学校教师管理制度，依法保障民办学校教师在资格考试、职称评聘、业务培训、教龄和工龄计算、科研立项、评先评优和国际交流等方面享有与公办学校教师同等权利。畅通民办学校教师户籍迁移、人事劳动关系转接渠道。民办学校要建立完善教师聘用机制，依法依规签订合同，按时足额支付教师工资，依法组织教职工参加养老、医疗、工伤、失业、生育和大病保险，按规定足额缴纳社会保险费和住房公积金。

完善学校、个人、政府合理分担的民办学校教师社会保障机制，民办学校应与教师依法签订合同，按时足额支付工资，保障其福利待遇和其他合法权益，并为教师足额缴纳社会保险费和住房公积金。非营利性民办学校教师享有当地公办学校同等人才引进政策。完善民办教师争议处理机制，维护民办教师合法权益。依法保障民办教师参与学校管理的知情权、参与权。

（4）高等学校教师薪酬制度改革。

推动形成以增加知识价值为导向的高等学校教师收入分配机制。高等学校教师依法取得的科技成果转化奖励收入，计入当年本单位绩效工资总量，但不受总量限制，不纳入总量基数。学校可合理建立高等学校教师、管理人员、其他专技和工勤人员的薪酬标准体系。通过对教师的业绩贡献与工作绩效评价，兼顾考虑职位、级别的差异，按照优绩优酬原则，制订出差异化、个性化的薪酬方案。优先激励教学一线教师队伍和高尖端人才，对于高层次人才或学校紧缺人才的薪酬福利，可通过"一人一议一策"确定。对高校专职从事教学的人员，适当提高奖励性绩效工资在绩效工资中的比例，加大对教学型名师的岗位激励力度。对高校教师开展的教学理论研究、教学方法探索、优质教学资源开发、教学手段创新等，在绩效工资分配中给予倾斜。学校要定期评价现有的薪酬水平及结构，并适时进行调整，通过绩效工资激励各类人员最大程度发挥才干，实现人尽其才。

扩大高等学校教师收入分配自主权。高等学校在绩效工资总量内自主确定收入分配办法,对引进的高层次人才探索实行年薪制、协议工资、项目工资,薪酬不纳入单位绩效工资总量。

3. 健全绩效工资保障机制

2015 年,国务院印发了《关于进一步完善城乡义务教育经费保障机制的通知》,要求"中央继续对中西部地区及东部部分地区义务教育教师工资经费给予支持,省级人民政府加大对本行政区域内财力薄弱地区的转移支付力度。县级人民政府确保县域内义务教育教师工资按时足额发放"。2018 年,国务院办公厅公布《基本公共服务领域中央与地方共同财政事权和支出责任划分改革方案》,对当前的财政事权、支出划分并无较大调整。两个文件中对于各级政府对教师工资的支出责任不够清晰明确,需要进一步加大对省级和省以下的义务教育教师工资经费分担责任,保障教师工资治理的方法方式的精准度和明确性。确定工资制度标准时,要保证多元主体的参与,提升教师工资政策落实度[①]。

建立健全中小学教师工资长效联动机制,核定绩效工资总量时统筹考虑当地公务员实际收入水平,确保中小学教师平均工资收入水平不低于或高于当地公务员平均工资收入水平。落实各级政府特别是县级人民政府保障义务教育教师工资待遇的主体责任,各级人力资源和社会保障、财政、教育部门等要认真抓好组织实施工作,调整优化财政教育经费支出,优先解决教师工资所需经费。中小学教师平均工资收入水平低于当地公务员平均工资收入水平的地方,要加大财政支持力度,用于执行设立的校长津贴、班主任津贴、超课时津贴、农村学校教师补贴等项目,确保教师在保质保量完成工作任务的前提下,拿到全额绩效工资。

---

① 李广,柳海民. 中国教师发展报告 2019. 北京:科学出版社,2020:253.

完善教师收入分配激励机制，奖励性绩效工资总量与超额绩效工资总量合并使用，有效体现教师工作量和工作绩效，绩效工资分配向班主任以及一线骨干教师、农村学校教师倾斜，激活内部分配，调动教职工积极性。充分考虑普通高中课程改革要求，适当提高普通高中教师绩效工资总量水平。中等职业学校教师依法取得的科技成果转化收入，不纳入所在学校绩效工资总量。高校专职从事教学的人员，适当提高基础性绩效工资在绩效工资中的比重；对聘用的高层次人才和具有创新实践成果的优秀人才，可实行年薪制、协议工资、项目工资等灵活多样的分配制度，实际薪酬发放水平不纳入所在单位绩效工资总量核定范围。对因突发事故或患有重大疾病造成家庭生活特别困难的教师，由所在地政府按相关规定纳入社会救助体系予以救助帮扶。实行中小学校长职级制的地区，根据实际实施相应的校长收入分配办法。将教师工资政策落实等教师队伍建设情况纳入各级政府政务督查重点内容和政府履行教育职责督导评价范围，定期开展教师工资发放核实督查工作。

工资保障机制应坚持三个价值标准。第一，公平标准。我国区域、城乡以及学校之间存在较大的保障水平不均衡问题，应尽量做到公平。第二，效率标准。反映在中小学教师以及高校教师的绩效工资实施上，存在较大的激励作用不足问题，应提高保障效率。第三，充足标准。在基础教育阶段，与其他国家相比，我国财政保障还很不充分，应做到保障充足。现阶段教师工资要做到"稳步提高增量"和"合理分配存量"。"稳步提高增量"就是强调在现有基础上进一步整体性提高教师待遇，而"合理分配存量"，即在已有教育资源前提下，更好地完善资源配置的结构和比例。

4. 加大教师住房保障力度

研究制定教师住房保障政策，各级政府要把符合条件的教师纳入当地住房保障范围，鼓励地方政府探索实施人才专用房，有条件的地方可以从公租房源中切块专项用于教师住房保障，由教育主管部门统筹用于保障符合条件的教师。按规定落实教师住房公积金和住房补贴政策。鼓励各地制定人才分类目录，分层分类向人才提供安家补贴、购（租）房补贴，以货币化、市场化方式解决人才住房问题。在符合规划的前提下，允许利用闲置校舍改造或学校自有土地配建教师周转宿舍，多渠道解决教师临时住房困难。

三、明确教师法律地位

教师法律地位涉及教师与政府、学校以及学生之间法律关系的构成和性质，决定教师在履行教育教学职责过程中所享有的权利和承担的义务，对教师职业的社会经济地位亦具有重要的影响作用。百年大计，教育为本；教育大计，教师为本。根据新时代教育发展的目标和任务，通过政策、立法明确教师的法律地位，不断提升教师社会经济地位，才能吸引更多社会优秀人才选择教师职业，为建设高素质专业化创新型的教师队伍作出贡献。

（一）教师法律地位的内涵

所谓法律地位，一般来说是指法律规定的法律关系主体的权利与义务的实际状态[①]。在学术研究领域，法律地位经常用来指

---

① 邹瑜，顾明．法学大辞典．北京：中国政法大学出版社，1991：12．

称主体所拥有的法律权利与义务的总和，表示主体在法律关系中所处的位置。如何理解教师的法律地位，从不同的角度出发，存有不同的认识。第一种观点是将教师法律地位理解为法律所规定的教师职业所处的社会地位。例如，黄崴认为教师的法律地位就是通过立法确立的教师的职业地位。从广义上讲，教师的法律地位应涵盖教师的政治地位、经济地位和职业声望等方面的内容。教师法律地位主要通过教师的权利与义务体现出来[①]。第二种观点是将教师的法律地位理解为教师职业的法律身份及其所属职业类别。例如，孟卫青认为，从更为严格的法律意义上来讲，教师的法律地位是指教师的法律人格和教师属于某类的权利、责任、能力和无能力。它是当前我国教育法学研究和法治实践中的一个重要课题[②]。王悦群认为，教师法律地位主要是指教师是履行教育教学职责的专业人员，教师必须从教于各级各类学校或其他教育机构，教师具有特定的权利义务[③]。第三种观点认为应当从教师本身所享有的权利和履行的义务来理解教师职业的法律地位。例如，包秀荣认为教师法律地位是指以法律形式规定的教师在各种社会关系中的位置。这主要涉及教师的法定身份，教师与政府、教师与学校、教师与学生、教师与社会所构成的法律关系中所处的地位以及教师权利的行使和义务的履行等方面[④]。杨建顺指出探讨教师的地位实质上要明确的是教师享有哪些权利，负有哪些义务[⑤]。程雁雷等认为，教师的法律地位是研究在特定的法律关系中教师属于某类以及属于此类的权利、责任、能力和无能力，

---

① 黄崴. 教育法学. 广州：广东高等教育出版社，2002：15.
② 孟卫青. 论我国公立中小学教师的法律地位. 广州：华南师范大学，2002：8.
③ 李连宁，孙葆森. 教育法制概论. 北京：教育科学出版社，1998：32.
④ 包秀荣. 试论教师的法律地位. 内蒙古民族师院学报，1998（1）.
⑤ 劳凯声. 中国教育法制评论. 北京：教育科学出版社，2002：246.

它不是现行法律规定的教师权利义务内容、能力和非能力标准的简单累加，而是以能力和非能力为前提形成的权利义务体系①。

由于法律地位这一概念本身所具有的复杂性，不同学者对于教师法律地位的理解难免有所不同，但是关于教师法律地位的界定有以下几点是学界所普遍认同的：第一，认为教师法律地位是指教师在社会中的地位，在各种社会关系中的位置；第二，认为教师法律地位的核心内容是教师享有的权利和履行的义务；第三，认为教师法律地位包括与教师相关的各类法律关系，包括教师和国家、教师和学校、教师和学生等②。

在我们看来，正确认识教师法律地位的内涵，首先，应当认识到法律地位与社会地位之间的区别和联系。一般来说，职业的社会地位是指人们从事的某种职业在经济收入、社会地位和社会声望等方面的总体状况，它反映的是该职业在整个社会职业分层体系中所处的位置。尽管职业的法律地位会在一定程度上影响该职业的社会地位，但职业社会地位本身还受到该职业经济收入和职业声望等其他因素的影响。其次，正确认识教师法律地位的内涵，还应处理好教师职业性质与其权利和义务之间的关系。一方面，应当认识到职业性质并不等同于法律地位。教师职业的法律性质主要表现为法律对教师职业特征的描述，对于探讨聘用纠纷等现实法律问题缺乏法律规范的价值；另一方面，也应认识到，法律所规定的职业性质在很大程度上决定了该职业的权利和义务，因此厘清教师职业的法律性质和法律身份在很大程度上有助于确定教师在实际法律关系中所处的位置。基于上述考虑，我们将教

---

① 程雁雷，廖伟伟. 教师权利义务体系的重构：以教师法律地位为视角. 国家教育行政学院学报，2006（6）.
② 龚钰淋. 行政法视野下的公立高校教师法律地位研究. 北京：中国政法大学，2011：4.

师的法律地位理解为以法律形式规定的教师在各种社会关系中的位置,其内容主要涉及教师的法律身份、法律关系(包括教师与政府、教师与学校、教师与学生关系)以及教师的权利和义务。其中主要是法律身份,因为教师的法律关系、权利义务、待遇等都与教师的法律身份密切相关①。

(二)明确教师法律地位的价值

教师法律地位决定了教师的权利义务、资格任用以及工资待遇等。更重要的是当权利受到侵害时,法律地位的不同会导致寻求救济的途径和方式的截然不同。教师的法律地位关系到教师的权益是否能够得到有效的保护,对于确保教师享有较高社会地位具有直接的影响作用。特别是对于义务教育阶段的中小学教师而言,其与政府、学校构成何种性质的法律关系,应具有何种法律地位,是我国教育改革面临的一个重要问题,对于提升教师社会地位,吸引更多优秀人才长期稳定从教具有重要意义和价值。

1. 有利于明确教师的职业性质

"教师是履行教育教学职责的专业人员,承担教书育人,培养社会主义事业建设者和接班人、提高民族素质的使命。"这是《教师法》对于教师职业的基本规定,充分肯定了教师职业的专业性。所谓教师职业的专业性是指教师职业是一种需要专门的知识、专业的技能以及相应的职业道德才能从事的职业。教育是一种有计划、有目的地培养人,以促使其社会化的专门活动,教育活动的目的性和教育对象的复杂性要求教师不仅需要有专业的知识与技

---

① 劳凯声,等. 教师社会经济地位问题:现实与选择. 北京:经济科学出版社,2020:262.

能，还应当具备坚定的专业理想和职业道德，这些都决定了教师职业应当作为一种专门职业。1966年，联合国教科文组织和国际劳工组织在《关于教师地位的建议》中指出：教师工作应被视为专门职业，这种职业要求教师经过严格的、持续的学习研究，获得并保持专业知识和技能的公共业务。世界上大多数国家都采纳了这一建议。我国《教师法》将教师职业规定为一种专门职业，并且建立起与之相适应的教师专业制度，对于促进教师专业发展，提升教师队伍的专业化水平起到了重要作用。

由于教育本身对于国家和社会发展的重要作用，教师作为国家教育责任的承担者，其工作涉及社会公众，影响公共利益，因此教师职业又具有了区别于一般职业的公共性。教师职业的公共性首先是由教育活动的公共性所决定的。公共性是现代教育的根本属性，特别是对于义务教育而言，从其产生之日起就是一种明确的国家责任，一种保证所有人都能平等地接受教育的公法义务。教师作为国家教育责任的具体承担者，其所实施的教育教学活动是一种具有公务性质的活动。此外，教师职业的公共性还在于教师的工作涉及公共资源的使用，其所从事的教育和管理活动，不仅能够使受教育者本身获得直接的收益，同时还能够最大限度地促进社会公共利益。从这个意义上来说，教师职业是一种专业性和公共性并存的职业。

习近平总书记强调："好老师心中要有国家和民族，要明确意识到肩负的国家使命和社会责任。"① 这是对教师职业公共性的明确要求。《改革的意见》提出："突显教师职业的公共属性，强化教师承担的国家使命和公共教育服务的职责，确立公办中小学教

---

① 习近平. 做党和人民满意的好老师：同北京师范大学师生代表座谈时的讲话. 北京：人民出版社，2014：9.

师作为国家公职人员特殊的法律地位，明确中小学教师的权利和义务，强化保障和管理。"这是在《教师法》的基础上对于教师法律地位提出的新要求，进一步明确了教师职业应当具有的公共性。在法律上明确教师职业的公共性，不仅有利于强化政府对教师的管理，提高教师队伍的素质，达成公共教育目标，还可以为教师定期、合理交流，实现优质教师资源共享及教育均衡发展并最终实现教育公平提供法律与制度基础。

2. 有利于明确教师的法律身份

对于教师的法律身份定位，不同国家、不同类型的学校有所不同。从世界范围讲，大致有公务员、雇员、公务员兼雇员三种类型。在德国、日本等大陆法系国家，一般都把教师定位为公务员或教育公务员。按照教育公务员制度，教师在职业保障、医疗待遇和退休待遇等方面接受公务员法调整，相应地，政府可根据教育发展的实际需要，以行政手段配置教师资源。在美国、英国等普通法系国家，一般都将教师定位为公务雇员。公务雇员制度有利于公平地配置师资力量，但由于教师只是政府通过合同雇用的人员，因而不能享有国家公务员的某些福利待遇。在欧洲，还有部分国家将教师直接定位为雇员，学校在其权限范围内可以决定教师的雇佣和解雇，向教师布置任务、监督和评价教师的工作。

在我国，公立学校的教师在传统上由国家人事部门按照统一的干部人事管理制度进行管理。国家通过任命的方式，将教师纳入国家干部队伍，使得教师具有了作为国家干部的法律身份。从20世纪80年代末开始，随着国家公务员制度的建立以及教师聘任制的实施，教师的法律身份由原来的国家干部转变为事业单位工作人员。然而，由于事业单位工作人员这一身份本身具有较大的概括性，既不能反映教师职业的性质也无法规范教师的权利和义务，所以实际上教师属于何种法律身份一直模糊不清，并且影响到教师的权利和义务、聘任和管理以及工资待遇等许多方面。究竟如何确立教师的法律身份，近年来一直存有两种不同的观点：一种观点认为，应当将教师定位为公务员。这种观点认为，教育权是以国家和政府的责任为前提的一种社会权利。从事义务教育的教师是代表国家向接受义务教育的公民履行政府责任，义务教育阶段的教师代表政府办事，因此应当纳入公务员队伍。并且，将教师纳入公务员管理，还有利于确保教师收入的稳定，以促进各地尤其是贫困地区教育事业的发展，对解决中小学教师工资待遇偏低以及提高教师地位具有现实意义。另一种观点认为，应当确立教师作为专业人员的法律身份。这种观点认为，教师从事的是教书育人的工作，并不享有公权力，与公务员队伍管理应有不同的要求。而且，教师职业具有全社会最崇高的精神特质，如果将其纳入公务员管理，有可能导致教师职业的行政化，损害教师职业的独立价值和职业精神。上述两种观点都具有一定的合理性，如果不能对其加以平衡和协调，将会在很大程度上限制对教师职业的认识，甚至影响教师队伍建设的整体进程。

《改革的意见》，在深刻认识教师队伍建设的重要意义和总体要求的基础上，提出了新时代教师队伍建设和改革的目标和要求。《改革的意见》指出："确立公办中小学教师作为国家公职人员特殊的法律地位。"并明确提出："公办中小学教师要切实履行作为国家公职人员的义务，强化国家责任、政治责任、社会责任和教育责任。"这是对教师法律身份的直接要求。从新时代教育改革与发展的任务和要求来看，确立中小学教师作为国家公职人员的法律身份，有利于处理好教师与政府、学校以及学生之间的权利义务关系，确保教师承担起传播知识、传播思想、传播真理的历史使命，肩负好塑造灵魂、塑造生命、塑造人的时代重任，在促进教育改革与发展，促进国家富强、民族振兴、人民幸福的过程中发挥更大的作用。

3. 有利于保障教师的工资待遇

工资收入和福利待遇是职业价值的重要衡量指标，是决定职业吸引力的重要影响因素。教师职业工资待遇水平的高低，直接影响优秀人才是否选择从教以及是否长期稳定从教，进而影响教师队伍的结构和质量。在计划经济体制下，教师作为国家干部，可以按照体制内国家工作人员序列相关标准享受工资配额和住房分配待遇。1993年以后，随着《教师法》的出台，以教师作为专业人员的法律身份为基础，我国逐渐建立起了专业化的教师管理制度，并且在工资收入、福利待遇等方面作出了比照公务员的规定。然而在具体实践中，由于缺乏公共财政一体性保障，基础教育阶段教师福利待遇难以落实。有学者研究发现，1990—1999年，在15个社会行业中教育系统平均工资一直处于第10至第13之间，并且在大多数年份教育系统平均工资都达不到社会平均工资水平。2001—2006年，教育系统平均工资都超过了社会平均工资水平，但是在国民经济各行业排名中依然比较靠后。2001—2002年教育系统在15个行业中排在第9，2003—2006年在19个行业中排在第11或第12[1]。近年来，随着财政性教育经费的增长，我国教师的工资收入有所提升，但与世界发达国家相比仍存在不小差距。2013年，中国教育科学研究院发表的《中国教师发展报告》显示，中国幼儿园、小学、中学教师年平均工资分别为

---

[1] 杨建芳，王蓉. 义务教育教师与公务员的收入比较. 教育与经济，2008 (4)：11-19.

4 883 美元、9 853 美元、10 538 美元，低于所有可获得数据的经济合作与发展组织国家①。根据 2017 年国际比较数据，英国的 9 个职业大分类中，教师职业收入位居第 2 或第 3，加拿大的 50 个职业细分类中，教师职业收入处于第 11 位，均远高于平均水平；美国的 21 个行业中，教育类处于第 9 位，也是高于平均水平。可见，我国教师职业收入虽已有长足进步，但仍然有提高空间②。当前，优秀人才从教对于教育事业发展的重要性已经毋庸置疑，而《教师法》等现行教育法律和政策无法保障教师获得相对优厚的工资待遇，导致我国大部分地区，尤其是农村地区和欠发达地区不仅难以吸引优秀人才，甚至还陷入了优秀教师不断流失的困境。

2014 年，习近平总书记同北京师范大学师生代表座谈时讲道，"国家繁荣、民族振兴、教育发展，需要我们大力培养造就一支师德高尚、业务精湛、结构合理、充满活力的高素质专业化教师队伍"。在 2018 年全国教育大会上，他进一步强调，"教育投入要更多向教师倾斜，不断提高教师待遇，让广大教师安心从教、热心从教"。根据习近平总书记的讲话精神，结合我国教师队伍建设远景目标和现实情况，明确教师的法律地位对于提升教师的工资收入，保障教师享有较高的地位和待遇具有重要作用。

明确教师的法律地位有助于显著提高教师的待遇水平。特别是对于义务教育阶段公立中小学教师而言，明确其国家公职人员的法律身份，有利于将其工资收入纳入公共财政的统一性保障体系，可以提升工资收入的稳定性，并且以法律的刚性保障义务教

---

① 何美，燕学敏，单志艳. 中国中小学教师发展总体处于世界中等水平. 中国教育报，2013-09-30.

② 杜晓利. 关注中小学教师长远发展. 中国教师报，2019-07-03.

育教师享受与公务员同等的医疗、养老、失业保险等社会福利和各项津贴补贴,解决长期以来我国义务教育教师与公务员同等待遇难以落实的问题,有利于增强农村地区及贫困边远地区的义务教育教师工作的积极性与稳定性,促进义务教育事业均衡发展。

明确教师的法律地位有利于增强对教师的保障力度,规范教师的聘用与解聘。明确教师为国家公职人员的法律地位和法律身份,可以借鉴引入公务员管理制度,实现教师聘用与管理的规范化和法治化。可以通过公务员"非因法定事由和非经法定程序,不得被降职、免职"等相关法律条款,杜绝随意解聘教师的行为,有助于保护义务教育教师职业的稳定性,提高其职业保障程度,有助于稳定教师队伍,维护教师的合法权益。

明确教师的法律地位还有助于增强教师职业的内源性吸引力。社会地位受职业待遇、福利、专业性和稳定性等多方面因素的综合影响。明确义务教育教师为国家公职人员,并建立相关制度切实提高教师的工资收入、福利待遇和职业保障程度,将极大地提升教师的社会地位,显著增强其职业内源性吸引力,既有助于稳定现有教师队伍,又有助于吸引更多的优秀人才投身教育,有效提升我国义务教育师资水平和教育质量[1]。

(三) 明确教师法律地位的路径

1. 建立教师分类管理的法律制度

教师法律身份涉及教师的招聘管理、职务聘任、考核奖惩等权利义务的各个方面,是教师法律地位最为关键和核心的问题。提升教师的地位,需要以教师职业的公共性为依据,针对不同类

---

[1] 韩小雨,庞丽娟. 我国义务教育教师的国家教育公务员法律身份及其保障制度. 教育学报,2010,6(2):82-89.

型的教师规定与之相应的法律地位和法律身份，建立教师分类管理的法律制度。

对于义务教育阶段的公立中小学教师，应当规定其作为国家公职人员的法律身份，由政府进行统一招聘和管理。义务教育阶段公立学校教师具有很强的公共性。一方面，政府是公立义务教育学校的举办者和管理者，公立义务教育学校是国家为实现国家教育权和公民受教育权的特定目的而设立的免费教育机构，义务教育阶段公立学校教师代表国家履行基本的教育公共服务职能。另一方面，义务教育阶段正值学生人格形成以及各种能力充分发展的关键时期，也是学生心智与身体尚未发展成熟、最容易受到影响的阶段，立法对此阶段的教师应有最严密的规范[①]。由于教师承担国家使命和公共教育服务的职责，规定公办基础教育阶段教师作为国家公职人员的法律地位，才能保障教师承担的国家使命责任的落实。

对于公立高等学校的教师，应当规定其作为履行教育教学职责的专业人员的法律身份，由学校与之签订聘任合同，政府主要发挥资格审查、宏观调控以及必要的行政监督作用。在高等教育阶段，一方面，由于公民人格及各种能力逐渐发展完善，受教育者心智已经成熟，需要给予受教育者自由发展的空间，政府、学校对教师的监督强度也应逐步减弱，在立法上赋予教师更多的自主权；另一方面，对于高校而言，其公益性在递减而市场配置程度在增强，这就决定其教师法律身份应不同于基础教育阶段教师的法律身份。在高等教育阶段，高校面临的激烈竞争使其对教师专业性的要求更高：一方面，要求教师在教育目标、教学内容、课程设置等方面体现教育公共性；另一方面，高校必须不断提升

---

① 余雅风，王祈然. 教师的法律地位研究. 华东师范大学学报（教育科学版），2021，39(1)：49-58.

对教师师德和专业素养方面的要求，才能保证立德树人的教育目标在高校的贯彻落实。所以，高校教师的法律身份应该定位在"专业人员"，高校可以根据事业发展需要，依据《教育法》和聘用制合同的办法对教师进行管理。

对于在民办学校、教育培训机构、线上教育机构中从事教育教学活动的教师，应规定其作为雇员的法律身份，由所在学校及其他教育机构与之签订劳动合同，政府仅承担资格审查与法律监督责任。民办学校以及各种培训机构的教师，市场选择的作用大，其市场配置程度强，决定了其教师的法律身份应与基础教育和公立高校教师的法律身份有所不同，民办学校教师的法律身份应该定位为"学校聘用人员"[①]。

2. 完善教师权利义务的法律体系

教师的权利和义务是教师法律地位的重要表现。教师作为接受国家委托、承担国家公共教育职能的专业人员，既应有与一般国家公职人员同样的权利与义务，还应有专业人员履行职务所应有的专业权利与义务。明确教师的法律地位应当完善教师权利义务的法律体系。

完善教师权利义务的法律体系应当明确基于教师公共性的权利义务。作为履行国家公共教育职责的人员，教师所享有的权利属于公务人员所享有的权利，包括：福利待遇权，退休金获得权，受抚恤权，保险权，职位保障权，出差、请假及休假权，生活津贴获得权，年终考核晋级加薪权，获奖励权等[②]。但为了保证学

---

① 鱼霞，毛涵颖.《教师法》修订的核心问题：重新规定教师法律身份. 教师发展研究，2019，3（4）：26-31.

② 余雅风，王祈然. 教师的法律地位研究. 华东师范大学学报（教育科学版），2021，39（1）：49-58.

生受教育权的实现和维护国家公共利益，在享有这类特殊权利的同时也必须承担特殊的职责。作为履行国家公共教育职能的人员，教师所承担的义务包括执行职务、服从命令、严守秘密、遵守职业道德、不为一定行为、不得罢课的义务。不得罢课的义务主要是不得随意中止教学工作的要求，因为罢教只会破坏师生伦理观念，剥夺学生学习权，对国家和社会造成的伤害难以估计。实现教师的工作权不能以牺牲学生的受教育权为代价，可以通过建立和完善相关法律与制度来改善教师工作条件，提高教师工作绩效。

完善教师权利义务的法律体系还应明确基于教师专业性的权利义务。教师的专业性权利是教师为履行其教育教学职责而必须享有的基础性权利。这种权利既有作为一般性职业权利的共同特点，又有区别于其他职业专业性权利的显著特征。一方面，教师的专业性权利是法律对教师职业专业性的认可和保障，任何组织和个人不得干涉。根据现代法治国家的基本原则，政府除可基于公共的教育目的和教育公平价值依法对教师职业性权利的行使进行必要的引导和规范之外，应对教师的职业性权利承担消极保护义务，不能干涉教师专业性权利的具体实施；另一方面，由于教师职业的专业性在于教师的职责，即教师承担向学生传授知识、为国家培养人才的职业责任，因此教师的专业性权利同时也是一种职责和义务，不可以放弃。从国际上来看，这项权利的主要内容包括以下三个方面的内容：第一，教育教学权。这项权利主要指教师根据其职业特点，可以依据其所在学校的培养目标组织课堂教学；可在不违背课程计划、课程标准的要求的前提下确定自己的教学内容和进度，并不断完善教学内容；可以针对不同教育对象的实际情况，在教育教学的形式、方法、内容、过程方面进行设计、试验和改革完善。第二，科学研究权。这项权利主要是指教师在完成规定教育教学任务的前提下，有权进行科学研究、技术开发等创造性劳动；有权公开发表学术论文和出版学术著作；可以依法成立或参加学术团体，发表自己的观点，进行学术争鸣。第三，指导评价权。这项权利的主要内容包括：教师有权依据学生的身心发展状况和特点因材施教，在学生的特长、就业、升学等方面予以个性化的指导；教师有权对学生的品格养成、知识学习、体育活动，以及情感、道德和价值观等涉及学生发展的各个方面给予客观、公正和恰如其分的评价；教师有权根据国家的教育目的和教育活动的基本规律，运用科学的方式和方法，促使学生的个性和能力得到充分的发展。

3. 完善教师权利救济的法律机制

提高教师的地位需要通过《教育法》《教师法》等法律法规明确教师的法律地位与法律身份，保障教师的各项权利，还需要通过行政法规、地方性法规、政府部门规章及其他规范性文件的相互配合，形成一套有利于教师权利救济的法律机制。

1. 完善教师申诉制度

教师申诉是法律针对教师这一特殊群体设置的特别救济制度。现行教师申诉制度的规定比较宽泛，在实践中未能充分发挥教师权利救济的作用。修订和完善教师申诉制度需要明确教师申诉制度的行政监督性质，它是教育行政部门依法对学校的教师管理行为进行监督的一种方式，教育行政部门作出的教师申诉决定是依法履行法定职责的行为。完善教师申诉制度还应明确教师申诉的受理范围。一般来说，教师申诉应当处理教师因特定权利受到侵害而向教育行政部门提出的救济申请，其主要事项应当包括：教师在学校组织的考核或职务聘任中未受到公正对待，教师不服学校或教育行政部门作出的纪律处分或行政处分，等等[①]。此外，教师申诉制度还应就教师申诉的受理程序、听证制度、调查制度、时效制度等处置程序作出明确的规定，为教师维护自身权利提供畅通的救济渠道。

2. 畅通教师行政复议渠道

行政复议是对违法或不当的具体行政行为进行补救而建立起来的一种行政救济制度。当教师的合法权益受到来自行政机关、法律法规授权组织以及行政机关委托的组织作出的具体行政行为的侵害时，可以通过申请行政复议的方式来保护自己的权利。结合我国的教育实践，教师可通过行政复议的途径来维护自身权益的情形主要有以下几种：教师对申诉的处理结果不服，其申诉内容直接涉及其人身权、财产权及其他属于行政复议受案范围事项的，可向有权的行政复议机关申请行政复议；教师对行政机关作出的警告、罚款、撤销教师资格等教育行政处罚不服，可向有权的行政复议机关申请行政复议；教师申请行政机关履行保护人身权利、财产权利的法定职责，行政机关没有依法履行的，可向有权的行政复议机关申请行政复议；教师资格定期注册申请人对定期注册结果有异议，可向有权的行政复议机关申请行政复议。

3. 调整行政诉讼受理范围

行政诉讼是指旨在监督行政机关依法行政的同时保护相对人合法权益的司法诉讼制度，当教师的合法权益受到或可能受到行政主体具体行政行为的侵犯时，可通过提起行政诉讼寻求法律救济。从教师提起行政诉讼案件的现状来看，当前行政诉讼在教师权利救济方面发挥的作用还比较有限，特别是涉及教师的考核、

---

① 王大泉. 试论构建教师申诉制度之必要性与可行性//"教师权利及其法律保障"学术研讨会论文集. 北京大学教育法研究中心，2014.

进修培训、职务任免、职称评定、奖励、处分等方面的争议,法院一般会以该行为属于内部行政行为或者与教师人身权和财产权无关为由作出不予受理的决定。这种较为狭窄的受理范围使得教师职业权利受到侵犯时,无法获得有效的司法救济,不利于教师权利的保护。因此有必要将教育行政机关或学校侵犯教师基本权利的行政行为纳入行政诉讼的范围中,使行政诉讼充分地发挥维护教师合法权益的作用[①]。

---

① 劳凯声,蒋建华. 教育政策与法律概论. 北京:北京师范大学出版社,2015:35.

参考文献

著作类

习近平. 决胜全面建成小康社会 夺取新时代中国特色社会主义伟大胜利. 北京：人民出版社，2017.

习近平. 做党和人民满意的好老师：同北京师范大学师生代表座谈时的讲话. 北京：人民出版社，2014.

习近平. 在北京大学师生座谈会上的讲话. 北京：人民出版社，2018.

习近平. 之江新语. 杭州：浙江人民出版社，2007.

习近平. 习近平谈治国理政. 北京：外文出版社，2014.

中共中央党史和文献研究院. 十九大以来重要文献选编：上. 北京：中央文献出版社，2019.

教育部课题组. 深入学习习近平关于教育的重要论述. 北京：人民出版社，2019.

联合国教科文组织. 反思教育：向"全球共同利益"的理念转变?. 联合国教科文组织总部中文科，译. 北京：教育科学出版社，2017.

雅斯贝尔斯. 什么是教育. 邹进，译. 北京：生活·读书·新知三联书店，1991.

鲁洁，冯建军. 教育转型理论、机制与建构. 北京：教育科学出版社，2013.

叶澜. 教育概论. 北京：人民教育出版社，1991.

鲁洁. 德育社会学. 福州：福建教育出版社，1998.

苏霍姆林斯基. 给教师的一百条建议. 杜殿坤，译. 北京：教育科学出版社，2004.

联合国教科文组织国际教育发展委员会. 学会生存：教育世界的今天和明天. 北京：教育科学出版社，1996.

富兰. 教育变革的新意义. 赵中建，等译. 北京：教育科学出版社，2005.

北京大学《荀子》注释组.《荀子》新注. 北京：中华书局，1979.

陶行知. 陶行知谈教育. 沈阳：辽宁人民出版社，2015.

钟启泉. 课程设计基础. 济南：山东教育出版社，1998.

张华. 课程与教学论. 上海：上海教育出版社，2000.

马尔库塞. 单向度的人：发达工业社会意识形态研究. 刘继，译. 上海：上海译文出版社，1989.

中华人民共和国教育部发展规划司. 中国教育统计年鉴2017. 北京：人民教育出版社，2018.

中华人民共和国教育部发展规划司. 中国教育统计年鉴1994. 北京：人民教育出版社，1995.

石中英. 教育哲学. 北京：北京师范大学出版社，2007.

段小松. 联合国《儿童权利公约》研究. 北京：人民出版社，2017.

文章类

习近平在全国高校思想政治工作会议上强调 把思想政治工作

贯穿教育教学全过程 开创我国高等教育事业发展新局面. 人民日报，2016-12-09.

习近平在北京市八一学校考察时强调 全面贯彻落实党的教育方针 努力把我国基础教育越办越好. 人民日报，2016-09-10.

习近平在全国教育大会上强调 坚持中国特色社会主义教育发展道路 培养德智体美劳全面发展的社会主义建设者和接班人. 人民日报，2018-09-11.

习近平在中共中央政治局第二十九次集体学习时强调 大力弘扬伟大爱国主义精神 为实现中国梦提供精神支柱. 人民日报，2015-12-31.

习近平. 在同各界优秀青年代表座谈时的讲话. 人民日报，2013-05-05.

习近平. 做党和人民满意的好老师：同北京师范大学师生代表座谈时的讲话. 人民日报，2014-09-09.

习近平. 在中央党校建校80周年庆祝大会暨2013年春季学期开学典礼上的讲话. 人民日报，2013-03-03.

习近平. 在纪念孔子诞辰2 565周年国际学术研讨会暨国际儒学联合会第五届会员大会开幕会上的讲话. 人民日报，2014-09-24.

习近平. 在北京大学师生座谈会上的讲话. 人民日报，2018-05-02.

习近平. 在联合国教科文组织总部的演讲. 人民日报，2014-03-27.

朱永新. 好老师是民族的希望：深入学习习近平总书记教育思想（六）. 中国教育报，2017-09-07.

李吉林. 爱，好老师的第一素养. 中国教育报，2014-11-01.

陈宝生. 让教师成为让人羡慕的职业：深入学习贯彻习近平总书记在八一学校看望慰问师生时的重要讲话精神. 人民日报，2016-12-08.

孟繁华. 仁爱之心和教师的道德素养. 中国教师报，2015-10-21.

罗莎莎，靳玉乐. 教师角色的历史演变及其启示. 现代大学教育，2020（3）.

任成孝，张剑. 教师是立教之本、兴教之源. 中国高等教育，2019（17）.

张华. 教师角色的迷失与澄明. 西南大学学报（社会科学版），2010（2）.

吴康宁. 学生仅仅是"受教育者"吗？：兼谈师生关系观的转换. 教育研究，2003（4）.

王枬. 论教师的仁爱之心. 教育研究，2016（8）.

王定华. 新时代我国教育改革发展的新方向新要求：学习习近平总书记在全国教育大会上的重要讲话. 教育研究，2018（10）.

郑新蓉. 论教师社会地位及法律地位. 教育研究与实验，1998（1）.

后 记

习近平总书记关于教师队伍建设的重要论述可谓博大精深,内容涉及中外教育史、教育政策、中国传统文化典籍和外国哲学等。我们反复推敲习近平总书记相关论述的逻辑关系,最终呈现给大家的书稿乃是深思熟虑的成果。

本书是首都师范大学研究团队合作的成果。全书由孟繁华教授、张增田教授总体设计,由张增田、丁永为负责统稿,共分6个部分。各部分作者如下:

"教师是立教之本、兴教之源":朱晓宏、伊剑

"做学生锤炼品格、学习知识、创新思维、奉献祖国的引路人":王晓阳、王天晓、周雪敏、黄宇红、郑灵臆、李彩艳

"做'四有'好老师":张敏霞、王东、乔鹤、丁永为

"新时代全面加强师德师风建设":沈蕾娜、岳欣云

"建设一支高素质专业化教师队伍":李孔珍、薛海平、高向杰

"努力提高教师政治地位、社会地位、职业地位":王攀峰、王寰安、蔡海龙、孙文静。

感谢中国人民大学领导的大力支持!感谢中国人民大学出版社王雪颖编辑!更要感谢在统稿会上发言的专家,特别是

坚持把教师队伍建设作为基础工作

顾明远教授、谢维和教授、秦宣教授、张剑研究员和刘复兴教授，正是由于诸位教授的帮助，才保证了本书的顺利完成。

2021 年 3 月 6 日

图书在版编目（CIP）数据

坚持把教师队伍建设作为基础工作/孟繁华主编
. -- 北京：中国人民大学出版社，2021.10
（新时代马克思主义教育理论创新与发展研究丛书/
靳诺总主编）
ISBN 978-7-300-29962-4

Ⅰ.①坚… Ⅱ.①孟… Ⅲ.①师资队伍建设－研究
Ⅳ.①G451.2

中国版本图书馆 CIP 数据核字（2021）第 205133 号

国家出版基金项目
新时代马克思主义教育理论创新与发展研究丛书
总主编　靳　诺
执行主编　翟　博　张　剑
坚持把教师队伍建设作为基础工作
孟繁华　主编
Jianchi ba Jiaoshi Duiwu Jianshe Zuowei Jichu Gongzuo

出版发行	中国人民大学出版社				
社　　址	北京中关村大街 31 号		邮政编码	100080	
电　　话	010-62511242（总编室）		010-62511770（质管部）		
	010-82501766（邮购部）		010-62514148（门市部）		
	010-62515195（发行公司）		010-62515275（盗版举报）		
网　　址	http://www.crup.com.cn				
经　　销	新华书店				
印　　刷	涿州市星河印刷有限公司				
规　　格	170 mm×240 mm　16 开本		版　次	2021 年 10 月第 1 版	
印　　张	20 插页 2		印　次	2021 年 10 月第 1 次印刷	
字　　数	224 000		定　价	88.00 元	

版权所有　侵权必究　　印装差错　负责调换